UM
PRETO
NO
ALTAR

Dados Internacionais de Catalogação na Publicação (CIP)
(Câmara Brasileira do Livro, SP, Brasil)

Luz, Alvaci Mendes da
Um preto no altar : resistência e protagonismo em um território de disputas / Alvaci Mendes da Luz ; prefácio de Antonia Aparecida Quintão. – Petrópolis, RJ : Vozes, 2022.
Bibliografia.
ISBN 978-65-5713-648-5

1. Escravidão e Igreja – História 2. Franciscanos – História 3. Igreja Católica – História 4. Irmandade de Nossa Senhora do Rosário e São Benedito dos Homens Pretos – História 5. Irmandades – Histórias 6. Negros – Religião 7. Negros – São Paulo (Estado) 8. Religião e sociologia I. Quintão, Antonia Aparecida. II. Título.

22-117022   CDD-267

Índices para catálogo sistemático:
1. Confrarias católicas : Irmandades negras : História   267

Eliete Marques da Silva – Bibliotecária – CRB-8/9380

ALVACI MENDES DA LUZ

UM PRETO NO ALTAR

RESISTÊNCIA E PROTAGONISMO EM UM TERRITÓRIO DE DISPUTAS

Prefácio de Antonia Aparecida Quintão

EDITORA VOZES

Petrópolis

© 2022, Editora Vozes Ltda.
Rua Frei Luís, 100
25689-900 Petrópolis, RJ
www.vozes.com.br
Brasil

Todos os direitos reservados. Nenhuma parte desta obra poderá ser reproduzida ou transmitida por qualquer forma e/ou quaisquer meios (eletrônico ou mecânico, incluindo fotocópia e gravação) ou arquivada em qualquer sistema ou banco de dados sem permissão escrita da editora.

CONSELHO EDITORIAL

Diretor
Gilberto Gonçalves Garcia

Editores
Aline dos Santos Carneiro
Edrian Josué Pasini
Marilac Loraine Oleniki
Welder Lancieri Marchini

Conselheiros
Elói Dionísio Piva
Francisco Morás
Ludovico Garmus
Teobaldo Heidemann
Volney J. Berkenbrock

Secretário executivo
Leonardo A.R.T. dos Santos

Editoração: Maria da Conceição B. de Sousa
Diagramação: Sheilandre Desenv. Gráfico
Revisão gráfica: Alessandra Karl
Capa: Renan Rivero

ISBN 978-65-5713-648-5

Este livro foi composto e impresso pela Editora Vozes Ltda.

De modo particular,
tributo este trabalho a todas as
almas dos confrades beneditos,
que viveram e morreram
acreditando.

São Benedito. Meu lindo amor, dai-me uma sorte da vossa cor, se houve repetidas vezes dizer assim, nas que se dirão para públicas obras pias, tanto nesta Corte como em outras partes, que até para as terem boas vos invocam com o sobredito mote; [...] foste, e sois vós, o primeiro, que como pretinho nos acidentes lhe saiu, como por primeira sorte; levando a tantos ilustres brancos a primazia em a Beatificação, e colocação de vossas imagens nos altares da militante Igreja (Frei Apolinário da Conceição, 1744).

Lista de ilustrações

Figura 1 Altares da Igreja do Convento de São Francisco de São Paulo, 78

Figura 2 Altar de Santo Antônio, com imagem de São Benedito abaixo, 79

Figura 3 Altar de Santo Antônio, com imagem de São Benedito à esquerda, 80

Figura 4 Largo São Francisco, 95

Figura 5 Largo do Capim, 96

Figura 6 Convento de São Francisco, 97

Figura 7 Planta da cidade de São Paulo (1810), 166

Figura 8 Detalhe da planta da cidade de São Paulo (1810), 167

Figura 9 Carta da capital de São Paulo (1842), 167

Figura 10 Detalhe da carta da capital de São Paulo (1842), 168

Lista de tabelas

Tabela 1 Alguns registros de 1856 no livro de receitas e despesas (1837-1862), 99

Tabela 2 Livro de assentamento de irmãos (1759-1855), 119

Tabela 3 Livros de assentamento de irmãos e irmãs (1803-1901), 121

Tabela 4 Relação de irmãos e irmãs (1905), 122

Sumário

Prefácio, 11

Introdução, 17

1 Irmandades de São Benedito em conventos franciscanos: uma catequese direcionada, 43

    1.1 Confrarias católicas e irmandades de "homens de cor", 48

    1.2 Os franciscanos sicilianos e o modelo de santidade negra, 62

    1.3 São Benedito de Palermo: o negro, o mouro, o africano, 71

    1.4 Irmandades de pretos no Planalto de Piratininga, 81

        1.4.1 Irmandade de Nossa Senhora do Rosário dos Homens Pretos, 83

        1.4.2 Irmandade de Santa Efigênia e Santo Elesbão, 90

        1.4.3 Irmandade do Glorioso São Benedito, 92

2 Igreja de São Benedito do Largo São Francisco: reivindicando lugar, 103

    2.1 O aumento no número de irmãos, 113

    2.2 Luiz Delfino de Araujo Cuyabano e a posse das chaves, 126

    2.3 O Compromisso de 1855, 135

    2.4 O acidente da cor preta, 143

    2.5 "Adrede preparada afim de privarem os homens pretos daquella corporação", 150

    2.6 O Cemitério de São Benedito da cidade de São Paulo, 155

3 Um preto no altar: a consolidação na década da Abolição, 173

   3.1 Irmandade Acadêmica: uma confraria de professores e alunos, 175

   3.2 Antonio Bento de Souza e Castro: estudante de Direito e confrade benedito, 182

   3.3 O grande incêndio: protagonismo nas reformas, 195

   3.4 Igreja de São Benedito: no púlpito e no altar, 208

Considerações finais, 217

Epílogo – O retorno dos franciscanos e o fim da Irmandade, 223

Referências, 231

Anexo, 245

Prefácio

Foi uma grande honra receber o convite para escrever o prefácio deste livro, que chega em um momento de grande importância para toda a sociedade brasileira e, particularmente, para a sua parcela majoritária, ou seja, a população afrodescendente.

> A Lei Federal 12.711/2012, popularmente conhecida como a Lei de Cotas, que no art. 7º determina o seu processo de reavaliação neste ano de 2022, precisa ser fortalecida e ampliada, pois representou uma vitória para a inserção no ensino superior de estudantes advindos de escolas públicas, de pessoas negras, indígenas, de baixa renda e com deficiência, historicamente excluídas do espaço universitário.

No ano de 2015, a Assembleia Geral da ONU proclamou a Década Internacional de Afrodescendentes (resolução 68/237) para o período entre 2015 e 2024. A Década foi criada para garantir os direitos econômicos, sociais, culturais, civis e políticos dos afrodescendentes, bem como sua participação plena e igualitária em todos os aspectos da sociedade. Apoia-se em três pilares: Justiça, Reconhecimento e Desenvolvimento, e entre os seus objetivos, além de destacar a importância de criar e fortalecer programas para combater o racismo e a xenofobia, enfatiza também a necessidade de se promover um maior conhecimento e respeito pelo patrimônio, pela cultura e pela contribuição dos afrodescendentes para o desenvolvimento das sociedades.

Por outro lado, precisamos fortalecer igualmente a Lei 10.639/2003, que tornou obrigatório o ensino da História e Cultura Afro-brasileira, garantindo a ênfase para a luta dos negros, a cultura negra brasileira e a sua contribuição para a formação da nossa sociedade. Esta lei foi posteriormente modificada em março de 2008 pela Lei 11.645, que incluiu a obrigatoriedade do ensino da História e Cultura Indígena. No entanto, levantamentos realizados por diversas organizações constataram que esta lei não tem merecido a devida atenção das instituições que formam professores e nem se observa a exigência de sua aplicabilidade, demonstrando um enorme descaso e indiferença com esta importante estratégia para a desconstrução do racismo.

É neste contexto que podemos incluir a obra do pesquisador Alvaci Mendes da Luz. Trata-se de uma valiosa contribuição para o enfrentamento do silêncio e da invisibilidade da presença negra na História de São Paulo.

A assinatura da Lei Áurea aboliu formalmente a escravidão, como resultado de um processo no qual a população negra, invisibilizada pela história, teve também uma atuação muito relevante. No entanto, a abolição não foi acompanhada de políticas que promovessem a integração dos negros libertos na sociedade e muito menos para que obtivessem um meio de subsistência. Pelo contrário, várias medidas e leis racistas foram tomadas durante as décadas seguintes, promovendo a violência, a exclusão social e impedindo o seu acesso à cidadania.

O papel das Irmandades, como estratégia de resistência, tem merecido uma atenção especial de pesquisadores e historiadores, que destacam a importante atuação das mulheres negras, que eram lideranças nessas associações, nas quais também se articulavam os ideais abolicionistas, por exemplo a irmã de Mesa da Irmandade do Rosário dos Homens Pretos do Largo do Paissandu e também da Irmandade de São Benedito, Rufina Maria do Ó.

No catolicismo implantado com a colonização portuguesa observava-se uma estreita relação da religião com a vida social e familiar. Manifestações religiosas constituíam uma forma de reunião social. As procissões e festas religiosas quebravam a monotonia e a rotina da vida diária, sendo muitas vezes uma das poucas oportunidades para a população se distrair e se divertir.

Quando comecei a pesquisar a Irmandade do Rosário de São Paulo, surpreendi-me com a grande participação dessas irmãs e irmãos no movimento abolicionista de São Paulo ainda hoje pouco conhecido, chamado Movimento dos Caifazes, liderado por Antônio Bento. O grupo tinha uma estratégia muito interessante: eles se infiltravam nas fazendas do interior do estado, principalmente em cidades onde sabiam existir a prática da tortura e violência contra o negro, fazendo-se passar por religiosos ou pedintes, procurando inicialmente conquistar a confiança dos escravizados. Em seguida, buscavam trazê-los para a capital, onde permaneciam escondidos, nas casas dos irmãos das Irmandades de pretos, em estabelecimentos comerciais de apoiadores do abolicionismo e nas igrejas. Posteriormente, eram levados para o Quilombo do Jabaquara, em Santos, e encaminhados para o mercado de trabalho como assalariados.

Ao ingressar nas irmandades, os negros – escravizados ou libertos – encontravam um significado para a sua vida, à medida que essas associações possibilitavam o culto aos mortos, estimulavam a solidariedade, garantiam o enterro de seus membros, amparavam materialmente os mais necessitados, levavam alimentos para os que estivessem doentes ou presos, auxiliavam na compra da carta de alforria e realizavam as festas coletivas que representavam, no plano simbólico, os valores da sociedade colonial brasileira, fortemente hierarquizada, discriminadora e racista.

A eleição de reis e rainhas assim como a presença equitativa de mulheres nos cargos de direção e na Mesa Administrativa são características presentes nas dezenas de Irmandades de pretos que pude localizar na pesquisa por mim realizada nos arquivos brasileiros e também nos arquivos portugueses, principalmente no Arquivo Histórico Ultramarino e no Arquivo Nacional da Torre do Tombo.

Todos os que ingressavam nas Irmandades – ou seja, que tomavam assento –, prometiam obedecer a tudo o que "manda o Compromisso". Uma das obrigações mais frequentes e lembradas era manter o segredo e o sigilo do que se tratava nas reuniões dessas associações.

Nas pesquisas que realizei sobre as Irmandades de pretos em São Paulo no século XIX eram frequentes as referências à Irmandade de São Benedito, mas muito pouco sabíamos sobre essa associação. Essa invisibilidade foi igualmente agravada pela ausência de fontes. Este livro, resultado de um trabalho robusto, muito bem construído e fundamentado com fontes inéditas, tem o mérito de preencher essa lacuna, destacando e dando visibilidade para a Irmandade de São Benedito dos Homens Pretos, mais um espaço de luta para a população negra.

Em cada momento histórico, o homem se manifesta e atua conforme as suas possibilidades. As irmandades elaboraram estratégias de resistência no contexto da sociedade escravista em que estavam inseridas, por isso deve ser destacado a autonomia que se forjava na burla do poder constituído. O seu significado mais admirável foi o de garantir a dignidade para a população negra. Se as elites e a classe senhorial tentaram utilizá-las para manter os escravizados conformados com a estrutura da sociedade escravista, estes souberam transformar essas associações em um espaço de solidariedade, resistência cultural e protesto racial.

Meus cumprimentos e reconhecimento pela publicação deste livro, que nos oferece uma valiosa possibilidade de conhecermos mais um capítulo importante da história das Irmandades de Pretos, de seus irmãos e irmãs, mulheres negras, cujas presença e importância têm sido ignoradas e invisibilizadas pela historiografia brasileira, ainda hoje marcadamente eurocêntrica.

Fiquei, portanto, muito feliz com a publicação da pesquisa e com o convite para escrever este prefácio. Trata-se de um trabalho de grande relevância histórica, cultural e social que precisa ser divulgado e conhecido para que possa chegar às salas de aulas, contribuindo para uma bibliografia que supere a abordagem eurocêntrica e o epistemicídio na perspectiva da decolonialidade.

Com as bênçãos de São Benedito, receba os meus votos de muito sucesso.

Profa. Dra. Antonia Aparecida Quintão

2022

Introdução

Desde a sua implantação no Brasil colonial até suas décadas finais, o regime escravista (1545/1550-1888) foi uma instituição dinâmica e enraizada em praticamente todas as esferas da sociedade. Embora a data precisa de início da utilização de mão de obra negra escravizada no Brasil não seja de fácil localização, alguns autores estipulam datas referenciais. É o caso de Flávio dos Santos Gomes e Lilia Moritz Schwarcz (2018, p. 429), que indicam que foram entre 1545 e 1550 as primeiras entradas sistemáticas de africanos escravizados no Brasil, enviados para os engenhos que se erguiam em Pernambuco, Bahia e outras partes.

Instalado já desde a chegada dos primeiros colonos e da criação das primeiras vilas, o regime escravizou indígenas e africanos por séculos e vigorou quase inalterável até metade do século XIX, quando algumas leis começaram a ser impostas, por pressão externa e interna, abalando suas bases pouco a pouco.

Em 1850, a Lei Eusébio de Queirós foi a primeira lei antiescravista a surtir efeito no país. Esta já era a segunda tentativa de proibir o tráfico atlântico de africanos escravizados, pois a anterior, em 1831, não deu muitos resultados e ficou conhecida como "lei para inglês ver"[1]. Em 1871, a Lei Rio Branco – também conhecida como Lei do Ventre Livre – "libertava" as crianças nascidas de mães escravizadas. Já em 1885, a Lei Saraiva/ Cotegipe foi destinada aos sexagenários, proibindo também o tráfico interno interprovincial. E, enfim, a Lei 3.353, de 13 de maio de 1888, assinada pela Princesa Isabel, declarava extinta a escravidão no Brasil.

A historiografia tem demonstrado, porém, que apesar de serem tentativas legais de por fim a escravização de seres humanos em terras brasileiras, muitas destas leis não eram cumpridas de imediato ou eram parcialmente aplicadas. Um exemplo é a Lei do Ventre Livre que não libertava imediatamente as crianças nascidas de mães escravizadas. Na prática elas deveriam nascer livres, mas eram consideradas, por longo tempo ainda, como "bens" pertencentes aos proprietários de suas mães. Já a Lei dos Sexagenários, por sua vez, ao "libertar" pessoas acima de sessenta anos, exigia dos libertos alguns anos de serviço como indenização pela sua alforria. Acordos diversos dificultavam ou inviabilizavam a implantação efetiva de tais leis.

O cálculo do número de africanos escravizados na América portuguesa varia bastante de um autor para outro. Contudo, concordamos que eles ultrapassaram seguramente a casa

---

1. Em 1825, o Brasil, finalmente, havia tido a sua independência reconhecida pela Inglaterra, desde que não envidasse esforços em suprimir urgentemente o tráfico de escravizados africanos. Diante disso, a Câmara dos Deputados se viu inundada de propostas de supressão do infame comércio em longo e em curto prazos. Em 1826 – portanto, um ano depois do seu reconhecimento como nação independente –, o Brasil firmava o tratado anglo-brasileiro, que previa o fim do tráfico em três anos. Tal tratado seria ratificado em 13 de março de 1827, pela Coroa Inglesa, e o tráfico deveria findar definitivamente em 13 de março de 1830. Sem prazos para recorrer do acordo, o Brasil se viu forçado a cumprir o tratado firmado com a Inglaterra. Pela assim chamada lei para inglês ver, o tráfico continuava, mas, para todos os efeitos legais, já não existia mais, estando previstas, inclusive, sanções para quem continuasse a se aventurar no negócio, agora considerado vil (PEREIRA, 2007, p. 128).

dos milhões. Ao apontar um quantitativo para a América como um todo, Luiz Felipe de Alencastro (1988, apud RODRIGUES, 1998, p. 29) afirma que foram dez milhões aqueles que vieram da África para as terras coloniais americanas entre os séculos XVI e XIX, entre os quais uma porcentagem de 38% desembarcou em praias brasileiras.

Segundo Robert Conrad (1975, p. 4-5), quando o período colonial se aproximou do fim, a escravatura era a instituição mais característica da sociedade brasileira, sendo que, "de todos os países da América Latina, o Brasil era aquele em que as condições econômicas, geográficas e sociais favoreciam mais uma rejeição da cruzada antiescravatura". Às portas da independência e com uma economia cafeeira em expansão, o Brasil, apoiado por grandes proprietários rurais, não estava disposto a renunciar ao trabalho forçado de mãos escravizadas. No século XIX, ao ser cultivado nas fazendas do Sudeste, o café passou a ser o baluarte do sistema escravista, mesmo após as proibições de tráfico negreiro estabelecidas pelas leis citadas acima.

Estudos recentes de Francisco Vidal Luna e Herbert S. Klein (2019, p. 35-68) apontam que a economia cafeeira no Sudeste, principalmente na Província de São Paulo, que passou por rápido crescimento a partir da primeira metade do século XIX, foi uma das maiores responsáveis pela manutenção do regime até praticamente os anos de 1880. Segundo eles, naquela década, o sistema começou a desmoronar, e o problema da mão de obra nos cafezais tornou-se agudo, forçando o governo a incentivar migrações e imigrações para o trabalho nas fazendas.

Contudo, ainda de acordo com Conrad (1975, p. 6), mesmo sem o café, a escravização de homens e mulheres teria sobrevivido por mais tempo no Brasil do que no restante da América Latina, já que era de extraordinária importância econômica e social até mesmo em áreas onde não havia café. Para ele, uma das características prioritárias do escravismo brasileiro durante todo período e até grande parte do século XIX foi a sua onipresença:

> O escravo era o servidor na casa e na rua, a ama de leite dos filhos legítimos do dono e, em muitos casos, a mãe de seus filhos ilegítimos. O sistema criou profissões: o negociante de escravos, o importador, o avaliador, o capitão-do-mato, o "capanga" local que capturava os fugitivos. Todas as classes e tipos de pessoas podiam ser donas legais de escravos: padres e frades, o Imperador e sua família, os ricos e os pobres, os negros e os brancos, o estrangeiro e o nacional. O próprio governo brasileiro contava com eles e usava seu trabalho (CONRAD, 1975, p. 17).

Em todo o país, ao longo de mais de três séculos, escravizar seres humanos foi muito mais do que uma instituição meramente econômica. Possuir escravizados era também uma questão de *status* social, uma forma de demonstrar poder diante dos olhos dos outros e da própria sociedade. Lacerda Werneck (1855, p. 47, apud CONRAD, 1975, p. 15-16) cita uma carta de 1855, em que fica clara a satisfação pessoal de um herdeiro de uma família de ricos fazendeiros do Rio de Janeiro em possuir tal "objeto de luxo":

> O escravo não é um agente de trabalho e de produção. É preciso desconhecer o coração humano para assim pensar; o escravo é um objeto de luxo, um meio de satisfazer certas vaidades e certos vícios da natureza do homem. Assim como a propriedade territorial tem certos atrativos, assim também o escravo oferece ao senhor um certo gozo de domínio e império, que está no coração humano, não sabemos se bem ou mal.

Embora funcionando sistematicamente por todo o território, o regime foi o tempo todo confrontado e desafiado pela população indígena, negra, parda ou mestiça, fosse ela cativa, livre, liberta ou forra. De fato, a historiografia reconhece que desde o

Quilombo dos Palmares[2], e mesmo antes dele, em revoltas indígenas e negras ao longo da costa e no interior, até os últimos anos em que vigorou o modelo escravagista no país, inúmeras foram as formas de resistência da população escravizada: quilombos, fugas, revoltas, suicídios, assassinatos e rebeliões. Os homens e as mulheres sobre os quais os dominadores quiseram se impor resistiram por meio da música, da dança, dos costumes, da religião e de muitas outras formas.

Nossa proposta é a de seguir a perspectiva dessas pessoas como agentes históricos. Essa noção ganhou espaço no Brasil nos finais da década de 1980, tendo como pano de fundo os estudos de Edward P. Thompson (1987; 1998), que analisou o quanto as classes subalternas foram essenciais no contexto da Revolução Industrial Inglesa. A partir daí a história "vista de baixo", cunhada sobre o contexto da escravidão no Brasil, começou a refutar a ideia do escravo-coisa, portanto estático e subalterno à vontade do senhor, e passou a tratá-lo como agente de sua própria história. Sobre a historiografia da escravidão no Brasil influenciada pelos estudos de Thompson se baseiam as produções de Reis (1989), Chalhoub (1990) e Lara (1998).

A lista de nomes dessas pessoas é imensa. Muitos deles estão ainda escondidos nos livros de registros das irmandades, nas páginas de matrículas escravistas, nas inúmeras citações de jornais antigos, nos boletins policiais, nos registros de batismos e casamentos das paróquias, nas fazendas, nos quilombos, enfim,

---

2. Há, segundo Gomes e Schwarcz (2018, p. 429), desde o final dá século XVI (1597), notícias sobre a formação de mocambos em Palmares. Os autores elencaram uma série de tentativas da Coroa Portuguesa, ao longo do século XVII, de destruição daquele quilombo. Quase cem anos depois das primeiras formações, em 1694, "depois de várias tentativas, e agora utilizando canhões, as tropas de Domingos Jorge Velho invadem a capital Macaco. Há inúmeros mortos e centenas de quilombolas aprisionados". Zumbi, o mais conhecido chefe da resistência de Palmares, é assassinado pelas tropas repressoras, em 1695, no seu mocambo, localizado na Serra Dois Irmãos.

espalhados e ainda desconhecidos. Outros tantos, pouco a pouco, principalmente nas últimas décadas, começaram a ser resgatados do anonimato e do silenciamento a eles imposto de forma muitas vezes proposital na historiografia oficial.

A recente *Enciclopédia negra*, de Flávio dos Santos Gomes, Jaime Lauriano e Lilia Mortiz Schwarcz (2021), baseada em estudos de renomados historiadores das últimas décadas, teve justamente a intenção de resgatar histórias, memórias e lendas de mais de cinco centenas de "pessoas de cor" cujas vidas, em sua grande maioria, são ainda pouco conhecidas.

A expressão "pessoas de cor" e outras variações – como "irmãos de cor", "homens de cor" etc. – aparecerão neste livro, com certa frequência, sempre entre aspas, como sinônimo de homens e mulheres negros. Expressões desse tipo foram muito usudas no período colonial e imperial para caracterizar os membros de confrarias católicas compostas por não brancos, o que incluía pretos e pardos. Embora não seja mais tão utilizada na linguagem coloquial, ela é frequentemente encontrada na historiografia sobre as populações negras e as confrarias, como nos estudos de Fritz Teixeira de Salles (1963), Julita Scarano (1978), Caio Boschi (1986), Larissa Viana (2007) e Anderson José Machado de Oliveira (2008).

Da *Enciclopédia*, de modo ilustrativo, destacamos duas personagens "de cor" que carregaram o nome do santo preto de Palermo – Benedito – e que, embora não tenham vivido na capital paulista, ilustram a vida de tantos Beneditos e Beneditas, Marias e Josés, Joaquins e Anas inscritos nos livros de registros da irmandade católica de pretos aqui apresentada. Ela se chamava Benedita Maria Albina da Ilha; e ele, Benedito Meia Légua.

Benedita foi uma mulher africana que perambulou o quanto pôde pela Corte e pelas regiões cafeeiras do Vale do Paraíba Paulista e Fluminense, oferecendo seus serviços em aluguel.

Capturada na década de 1880, fugiu das amarras da escravidão mudando seu nome quando se apresentava para trabalhar. Às vezes, se dizia mulher livre, com o nome de Benedita; outras vezes, mulher cativa, de nome Ovídia. Depois de uma série de investigações, descobriu-se que se chamava Ovídia, e era escravizada por um major, na Corte (GOMES; LAURIANO; SCHWARCZ, 2021, p. 90-91).

Já de Benedito Meia Légua pouco se sabe sobre as origens, se era africano ou crioulo, se recebeu esse nome no registro de batismo ou se o adotou para si. O que se sabe é que é lembrado, ainda hoje, nas comunidades negras rurais, nos catumbis, nas marujadas e nos bailes de Congo, uma verdadeira lenda numa região bem específica do norte do Espírito Santo, próximo à divisa com a Bahia. Mesmo tendo sido líder de um quilombo, sua fama se espalhou de fato foi pela devoção que tinha a São Benedito, ao qual organizava festas e cuja proteção, dizem os relatos, o livrava muitas vezes de ser capturado e até mesmo de ser morto. Foi só em 1885, já às vésperas da abolição e com uma repressão forte aos quilombos da região, que Benedito foi capturado e morto (GOMES; LAURIANO; SCHWARCZ, 2021, p. 91-92).

Essas duas histórias de liberdades revelam a persistente resistência de africanos, indígenas, crioulos e pardos contra a escravização e as estratégias de negociação criadas ao longo de séculos. Assim como na *Enciclopédia negra*, propomo-nos, neste livro, retirar do anonimato uma irmandade de pretos que por décadas construiu um legado, marcou um espaço urbano e elaborou narrativas. A confraria aqui estudada foi constituída por pessoas, por vivências, por sonhos e esperanças, e, por isso, não pode continuar relegada ao esquecimento.

O próprio Conrad (1975, p. xix), ao ser questionado pelo historiador José Honório Rodrigues sobre a ausência de informações acerca da "resistência dos escravos", na edição em inglês de sua obra *Os últimos anos da escravatura no Brasil*, acrescentou uma explicação no prefácio à edição brasileira. No primeiro capítulo da versão em português, o autor adicionou, ainda, um item contemplando o assunto e elencando os estudos que, na década de 1970, tencionavam a idealização da escravidão: dos senhores bondosos e do escravo fiel. No mesmo período, surgiram estudos que buscavam demonstrar a participação ativa dos escravizados e de seus descendentes em diferentes momentos da história brasileira.

Ainda a esse respeito, é importante citar as relevantes pesquisas de Robert W. Slenes e Sidney Chalhoub sobre a resistência à escravidão e a formação de uma identidade negro-africana no Brasil oitocentista. Slenes (1992) focalizou a região Centro-Sul do país, basicamente as grandes áreas rurais do Rio de Janeiro e de São Paulo, destacando a maciça presença de africanos de origem bantu (Congo/Angola) trazidos em profusão para o Sudeste nos inícios do século XIX. Sua análise esteve centrada na formação da família escrava, nos costumes de África trazidos nos navios negreiros e até mesmo nas línguas nativas que se encontraram em *terra brasilis* sob os ouvidos dos senhores de escravizados. No artigo *Malungu, Ngoma vem!: África coberta e redescoberta no Brasil*, Slenes (1992, p. 55-56) vai mesmo afirmar que, no Sudeste brasileiro, houve condições necessárias para a formação de uma protonação bantu, em um país que engatinhava na ideia de uma identidade nacional. Para ele, a força do grupo africano que se identificava entre si e pressionava o sistema, por meio de planos de revoltas, foi tão relevante que forçou os senhores a aderirem à lei antitráfico de 1850[3].

Chalhoub (2011, p. 37), por sua vez, destacou o quanto os negros, de modo particular os africanos, tiveram que lutar constantemente para afirmar em diversos casos a autonomia sobre

---

3. Para saber mais, cf. Slenes (2011).

sua própria liberdade, conquistada através de alforrias que eram questionadas diariamente. O princípio era o de que "todo negro é escravo até que prove o contrário", o que levava a prisões injustas, baseadas em direitos políticos e civis débeis reservados a eles. Em um país que contava, em seu primeiro censo geral, de 1872, com uma população livre "de cor" maior do que em qualquer uma das nações escravistas das Américas, os negros livres conviviam ao mesmo tempo com um alto contingente de escravizados e com o que o autor classificou como precariedade estrutural da liberdade. A população negra e parda, liberta ou livre, precisava provar todos os dias que era de fato livre; afinal, não eram poucas as vezes que a alforria lhes era revogada, a escravização lhes era novamente imposta e a prisão era dada porque as forças policiais suspeitaram de ser escravo fugido.

Em um outro artigo, um pouco mais antigo, publicado na *Revista Brasileira de História* e intitulado *Medo branco de almas negras: escravos, libertos e republicanos na cidade do Rio*, Chalhoub (1988, p. 87), ao falar da vida na Corte, demonstrou o quanto a população negra livre e escravizada construiu o que ele chamou de uma cidade negra ou uma cidade própria, tecida por uma rede de relações, confiança, ajuda mútua e, portanto, imprevisível. Uma cidade negra, "ao mesmo tempo esconderijo e solidária, que causava medo e espanto na cidade branca e solapou, minando nas bases, o sistema escravista"[4]. O que espanta, para Chalhoub (1988, p. 104), é que o medo branco da cidade negra parece ter aumentado com o fim da escravidão e da monarquia e que perseguir capoeiras, demolir cortiços, reprimir vadiagem [...] era desferir golpes deliberados contra a cidade negra. Afirma ele:

---

4. Uma das primeiras obras a tratar sobre a questão do medo branco foi o livro de Célia Maria Marinho de Azevedo (1987), intitulado *Onda negra, medo branco: o negro no imaginário das elites – século XIX*. Outro livro que aborda o mesmo assunto é o de Lilia Moritz Schwarcz (1987), *Retrato em branco e negro: jornais, escravos e cidadãos em São Paulo no final do século XIX*.

> Os escravos e libertos do Rio haviam constituído uma cidade própria, possuidora de suas próprias racionalidades e movimentos, que solapou a instituição da escravidão sem nunca realmente confluir para qualquer projeto ou delírio disciplinador. Foi contra esta cidade negra, arredia e alternativa que a República se voltou, e são para alguns aspectos desta cidade, que permanece largamente desconhecida, que voltaremos nossos olhares daqui por diante (CHALHOUB, 1988, p. 87).

Enfim, citamos, ainda, a importante contribuição de Richard Graham na análise sobre o tráfico interprovincial, ou tráfico interno de escravizados, apontado como um dos fatores decisivos para a derrocada do regime escravista. Graham (2002) é enfático ao afirmar que, embora acontecendo desde muito antes de 1850, foi após este marco – com as levas sucessivas de escravizados vindos principalmente de províncias do Nordeste e do Norte, por mar ou a pé, forçados a deixarem suas famílias, suas raízes já constituídas em terras nortistas ou nordestinas – que esse tipo de comércio acabou se transformando em algo perigoso para as elites e para os grandes produtores do Sudeste.

Estimativas apontam que este comércio transportou um elevado número de cativos entre as províncias brasileiras, sobretudo daquelas do Norte para as do Sul:

> Segundo as estimativas de Robert Slenes, esse movimento de população despejou no Sudeste, a partir de 1850, cerca de 200 mil escravos. O auge desse movimento de transferência interna de cativos ocorreu entre 1873 e 1881, quando 90 mil negros, numa média de 10 mil por ano, entraram na região, principalmente através dos portos do Rio de Janeiro e de Santos (CHALHOUB, 1990, p. 43).

Apesar de não poder afirmar que os muitos assassinatos de senhores, levantes de escravizados e fugas em massa que ocorreram nas décadas subsequentes a 1850 tenham sido protagonizados por homens e mulheres vendidos de uma província a outra, Graham (2002, p. 158) afirma que muitos se passaram em regiões do Sudeste, principalmente na província de São Paulo, justamente a que mais recebeu pessoas vindas desse tipo de tráfico. O autor conclui que as resistências individuais, intensificadas por conta de forçadas mudanças territoriais, levaram os senhores a gastar mais com supervisão e segurança. Além disso, as fugas em massa das fazendas, ocorridas entre 1887 e início de 1888, organizadas predominantemente por escravizados, foram cruciais para o fim da escravidão no país.

Embora o tema escravidão não seja o foco central deste livro, ele o perpassa de modo transversal, uma vez que os personagens envolvidos nas tramas que se desenvolveram ao longo do século XIX, no âmbito da Irmandade de São Benedito, são pretos, em sua maioria, e com alguma relação com o escravismo. Autores consagrados que dedicaram suas pesquisas a esta temática no Brasil foram visitados e serviram como base teórica, como, por exemplo, os já citados Robert Slenes, Sidney Chalhoub, Robert Conrad, Richard Graham, Francisco Vidal Luna e Herbert S. Klein e, ainda, Maria Helena Pereira Toledo Machado, Hebe Mattos, Jaime Rodrigues, entre outros.

O leitor observará neste livro a utilização, também com certeza frequência, do termo preto (irmandades de pretos; confrarias de pretos; santo preto) ou invés de negro, quando nos referimos às irmandades católicas constituídas por homens e mulheres "de cor". Inclusive o título desta obra utiliza-se dele. É importante frisar que em praticamente todos os documentos oficiais, aqui analisados, elaborados por confrarias constituídas por escravizados, libertos, criolos ou africanos, o termo preto foi majoritariamente utilizado pelos próprios membros destas associações para se autorreferenciar. Ao mencionarmos estes grupos, portanto, bem como seu santo protetor, empregaremos a mesma nomemclatura utilizada por eles ao longo dos séculos.

Como não poderia ser diferente, alguns pesquisadores sobre a temática das irmandades de pretos foram destacados aqui: Antonia Aparecida Quintão, Caio César Boschi, Fritz Teixeira de Salles, Giovanna Fiume, João José Reis, Julita Scarano, Lucilene Reginaldo, entre outros, que reconheceram, em seus estudos sobre as confrarias católicas e, de modo particular, sobre as irmandades de homens e mulheres "de cor", locais de manutenção de costumes e tradições dentro do regime escravista. Mesmo adaptando-se à religião dominante, as populações cativas não aceitaram pacificamente tudo que lhes era imposto, negociando, na maioria das vezes, seu lugar, seu espaço, e encontrando modos de se valerem do modelo vigente para persistirem e manterem suas particularidades.

O período do escravismo brasileiro viu o proliferar de inúmeras confrarias católicas, formadas por homens e mulheres das mais distintas classes sociais e cores, escravizados e libertos, brasileiros e estrangeiros. Tais irmandades, segundo José D'Assunção Barros (2019, p. 294), semelhantes às que existiam na Europa desde o período medieval, acomodavam indivíduos e grupos de indivíduos em quadros auxiliares de sociabilidade e solidariedade e, assim, cortavam a sociedade a partir de um novo padrão.

Este livro se propõe analisar um desses grupos sociais, congregados em uma irmandade de pretos reunida no centro da capital paulista, no seu período de maior autonomia administrativa, tempo este em que esteve sob seus cuidados a Igreja do Convento de São Francisco. A Irmandade do Glorioso São Benedito, durante quase todo o século XIX e o início do XX, gerenciou reformas, obras, celebrações, festas e enterros que ocorreram naquele espaço de culto. As décadas de emancipação não foram, contudo, isentas de intrigas, denúncias e embates com os vizinhos mais próximos: a Ordem Terceira de São Francisco da Penitência e a Faculdade de Ciências Jurídicas e Sociais – esta última não raramente chamada de Curso Jurídico ou, simplesmente, de Faculdade de Direito, termos dos quais faremos uso daqui em diante.

A pergunta que se ambiciona responder é: *como uma irmandade de pretos se advogou detentora de uma igreja particular no centro da cidade de São Paulo, tendo de um lado uma Ordem Terceira e de outro uma Faculdade de Direito, num contexto social já desfavorável, de um modo geral, para as irmandades?*

O objetivo aqui proposto é o de estabelecer paralelos entre a sociedade paulistana de meados do século XIX, as irmandades constituídas por homens e mulheres negras situadas na região central de São Paulo – de modo particular, a de São Benedito – e o crescimento dos movimentos abolicionistas impulsionados no Largo São Francisco por professores, alunos da Faculdade de Direito e por membros também abolicionistas no seio da irmandade em foco.

Muitas fontes documentais se perderam ao longo dos séculos, outras foram sendo eliminadas por capelães e superiores religiosos, na medida em que estes sobrepunham seu poder administrativo e religioso sobre as confrarias leigas. O enfraquecimento das irmandades, ao longo do século XIX, a ação do tempo e as intempéries também colaboraram para o desaparecimento dos materiais. O que chegou até nós precisa ser analisado criteriosamente, segundo nos orienta Barros (2019, p. 259):

> Para o uso de qualquer tipo de fonte, é preciso o cuidado de, antes de nos aventurarmos em sua análise historiográfica, aprendermos bastante sobre a história daquele tipo de escrito ou de prática, tomando consciência de suas nuances materiais e tecnológicas, de suas transformações sociais e culturais no tempo, bem como dos desenvolvimentos relativos àquele tipo de escrita ou prática como linguagem.

Barros (2019, p. 280) afirma que "existem vários tipos de fontes históricas que convidam ou obrigam o historiador a saltar de um ponto de vista a outro no interior das fontes, [...] a perceber as camadas de alteridade que ali são postas a dialogar". Ao conjunto diverso de fontes que permite esse modo de abordagem, ele chamou de fontes dialógicas:

> Entenderemos como fontes dialógicas aquelas que envolvem, ou circunscrevem dentro de si, vozes sociais diversas capazes de dialogar e de se confrontar na própria trama discursiva da fonte. Podemos chamá-las também de "fontes polifônicas", considerando que sua principal característica é a presença marcante dessas vozes internas que encontram expressão na trama textual e terminam por dialogar, confrontar-se ou interagir umas com as outras de várias maneiras. As "vozes" podem ser falas de indivíduos, presenças nos textos de distintos representantes culturais, confrontos de forças políticas que encontram um espaço de disputa através do discurso (ainda que de maneira encoberta), culturas ou civilizações que se contrapõe, classes sociais que se embatem por conta de contradições interindividuais ou outras, gerações que se contrastam, narrativas que se entrelaçam, e assim por diante (BARROS, 2019, p. 280-281).

Ainda segundo Barros (2019, p. 294), é importante considerar o conceito de dialogismo, já bem conhecido na Linguística e na Comunicação, que se refere a diálogos intertextuais implicados em uma fonte, que podem aparecer nos textos de forma explícita ou implícita. No fundo, toda fonte, assim como todo texto, terá sempre uma margem, mesmo que discreta, de dialogismo. Seja este dialogismo explícito, como é o caso de processos criminais, jurídicos e inquisitoriais, ou implícito, aqueles que dão voz a indivíduos ou grupo sociais pelas suas margens, pelos seus contracantos, ou mesmo através de silêncios e exclusões.

Para Barros (2019, p. 294-295), o que interessa ressaltar sobre os grupos sociais – neste caso, as irmandades de pretos –, em relação ao dialogismo implícito, são os documentos que aqueles homens e aquelas mulheres nos legaram: livros de Compromisso, atas, inventários, textos diversos. O autor explica que, no interior da população africana ou afrodescendente que havia sido escravizada, as documentações das irmandades deixam entrever os diversos grupos identitários que se escondiam sob o rótulo do "negro"; assim sendo, através delas, de seus termos de compromisso e de sua documentação corrente, os grupos sociais e as identidades são postas a falar, mesmo os que são silenciados por conta da exclusão.

Trabalhar com manuscritos, cartas, livros de registros e outros documentos originais do século XIX é algo instigante para o historiador. Contudo, é preciso estar atento ao lugar do outro ao narrar sua história, como assinala Michel de Certeau (1982, p. 9):

> A única busca histórica do sentido permanece, com efeito, a do Outro, mas tal projeto, contraditório, visa compreender e ocultar com o sentido a alteridade desse estranho, ou, o que vem a ser o mesmo, acalmar os mortos que ainda frequentam o presente e lhes oferecer túmulos escriturários.

A investigação historiográfica da documentação a respeito dos irmãos pretos, guardadas em arquivos particulares e, em sua maioria, inseridas num período histórico delimitado, foi analisada com cuidado, pois, segundo alertam Jacques Le Goff (1996) e o próprio Certeau, certos textos e documentos preservados em arquivos construídos configuram escolhas políticas de uma sociedade, as quais devem ser bem compreendidas pelos historiadores.

O objetivo, ao estudar textos dessa natureza, é buscar nas falas dos agentes das confrarias e de seus interlocutores o que eles quiseram transmitir por meio e com o uso da palavra. É necessário que deixemos em evidência os conceitos e a operacionalidade das palavras.

Metodologia e fontes

Esta pesquisa se concentrou na análise de fontes originais primárias dos séculos XVIII, XIX e XX – priorizadas pelo caráter inédito que elas apresentam – referentes à Irmandade de São Benedito e que estão preservadas nos arquivos da Cúria Metropolitana de São Paulo (ACMSP), da Província Franciscana da Imaculada Conceição do Brasil (APFICB) e da Ordem Terceira de São Francisco da Penitência da cidade de São Paulo (AOTSFSP), bem como em periódicos em circulação na capital paulista entre meados do século XIX e princípio do XX.

Cabe mencionar de antemão que, ao longo do texto, ao nos referirmos às fontes primárias, especificamente àquelas dos três arquivos supracitados, optamos por referenciá-las em notas de rodapé, para que as informações ficassem mais precisas ao leitor. O restante das citações, inclusive as dos periódicos, segue o sistema autor-data sugerido pela Associação Brasileira de Normas Técnicas (ABNT). A origem das fontes primárias, isto é, os arquivos que as preservam, será sempre indicada nas formas abreviadas apresentadas entre parênteses no parágrafo anterior.

Nosso estudo prioriza as décadas posteriores a 1850, período em que a historiografia registrou o gradativo declínio das irmandades em todo território nacional. Apesar dos fatores externos desfavoráveis, a Irmandade instalada na Igreja do Convento de São Francisco gozava de seu momento mais próspero e autônomo. Enquanto cresciam as ideias abolicionistas no país, as fazendas de café ampliavam sua produção, as fugas de negros para a cidade aumentavam e novas formas de organização social surgiam – como as sociedades literárias, os teatros e as festas de Carnaval –, os confrades de São Benedito continuavam na sua igreja, com as festas do orago[5], as missas solenes e os enterros dos irmãos em cemitério próprio.

---

5. Sinônimo de patrono ou padroeiro. Santo a quem se dedica um templo, uma comunidade, uma associação ou um grupo religioso.

No Arquivo da Cúria Metropolitana de São Paulo, nos ate-mos ao estudo dos livros de assentamento de irmãos e irmãs – um total de nove volumes. O mais antigo deles é datado de mea-dos do século XVIII até início do XIX e parece ter sido o único para os registros de todos os membros da confraria, do sexo mas-culino, limitando-se, na maioria dos casos, a designar a cor do irmão (branco, preto, pardo), sua nação – no caso de africanos –, condição social (escravo, livre, forro ou liberto), em alguns casos a profissão (militar, alfaiate, sapateiro etc.) e a filiação.

Os outros oito livros, todos do século XIX, são quatro pa-res: um para homens e outro para mulheres, subdivididos entre irmãos e irmãs (início do XIX), irmãos e irmãs libertos (meta-de do XIX), irmãos e irmãs cativos (metade do XIX) e irmãos e irmãs (final do XIX). Estes materiais foram essenciais para a confirmação de que estávamos trabalhando com uma confraria de pretos, haja vista a dificuldade encontrada de localizarmos a Irmandade de São Benedito na historiografia oficial da capital paulista. Contudo, o que deles se extraiu de mais importante foram os inscritos em cada livro, o que nos ajudou a perceber, em termos quantitativos, a relevância que a confraria obteve ao longo do período considerado.

Foi no Arquivo da Província Franciscana da Imaculada Con-ceição do Brasil – atual proprietária da Igreja do Convento de São Francisco –, no entanto, que encontramos o maior conjunto de fontes documentais primárias sobre a Irmandade de São Be-nedito. Estando certos de se tratar de uma relevante confraria, começamos a estudar um a um os materiais encontrados numa pasta que leva seu nome e que contém um conjunto diverso de documentos que pertenceu aos confrades. É importante dizer que a maioria dos livros, das cartas e das folhas avulsas se en-contra ainda em bom estado de conservação e são quase todos do século XIX, o que facilitou também a leitura paleográfica e a compreensão ortográfica dos escritos.

Os documentos encontrados no arquivo dos franciscanos revelaram o dia a dia daqueles irmãos instalados na Igreja do Convento de São Francisco durante quase um século. Nos dois livros de receitas e despesas, datados de 1837 a 1862 e 1858 a 1886, respectivamente, pudemos, por exemplo, avaliar os investimentos, as arrecadações, as compras e a gradativa evolução financeira da confraria. Percebeu-se que, ao longo daquele período, as entradas de verba foram cada vez maiores, o que revelou uma dinamicidade no interior dela. Fato este observado também pelos sucessivos inventários de alfaias e bens. Durante o período estudado por este autor e contemplado neste livro (1854-1901), foram elaborados alguns destes documentos (1854, 1862, 1893, 1901), todos detalhando pormenorizadamente os bens pertencentes aos irmãos.

O recorte temporal definido, por sua vez, teve como balizas dois dos inventários elencados. O primeiro, datado de 1854, sinalizou o momento em que os confrades se advogaram detentores da Igreja do Convento de São Francisco e passaram a reivindicar seu direito sobre ela e seus bens. Já no último, de 1901, que faz menção à imagem de São Benedito no altar-mor, verifica-se documentalmente a legitimação da posse dos irmãos sobre aquele lugar de culto.

Ainda no Arquivo da Província Franciscana, na mesma pasta dedicada à Irmandade de São Benedito, encontramos uma série de cartas e documentos avulsos, em sua maioria datados entre finais da década de 1870 e primeiros anos do século XX, que revelaram uma troca constante de informações entre as confrarias de pretos da cidade, a influência de Antonio Bento de Souza e Castro sobre aquela do Largo São Francisco e os movimentos abolicionistas que se intensificavam na cidade de São Paulo. Nas primeiras décadas do século XX, os irmãos ainda se mantinham em plena atividade, conforme revelaram alguns dos documentos encontrados: Compromisso (elaborado em 1899 e aprovado em 1901), Inventário de alfaias e bens (1901), Livro de atas (1900-1904), Livro de relação dos irmãos e irmãs (1905).

Sobre os primeiros anos logo após a saída dos franciscanos da cidade de São Paulo – tema que abordaremos mais detalhadamente no segundo capítulo –, foram importantes os documentos encontrados no Arquivo da Ordem Terceira de São Francisco da Penitência, que nos ajudaram a compreender os embates e as disputas travados entre os terceiros franciscanos, a Faculdade de Direito e a Irmandade de São Benedito, em torno da administração da igreja que até então pertencia aos frades. A partir destes materiais, foi possível perceber como os confrades de São Benedito sentiram o peso de reivindicarem para si a responsabilidade sobre aquela igreja.

Foi necessário vasculhar livros de atas, de registros e documentos avulsos que relataram trocas de informações, ora entre a Irmandade e a Ordem Terceira, ora entre a Ordem Terceira e a Faculdade de Direito e, enfim, entre os terceiros e o provincial dos franciscanos, residente no Rio de Janeiro. Ressaltamos que também os livros e os documentos pertencentes ao Arquivo da Ordem Terceira encontram-se em ótimo estado de conservação e com caligrafia, em sua maioria, de fácil leitura.

Por fim, uma busca criteriosa no acervo da Hemeroteca Digital da Biblioteca Nacional, disponibilizado para pesquisas abertas e gratuitas, nos levou ao conhecimento de alguns periódicos em circulação na cidade e que eram usados como meios de divulgação do dia a dia daquela confraria de pretos. Entre eles, o que mais nos chamou a atenção, devido a diversas citações, foi o *Correio Paulistano*, no qual foram publicados reclamações, cartas e litígios sobre a Irmandade, desde seu primeiro ano de circulação (1854) até o fim da confraria (1910). Tais textos, selecionados dentro de nosso recorte temporal (1854-1901), nos serviram como fio condutor, em uma espécie de linha do tempo, para entender os acontecimentos que envolviam os três grupos que orbitavam em torno da Igreja do Convento de São Francisco.

Para o uso deste material como fonte documental, baseamo--nos, também, no artigo *Na oficina do historiador: conversas sobre história e imprensa*, de Heloisa de Faria Cruz e Maria do Rosário Cunha Peixoto (2007, p. 257), segundo as quais é necessário pensar a imprensa como força ativa na luta por um pensamento hegemônico, e que, portanto, apresenta um projeto político, e não apenas como um espaço depositário de acontecimentos nos diversos processos e conjunturas.

> Trata-se de entender a imprensa como linguagem constitutiva do social, que detém uma historicidade e peculiaridades próprias, e requer ser trabalhada e compreendida como tal, desvendando, a cada momento, as relações imprensa/sociedade, e os movimentos de constituição e instituição do social que esta relação propõe (CRUZ; PEIXOTO, 2007, p. 258).

Cruz e Peixoto (2007, p. 267) sugerem que, ao analisar o material produzido pela impressa, transformando-o em fonte, o historiador, em sua oficina, dialogue com outras fontes, colocando em evidência sujeitos diferentes, práticas sociais e novas dimensões daquela temporalidade. Assim,

> [...] não se pode fazer da história da imprensa um campo isolado, que se referencia a si mesmo. Em cada caso é a problemática de pesquisa que sugere a busca das conexões e vínculos não só com a história de outras formas de comunicação, mas também com a história social mais ampla (CRUZ; PEIXOTO, 2007, p. 268).

Como trabalhamos com vasto acervo documental primário, além de uma série de periódicos do século XIX, tivemos de optar por um método de transcrição paleográfica. Utilizamos aquele sugerido por César Nardelli Cambraia (2005, p. 129), conhecido como edição paleográfica. Cambraia é referência na área de Filologia, Linguística, Crítica Textual e Lexicologia, e seu livro *Introdução à crítica textual* elenca uma série de métodos para execução de transcrições.

Seguiu-se aquela em que, no texto transcrito, tudo é mantido conforme a grafia e a acentuação, mas as abreviaturas são desenvolvidas e algumas letras (por dedução) são incluídas quando não legíveis no texto original. Esta normatização, proposta por Cambraia, é chamada de "edição semidiplomática", tendo sido apresentada também em livro organizado por Rosa Virgínia Mattos e Silva (2001).

Procuramos ter o cuidado de ampliar as leituras de temas afins, a partir de diversos autores e pesquisadores que têm discutido a escravidão no Brasil. Destacamos, nas buscas, aqueles que se ocuparam das irmandades católicas e de sua relação com a escravidão, a religião e as ordens religiosas, bem como dos franciscanos e de sua relação com a escravaria a eles subjugada, na ótica da catequese, tendo como santo mais popular o franciscano São Benedito.

As dificuldades para a elaboração deste material não foram poucas. Não identificamos trabalhos que tivessem estudado com profundidade a Irmandade de São Benedito do Largo São Francisco. Há alguns, de autores já citados, sobre as irmandades na capital paulista, mas eles raramente, ou mesmo superficialmente, citam a existência dessa confraria de pretos que se revelou importante naquele espaço urbano. Fontes esparsas, garimpadas e recortadas, limitaram o alcance da análise, mesmo porque o trabalho pormenorizado demandaria ainda mais tempo e atenção redobrada. Sendo assim, não é nossa pretensão esgotar o tema, já que universos novos de pesquisas se abrem constantemente no campo da escravidão no Brasil, das irmandades de pretos e dos lugares de identificação social da população negra na cidade de São Paulo.

O caso da Irmandade de São Benedito é bem específico. No seu momento áureo, os irmãos estavam inseridos num contexto de transformações culturais e religiosas pelas quais passava o recém-independente país. Além disso, tinham como vizinhos uma jovem Faculdade de Direito e uma elitizada Ordem Terceira. Para caminhar em veredas tão novas, recorremos à ajuda de interlocutores que nos incentivaram, sugeriram leituras e levantaram questões. Talvez nossa maior contribuição seja a de lançar olhares sobre um espaço de sociabilidade negra da capital paulista ainda pouco estudado e conhecido.

A Irmandade de São Benedito só começou a sentir os efeitos das renovações que a sociedade brasileira impunha sobre as irmandades na década pós-abolição. É nesse período, com a proclamação da República e o fim do regime do padroado, que fatores múltiplos irão gerar o enfraquecimento desse grupo específico e, na década seguinte, a perda definitiva de seu espaço de culto e sociabilidade, temas que não chegaremos a explorar aqui. Vale saber que o contexto era o de uma cidade de São Paulo que se modernizava e uma Igreja Católica que se reformava, num processo que havia começado na metade do século anterior e que tinha como característica principal a centralização do poder nas mãos do papa, dos bispos e do clero. Maurício de Aquino (2012, p. 153-154) afirma:

> Na dimensão *ad intra*, a Igreja Católica encaminhou um processo de reforma e reorganização pautado nas orientações do documento Instruções, de 14 de junho de 1890, assinado pelo cardeal Rampolla, Secretário de Estado do Vaticano. O documento determinou pontos centrais na ação do episcopado brasileiro: 1. Unidade entre os bispos; 2. Reforma do clero; 3. Reforma das congregações e ordens religiosas no Brasil; 4. Controle das irmandades e confrarias; 5. Ação missionária no interior do Brasil; 6. Introdução de devoções europeias, sobretudo, a do Sagrado Coração de Jesus e da Sagrada Família; 7. Intensificação da cate-

quese; 8. Formação de novas dioceses; 9. Busca de novas fontes de arrecadação.

Preferimos utilizar o termo "reforma" para caracterizar as diversas mudanças pelas quais passou a Igreja no Brasil, desde meados do século XIX. A temática é amplamente analisada por Ítalo Santirocchi, valendo-se de teses recentes que contestam o uso frequente da expressão "romanização" e mesmo "ultramontanismo" como sinônimos para designar o que ocorria no Brasil nesse período da história.

Segundo Santirocchi (2010, p. 32):

> [...] o termo *romano* para designar o primado pontifício é antigo e cheio de significados, porém o conceito *romanização* começou a ser formulado na segunda metade do século XIX e foi retomado quase cem anos depois [...]. A visão que dele derivou constitui--se no paradigma sob o qual todos os fatos relativos à reforma da Igreja no Brasil, de meados do século XIX e das primeiras décadas do século XX, passaram a ser vistos. Tal conceito, provavelmente, satisfez as necessidades e as perguntas dos historiadores da década de [19]50 até o início do século XXI, porém não se sustenta frente aos novos questionamentos que vêm surgindo.

Os capítulos deste livro estão organizados da seguinte forma: no primeiro, *Irmandades de São Benedito em conventos franciscanos: uma catequese direcionada*, esboçamos um panorama sobre as confrarias católicas, com destaque para as irmandades de pretos, bem como o modo pelo qual a devoção a São Benedito foi incentivada pelos franciscanos e espalhada pelo mundo durante as grandes navegações, empreendidas pelas nações ibéricas. No Brasil, a maioria dos conventos daqueles frades, construídos no período colonial, possuíam ao menos uma irmandade dedicada ao santo preto e voltada à catequese dos africanos escravizados.

Ainda no primeiro capítulo, apresentamos uma visão geral das irmandades de pretos na capital paulista, destacando aquelas mais citadas na historiografia oficial: a Irmandade de Nossa Senhora do Rosário dos Homens Pretos, a Irmandade de Santa Efigênia e Santo Elesbão e, evidentemente, a Irmandade de São Benedito.

No segundo capítulo, *Igreja de São Benedito do Largo São Francisco: reivindicando lugar*, passamos a pormenorizar o desenvolvimento daquela Irmandade instalada na Igreja do Convento de São Francisco. A saída dos franciscanos da cidade de São Paulo, no início do século XIX, foi um dos fatores mais relevantes para que a Irmandade de São Benedito reivindicasse para si, na década de 1850, aquele espaço de culto. No período, por exemplo, diversos documentos elaborados pela Irmandade e analisados no decorrer da pesquisa referem-se à igreja com o título de Igreja de São Benedito.

A questão dos litígios pela posse das chaves, a elaboração de um inventário de bens que os irmãos possuíam naquela década e a aprovação de um novo Compromisso – ou seja, um novo estatuto para reger o dia a dia dos irmãos – são analisados. Observa-se, também, a atuação de certos personagens, como o irmão liberto Luiz Delfino de Araujo Cuyabano e o irmão "protetor" Barão de Iguape, que surgem como figuras centrais no processo de emancipação da Irmandade. Destacamos ainda a particularidade do cemitério pertencente aos irmãos, que perdurou naquele espaço até o século XX.

No capítulo final, *Um preto no altar: a consolidação na década da abolição*, apresentamos o novo momento que se abriu para os irmãos pretos do Largo São Francisco quando, no fim da década de 1870, retornou para a cidade de São Paulo o abolicionista, advogado e membro de confrarias católicas Antonio Bento de Souza e Castro. Ele e vários outros irmãos transformaram a

Igreja de São Benedito – novamente assim por eles nomeada – em espaço de luta e resistência contra o regime escravista, bem como realizaram importantes reformas na capela-mor e no altar central da Igreja que foram destruídos por um grande incêndio no início de 1880.

O capítulo final inicia-se, porém, apresentando uma outra página da história vivida pelos pretos de São Benedito: a criação de uma irmandade acadêmica, majoritariamente constituída por brancos, na década de 1860, com o intuito de administrar a Igreja do Convento de São Francisco, coordenar as festas do patrono e reivindicar também a administração sobre aquele espaço. Organizada e liderada pelo Padre Ildefonso Xavier Ferreira, a Irmandade Acadêmica de São Francisco de Assis era composta por professores e alunos da Faculdade de Direito, mas teve existência breve e não obteve relevância no cenário político e religioso do Largo São Francisco.

Os irmãos de São Benedito ou confrades *beneditos* (termo utilizado pelo pesquisador franciscano Frei Basílio Röwer (1957, p.118), do qual também faremos uso), contudo, nos anos que se seguiram, apoiados por movimentos a favor da libertação dos cativos, fizeram do púlpito de sua igreja um lugar de discursos contra o regime escravista, chegando mesmo a rebatizar o templo nos documentos oficiais e a trocar a imagem do santo patrono no altar principal pela imagem de seu orago, São Benedito, consolidando assim sua autoridade e a posse sobre a Igreja do Convento de São Francisco.

1
Irmandades de São Benedito em conventos franciscanos: uma catequese direcionada

> Desde os princípios, e fundações destas capitanias, foi sempre em todas ellas tido em huã veneração, e servido com especial culto o glorioso Saõ Benedicto de Palermo ou de S. Fratello, geralmente de todos os Catholicos, e com particular e devoto obsequio da Gente da sua côr, ou seja, por affecto da natureza, ou por sympatia dos accidentes. Naõ há Cidade, Villa, Parochia ou lugar aonde esta Gente naõ tenha Igreja sua, consagrada á Senhora com titulo do Rozario, primeyro objeto e móvel das suas adorações, e que nestas taes Igrejas naõ dedique altar próprio ao seu Saõ Benedicto, com confraria e Irmandade sua. E naõ satisfeitos com estes expressivos de seo affecto, e devoção, ainda em os nossos conventos, em que os Domesticos e Escravos da caza levantaõ Altares e capelas ao Santo, como o hiremos vendo em seos lugares, com suas Irmandades e confrarias, para estas concorrem taõ bem muitos Irmaõs e Pretos de fora, naõ obstante terem nas suas Igrejas e nos mesmos lugares outras em que servem ao seo Santo (JABOATÃO, 1859, p. 91-92).

É clássico, nos estudos historiográficos sobre as irmandades de pretos dedicadas a São Benedito, o uso da citação acima, de

Frei Antônio de Santa Maria Jaboatão (1695-1779), nascido na capitania de Pernambuco e um dos primeiros cronistas a relatar a história da presença franciscana no Brasil. O frade pernambucano foi um dos primeiros, mas não o único, no século XVIII, a citar a presença constante de irmandades "de cor" em conventos franciscanos desde os primórdios da colonização. De fato, ao longo daquele século, surgiram hagiografias, nas terras da colônia, que narravam a vida e os prodígios do santo preto de Palermo.

Para Luiz Fernando Conde Sangenis (2019, p. 53-54), entre as hagiografias do século XVIII dedicadas ao santo, duas se destacam. Uma é a do Padre José Pereira Baião (1690-1743), escrita em 1726 e intitulada *História das prodigiosas vidas dos gloriosos santos Antônio e Benedito, maior honra e lustre da gente preta*. A outra é de Frei Apolinário da Conceição (1692-1760), também cronista e franciscano, datada de 1744 e que tem como título *Flor peregrina por preta ou nova maravilha da graça descoberta na prodigiosa vida do Beato Benedicto de S. Philadelphio*.

A obra de Frei Apolinário sobre São Benedito foi a primeira a ser escrita por um frade franciscano no Brasil, tendo sido amplamente divulgada entre seus pares. Sobre o autor, sabe-se que nasceu em Lisboa, mas assumiu o hábito de irmão leigo franciscano no Convento de São Francisco de São Paulo, em 1711. Apesar da pouca formação educacional, desenvolveu particular interesse pela história, pela documentação (crônicas e livros) da Ordem e foi incentivado a compilar e publicar os resultados de suas pesquisas. Na Europa, Frei Apolinário acessou bibliotecas da Espanha, da Itália e da França e em 1740, no Capítulo Geral celebrado em Valladolid, foi nomeado como cronista da Província da Imaculada Conceição (COSTA, 2020, p. 5).

Outras obras, algumas delas também encabeçadas por franciscanos, surgiram em língua espanhola no mesmo período. Giovanna Fiume (2009, p. 92) menciona algumas: Frei Antônio

Vicente de la Cruz Morado publica, em Madri, entre 1744 e 1758, a obra *El negro más prodigioso. Vida del Beato Benito de San Philadelpho*; Frei Diogo de Albarez, na cidade de Alcalá, em 1747, publica *Sombra ilustrada con la razón. Admirable vida de el Beato Benito de San Fradello, conocido por el Santo Negro de Palermo*; e Joseph J. Benegassi y Luxán, em 1750, também em Madri, publica a *Vida del portentoso negro San Benito de Palermo, descripta em seis cantos jocoserios del reducisíssimo metro de seguidillas, con los argumentos em octavas.*

A divulgação da devoção a santos negros não foi uma particularidade dos filhos de São Francisco, mas foram eles, juntamente com os carmelitas (ramo masculino)[6], que estiveram na vanguarda da propagação das virtudes e gestos heroicos de "santos de cor" em terras coloniais portuguesas. Um estudo aprofundado sobre devoções negras como projeto catequético direcionada àquela população – portanto, um plano efetivo de conversão para os negros criado pela Igreja Católica no Brasil – foi realizado por Anderson José Machado de Oliveira (2016), tendo como base o caso particular carmelita dos santos Elesbão e Efigênia.

Segundo Oliveira (2016, p. 66), o aprofundamento da escravidão africana, desde a segunda metade do século XVII, forçou a

---

6. Os carmelitas são religiosos regulares da Ordem de Nossa Senhora do Monte Carmelo ou simplesmente Ordem dos Carmelitas. Suas origens remontam ao século XII – alguns estudos apontam como incerto o ano de fundação desse grupo de religiosos. Em algumas análises a Ordem dos Carmelitas está vinculada ao Antigo Testamento, quando o Profeta Elias se retirou para viver no Monte Carmelo (Terra Santa), iniciando um grupo de eremitas. Para outros estudos, a Ordem nasceu quando, no século XII, um italiano, que foi o primeiro prior-geral, São Bertoldo de Calábria, passou a morar, com alguns amigos, no mesmo local do profeta e viveu ali uma vida de contemplação. No Brasil os carmelitas se instalaram no século XVI, mesmo período em que fixaram residência e construíram seu convento na Vila de São Paulo (MONTEIRO, 1978, p. 5-8). A Ordem Carmelitana possui ramos masculino e feminino. Entre os homens, os membros são chamados de frades e as mulheres de monjas.

Igreja a pensar em um projeto devocional voltado para aqueles povos. De fato, o maior contingente populacional da América portuguesa, a partir daquele período, passou a ser o de mulheres e homens negros escravizados, trazidos forçadamente para o continente. Era preciso, portanto, intensificar a divulgação de santos de cor que deveriam funcionar como exemplos de virtudes cristãs para os africanos e seus descendentes.

Mas como as ordens franciscana e carmelitana incentivaram tais devoções? Por meio de hagiografias, ou seja, recontando, a partir do contexto social em que viviam, a vida dos santos virtuosos que fizeram parte de suas congregações e que eram pretos nos acidentes. Assim, os exemplos de virtude de Benedito, Antônio de Categeró, Elesbão, Efigênia e outros negros se encaixaram perfeitamente dentro de uma retórica que não poderia deixar de frisar a cor da pele. No contexto colonial, a cor preta, associada ao mal, ao castigo divino e à falta de qualidade, poderia ser atenuada através de uma vida virtuosa conduzida dentro dos parâmetros da fé cristã católica.

É por isso que a questão da cor foi tão acentuada nos textos de Frei Apolinário da Conceição, sobre a vida de Benedito, e nos de Frei Jaboatão, sobre o primeiro santo pardo, São Gonçalo Garcia[7]. Ambos estavam inseridos em um projeto de expansão do cristianismo, de suas ordens religiosas e, sobretudo, de um projeto colonial português para as Américas. Afirma Oliveira (2016, p. 78):

> A existência de "santos de cor", por conseguinte, expressava nos altares uma hierarquia cromática que tinha lugar na própria vivência dos fiéis. Hierarquia esta que delimitava fronteiras não só entre os bran-

---

7. Sobre a devoção ao primeiro santo pardo cultuado em terras brasileiras e incentivada pelos franciscanos, de modo particular por Frei Jaboatão, sugerimos a leitura do segundo capítulo do livro de Larissa Viana (2007). Ao apresentar as devoções voltadas aos "homens pardos" ela discorre sobre a origem daquele santo, suas particularidades, a chegada da devoção ao Brasil, bem como o sermão de Frei Jaboatão que o apresenta como modelo preferencial de santidade parda.

cos e "homens de cor", mas também no interior deste último grupo. Deste modo, o discurso hagiográfico sobre a cor construiu também uma série de nuances que visavam dar conta de um quadro social mais complexo, onde não só se pretendia inserir os negros de forma subordinada no interior da Cristandade, mas também expressar um imbricado jogo de hierarquias sociais afeitas às clivagens construídas entre os próprios africanos e seus descendentes.

A afirmação de Oliveira – com a qual concordamos – é a de que a vida dos "santos de cor", destacadas pelas ordens religiosas em hagiografias, foi um dos braços da expansão da Cristandade na América portuguesa. O que se buscava com aqueles discursos, e até mesmo como uma procura interessada em encontrar/canonizar santos negros em suas ordens, ia para além da transmissão de símbolos religiosos: criava e respaldava, acima de tudo, as hierarquias sociais existentes na colônia. À medida que a sociedade escravista se intensificava, o discurso hagiográfico procurava se encaixar dentro daquele modelo social estratificado.

Os estudos de Oliveira, analisados em paralelo com os de outros autores, norteiam este capítulo e nos ajudam a entender a dinâmica que moveu a maioria das ordens mendicantes[8],

---

8. Segundo Jacques Le Goff (1994, p. 229), "as ordens mendicantes surgem no século XIII. Receberam essa designação desde essa época porque a sua maneira de subsistir pelo peditório e não pela recepção de dízimos e de proventos de tipo feudal impressionaram os contemporâneos. A mendicidade – que eles praticam de uma maneira diferente dos 'verdadeiros' mendigos – é um 'valor' e um comportamento discutidos no século XIII. As duas principais ordens mendicantes são a ordem dos *irmãos pregadores* (comumente chamados hoje de *dominicanos*...), fundada pelo espanhol Domingos de Calaruega [...] e a ordem dos *irmãos menores* (comumente chamados hoje de *franciscanos*), fundada pelo italiano Francisco de Assis. Os mendicantes não são monges, mas irmãos que vivem entre os homens, e não na solidão [...]. Outras ordens adotaram no decorrer do século XIII o modelo mendicante, mas o Segundo Concílio de Lião, em 1274, deixou subsistir apenas quatro ordens mendicantes: os *pregadores,* os *menores,* os *carmelitas* e os *agostinhos*".

particularmente a dos franciscanos, na sua composição predominantemente urbana, a incentivar a instalação de confrarias de pretos dentro de seus conventos, nos centros das cidades coloniais brasileiras, dando os suportes necessários para seu funcionamento e sua organização.

1.1 Confrarias católicas e irmandades de "homens de cor"

Antes de avançar na discussão, convém observar as diferentes nomenclaturas utilizadas pelas associações de leigos nos períodos colonial e imperial. Também é importante explicar que o termo leigo será empregado aqui para designar os membros não clérigos das confrarias católicas. As irmandades, em sua grande maioria, eram administradas por mulheres e homens leigos, ou seja, que não faziam parte do clero, mas eram os responsáveis por igrejas particulares, cemitérios e organização de festas religiosas. Sobre seu papel, Julita Scarano (1978, p. 28) assim se expressa:

> Podemos dizer que nessas organizações é que se manifestava realmente o espírito religioso da população, que congregava os elementos das mais variadas categorias sociais. É interessante notar que tais elementos eram homens e mulheres que levavam vida comum, mas que patrocinavam o culto, construíam igrejas, paramentavam-nas, organizavam assim a vida católica local. Realmente, o leigo da irmandade mineira se considerava a própria igreja, julgando poder intervir em quase todas as questões eclesiásticas. Via no padre apenas aquele que tem capacidade de dizer missa e distribuir os sacramentos e somente nessas oportunidades se sobrepunha aos membros das irmandades. Estes sempre manifestaram atitude insubmissa em relação à autoridade eclesiástica, fato sentido mesmo pelos bispos.

Como abarcavam praticamente todas as camadas da população das vilas e das cidades, essas associações eram subdivididas entre si, com termos e nomenclaturas, que segundo Caio Boschi (1986, p. 86), eram tão variados que nem mesmo a Cúria Romana sabia fazer claras distinções entre eles. Usaremos aqui o vocábulo confraria como sinônimo de irmandade e de ordem terceira, salvaguardando as suas particularidades. João José Reis (1991, p. 60) define as seguintes diferenças:

> As confrarias, divididas principalmente em irmandades e ordens terceiras, existiam em Portugal desde o século XIII pelo menos, dedicando-se a obras de caridade voltadas para seus próprios membros ou pessoas carentes não associadas. Tanto as irmandades quanto as ordens terceiras, embora recebessem religiosos, eram formadas sobretudo por leigos, mas as últimas se associavam a ordens religiosas conventuais (franciscana, dominicana, carmelita), daí se originando seu maior prestígio. As irmandades comuns foram bem mais numerosas. Da metrópole se espraiou para o Império Ultramarino, o Brasil inclusive, o modelo básico dessas organizações.

Optamos pelas definições sinalizadas acima por serem utilizadas em estudos mais recentes sobre as associações religiosas, mesmo sabendo que tais grupos utilizavam outras terminologias. Os estudos pioneiros de Fritz Teixeira de Salles (1963, p.16-18), por exemplo, elencam, a partir do Código de Direito Canônico de 1917, ainda em vigor na época de sua obra, subdivisões por ordem de precedência nas procissões: *ordens terceiras, arquiconfrarias, confrarias (irmandades, arqui-irmandades e pias uniões), pias uniões primárias, pias uniões outras*. Contudo, para facilitar a compreensão – mesmo porque muitos destes termos encontram-se atualmente em desuso – usaremos, neste livro, terminologias mais recentes, apontadas pelos autores citados, que englobam os referidos grupos de forma mais generalizada.

Outro termo muito usual na linguagem religiosa dos períodos colonial e imperial, mas pouco utilizado na linguagem coloquial atualmente, é a palavra confrade. Aqui, ela será empregada diversas vezes e também servirá como sinônimo de irmão, uma vez que era deste modo que os membros das confrarias preferencialmente se dirigiam uns aos outros. Algumas ordens, como a dos franciscanos, ainda fazem uso do termo confrade para se referirem entre si. O *Novo Dicionário Aurélio da língua portuguesa* o define como membro de confraria ou colega, companheiro, camarada (FERREIRA, 2004, p. 522).

Tanto as irmandades quanto as ordens terceiras eram regidas por estatutos próprios, reunidos em um livro aprovado e confirmado por instâncias civis e eclesiásticas, chamado de Compromisso. Fábio César Montanheiro (2009, p. 134) elencou o que compunha o conteúdo de um volume dessa natureza: além dos estatutos, como conjunto central, contava com termos de abertura e de encerramento, encaminhamentos, autos de justificação, entre outros documentos que legitimavam o conjunto final. Depois de aprovada por todas as instâncias legais, adquiria tamanha importância que os membros das confrarias muitas vezes se referiam ao livro como "nossa lei". Para Scarano (1978, p. 34), a aprovação do Compromisso colocava as associações numa situação de paridade institucional, isto é, na esfera jurídica elas equivaliam entre si, independentemente de congregarem elementos brancos abastados ou pobres, mulatos, criolos ou negros escravizados.

Além do Compromisso, outros livros eram utilizados pelos irmãos para registrarem suas atividades rotineiras. Montanheiro (2009, p. 129) observou que eles variavam em torno de seis ou sete, somando-se ao livro do Compromisso, e que se diferenciavam algumas vezes na nomenclatura. Na maioria dos casos, porém, eram dedicados a: 1) receita e despesa; 2) eleições e termos de posse; 3) termos de mesa; 4) entrada de irmãos; 5) recibos ao tesoureiro; e 6) irmãos falecidos.

Um dos Compromissos da Irmandade de São Benedito de São Paulo, aprovado em 1855[9], mencionava seus outros livros no artigo décimo terceiro, acrescentando a eles um outro não muito comum, destinado para receita e despesa da caixa pia, verba que seria usada para compra de alforria dos irmãos:

> Para a escrituração da irmandade haverão os seguintes livros; a saber: quatro para alistamento dos irmãos, sendo 2 para homens e mulheres livres, e 2 para captivos homens e mulheres, um para as actas das sessões, um para as actas das eleições, um para a receita e despeza da irmandade, um para inventário, um para as certidões de Missas, e um para a receita e despeza da caixa pia (CORREIO PAULISTANO, 30 out. 1855, p. 2-3).

Para Lucilene Reginaldo (2018, p. 270), que estudou irmandades de pretos na Bahia, esses documentos estabeleciam regras de conduta e modos de viver dos irmãos. Neles, eram estipuladas as normativas, os critérios para fazer parte da irmandade, os valores a serem pagos na entrada e na anuidade, como deveriam ser organizadas as eleições, os cargos, a direção e as práticas de ajuda mútua. Diz a autora, ainda, que "os estatutos também tratavam de assuntos mais elevados, disciplinando e organizando a vida e a morte dos associados: as práticas devocionais regulares, os ritos fúnebres, o culto e a realização da festa do patrono".

É importante pontuar que o Compromisso elencava as atribuições dos cargos administrativos no interior da confraria, de-

---

9. Abordaremos melhor o Compromisso de 1855 no segundo capítulo. Por ora, convém dizer que este talvez tenha sido o segundo documento legislativo da Irmandade de São Benedito, uma vez que ele próprio indica que a fundação oficial da confraria se deu em 1772, e sabemos que, para serem regulamentadas, as agremiações dessa natureza precisavam apresentar às instâncias civis e eclesiásticas seu Compromisso. Depois, houve ainda um terceiro documento, elaborado em 1899.

legados a irmãos eleitos em reuniões anuais, ocorridas próximo à festa do santo principal. Os escolhidos entre seus pares formavam a chamada mesa administrativa, que tinha por principal atribuição, segundo Antonia Quintão (2002a, p. 27), representar a irmandade e administrar todos os seus negócios internos e externos. Algumas dessas funções, de acordo com Scarano (1978, p. 130), eram de maior prestígio, como as de juiz e de procurador; outras, nas irmandades de "homens de cor", eram reservadas a negros, como as de rei e de rainha; e, enfim, algumas delegadas a brancos, como as de secretário e de tesoureiro, pela dificuldade em se encontrar irmãos "de cor" letrados e/ou que tivessem personalidade jurídica para tais funções. Estas últimas foram sendo também delegadas a negros com o passar do tempo, à medida que aumentavam as alforrias e os irmãos pretos se instruíam nas letras.

Mariza Soares (2000, p. 158) concorda com Scarano ao afirmar que o cargo de maior destaque dentro de uma irmandade era o de juiz, seguido pelo de procurador. Ela elenca ainda os que vinham na sequência: tesoureiro, escrivão (secretário) e irmão de mesa; por último, zelador e andador. Para as mulheres, havia os cargos de juíza, zeladora e irmã de mesa. No caso da Irmandade de São Benedito de São Paulo, ainda se atribuía a um irmão o posto de capitão de mastro, responsável pelo levantamento do mastro com a bandeira do santo, dias antes da festa principal da Irmandade no Largo São Francisco. Já as funções religiosas (missas, sermões etc.) eram exclusivas do capelão, quando houvesse, ou de um padre convidado. Nas Ordens Terceiras de São Francisco, tais funções eram colocadas sob os cuidados do padre comissário, também chamado de comissário visitador.

No terceiro capítulo, veremos as tentativas constantes de intervenção do padre comissário da Ordem Terceira de São Francisco de São Paulo sobre a Irmandade de São Benedito. Uma vez que não era eleito pelos irmãos da mesa administrativa, o padre comissário tinha dificuldades em impor suas ordens, haja vista sua jurisdição não caber sobre eles. Os padres comissários das ordens terceiras eram eleitos pelos superiores das ordens religiosas – neste caso, o provincial dos franciscanos. As irmandades de pretos não tinham comissários visitadores, mas podiam convidar um padre capelão, desde que tivessem dinheiro para pagar por seus serviços religiosos. Diferentemente do comissário, o capelão só participava da mesa administrativa se os irmãos permitissem.

Ao estudar o patrimônio beneditino no Recôncavo da Guanabara, focando na escravaria dos monges em uma determinada fazenda chamada São Bento do Iguassú, na região hoje denominada Baixada Fluminense, Vitor Hugo Monteiro Franco (2021) localizou a existência de uma confraria de pretos direcionada aos *escravos da religião*[10] e dedicada a Nossa Senhora do Rosário.

Sobre as funções dos irmãos, Franco (2021, p. 185-190) explica que os juízes eram aqueles que representavam a irmandade perante os poderes civis e eclesiásticos, os que convocavam reuniões da mesa administrativa e zelavam pelo bom funcionamento da confraria. Os procuradores eram uma espécie de intermediários entre a mesa e os demais irmãos, fiscalizadores do bom andamento do dia a dia dos irmãos, intermediadores. Já o tesoureiro cuidava das finanças da confraria e o escrivão (secretário) cuidava dos livros (de assentos, receitas e despesas, entre outros). Os mesários, ou irmãos de mesa, eram aqueles que se reuniam periodicamente para deliberar sobre questões cotidianas; os andadores, aqueles que levavam as informações de casa em casa, como avisos de reuniões ou falecimentos, por exemplo; e os zeladores, aqueles que cuidavam da limpeza, da

---

10. Este é o título da dissertação de mestrado de Vitor Hugo Monteiro Franco, publicada em 2021, e se refere aos escravos da "religião de São Bento", ou seja, da Ordem Beneditina, assim diversas vezes registrados nas fontes primárias por ele analisadas.

ornamentação dos altares e das festas. Estes dois últimos cargos não eram funções de mando.

Destacamos as atribuições administrativas das confrarias católicas e suas subdivisões internas porque, a partir do segundo capítulo, veremos que os confrades da Irmandade de São Benedito muitas vezes eram citados conforme suas funções. A maioria dos cargos, como veremos, era delegada a homens, mas isso não significa que as mulheres não tivessem um papel preponderante nas decisões e nas composições das irmandades, principalmente aquelas de "pessoas de cor", como bem salientam Reginaldo (2011) e Quintão (2019)[11].

As confrarias surgiram na Europa, por volta do século XIII, ora congregadas por afinidades profissionais (marceneiros, sapateiros, militares, alfaiates), ora afiliadas ao clero regular[12], mas todas reunidas em torno da devoção a um santo principal. Com o passar do tempo, esses grupos sociais aumentaram significativamente em número no continente europeu e começaram a adotar critérios para admissão a suas fileiras, como, por exemplo, distinções pela cor da pele e normas de pureza de sangue.

---

11. O papel das mulheres em confrarias de pretos será melhor analisado no segundo capítulo deste livro.

12. Há diferenças entre o clero secular e o clero regular. De um modo geral, o clero secular estava ligado diretamente à obediência ao bispo diocesano, enquanto o clero regular a um superior-geral dentro de sua ordem ou congregação religiosa. Ambrogio Donini (apud MOLINA, 2006, p. 19) assim os define: "O Clero Secular deveria ater-se às questões materiais, 'zelar pelas coisas da vida', possuir um contato maior com os fiéis, cuidar do seu cotidiano terreno para assegurar 'o futuro de sua alma'; enfim, tratar do *saeculum*. O Clero Regular estava atrelado ao esforço de valorização da espiritualidade. Constituído por frades, freiras e monges retirados do convívio secular, residiam em mosteiros e conventos, tendo suas vidas regidas por diretrizes específicas, que definiam votos como caridade, castidade, silêncio e, em muitos casos, a pobreza. Por defender a vida voltada à espiritualidade e à contemplação, desenvolveram um cuidado maior na preparação intelectual de seus membros e na preservação da cultura". Beneditinos, franciscanos, carmelitas e jesuítas – só para citar alguns – fazem parte dos regulares; ou seja, daqueles que vivem sob a obediência a uma regra.

O fenômeno seletivo no âmbito desses grupos começou a despontar no final do século XV, com a sucessiva expansão das navegações empreendidas pelas nações ibéricas, a dominação das Américas e as incursões na costa africana. Negros e indígenas, a partir daquele período, se tornaram elementos novos no seio dessas associações. Fiume (2009, p. 86) atesta que, já em 1551, a primeira Irmandade de Nossa Senhora do Rosário de Lisboa se encontrava subdividida entre "pretos, forros e escravos" e "pessoas honradas", e em 1565 já havia uma Irmandade de Nossa Senhora do Rosário dos Homens Pretos.

Trazidas para o Brasil no século XVI, as confrarias tiveram papel primordial no processo de organização social e política do país. No campo da evangelização dos povos indígenas e, principalmente, dos africanos escravizados, foram elas decisivas para a demarcação e a consolidação de uma estrutura social estratificada entre brancos e não brancos. Essas associações floresceram, em sua maioria, nos séculos XVII e XVIII, no período colonial, mas adentraram o período imperial e algumas sobreviveram às perseguições republicanas[13], entre o final do século XIX e o início do XX, permanecendo vivas até os dias de hoje.

Um dos pioneiros nos estudos sobre essas organizações foi o historiador Fritz Teixeira de Salles (1963), que colocou nas pautas acadêmicas a relevância que as confrarias católicas tiveram para o desenvolvimento político, social e religioso do Brasil colonial. Ao se focar naquelas que nasceram no ciclo do ouro mineiro, basicamente em quatro cidades – Ouro Preto, Mariana, São João Del Rei e Sabará –, o autor ampliou o debate sobre esses grupos para toda a história nacional.

---

13. Logo após a abolição da escravatura e a subsequente Proclamação da República intensificaram-se as campanhas e leis contra os costumes, festas e tradições ligadas aos negros, bem como as religiões de matriz africana. O primeiro Código Penal de 1890, p. ex., criminalizava o jogo de capoeira. Há uma verdadeira criminalização da cultura negra baseada em conceitos racistas, higienistas e eugenistas. Para saber mais, cf. Schwarcz (1993).

Dois fatores contribuíram para o caráter de classe dessas corporações: o primeiro é que, sendo o Estado ligado à Igreja, isto determinou o interesse daquela em estimular a eclosão das corporações; o segundo é que a estratificação social do Brasil colônia se efetuou calcada na diferenciação inter-étnica da população, o que está intimamente vinculado ao colonialismo e ao regime escravocrata (SALLES, 1963, p. 27).

Julita Scarano (1978, p. 15), leitora de Salles, concentrou seus estudos nas irmandades do Distrito Diamantino no século XVIII. Ela observa que as confrarias foram fundamentais para a expansão do culto católico no período colonial, pois seus membros leigos tiveram papel decisivo: patrocinavam o culto, construíam igrejas e paramentavam-nas, organizando, assim, a vida católica local. Conclui, ainda, que nas regiões minei-ras esses grupos foram muito mais numerosos que em outras regiões, por diversos fatores, entre os quais a proibição de fi-xação do clero regular naquele território, imposta pela Coroa, e a escassa presença de padres seculares. Estava nas mãos dos leigos católicos das Minas Gerais, portanto, a administração e a manutenção do catolicismo.

Antes de nos aprofundarmos na relevância das confrarias compostas majoritariamente por pretos, vale uma menção sobre aquelas compostas por brancos, mesmo que estas não sejam o foco aqui abordado. Uma dessas confrarias, a Ordem Terceira de São Francisco da Penitência de São Paulo, como veremos, esteve durante o século XIX na pauta das disputas pela Igreja de São Francisco[14], no largo de mesmo nome, reivindicada por eles e pelos confrades de São Benedito.

Dentre as confrarias de brancos, as ordens terceiras foram as que congregaram, na maioria das cidades coloniais, a maior

---

14. A Igreja de São Francisco da qual tratamos encontra-se no Largo São Francisco, n. 133, no centro da cidade de São Paulo (cf. figuras 4, 5 e 6, neste mesmo capítulo).

parte da elite local. Juntamente com elas, as irmandades do Santíssimo Sacramento, geralmente instaladas em matrizes – ou catedrais – e as da Misericórdia foram as que mais se destacaram entre as populações brancas. Nas cidades estudadas por Salles (1963, p. 36-37), a Ordem Terceira de São Francisco e a Ordem Terceira do Carmo foram as mais poderosas financeiramente, de grande vitalidade e de visível influência na vida das Minas Gerais, bem como as mais rigorosas em relação a regras para ingresso de novos membros. Ambas não aceitavam "pessoas de cor" em suas fileiras.

Na capital paulista, não foi diferente. A Ordem Terceira do Carmo e a Ordem Terceira de São Francisco da Penitência dividiram entre si os brancos ricos da cidade, sendo as que mais se destacavam nas festas e nas procissões. Ao citar a São Francisco de São Paulo, Salles (1963, p. 102) recorre aos estudos de Frei Adalberto Ortmann[15] e afirma, com ele, que "abrigava na São Paulo de antanho os homens homéricos da 'raça dos gigantes' como Amador Bueno – 'o que não quis ser rei'". Já sobre o Carmo, Raul Leme Monteiro (1978, p. 34-35) afirma: "viveram e tiveram residência as figuras mais destacadas, os homens de projeção, os velhos e íntegros paulistas. [...] Muitos bandeirantes e ilustres paulistas foram Irmãos Terceiros do Carmo"[16].

Salles (1963, p. 37) salienta que as confrarias católicas, de brancos e de "pessoas de cor", foram um nítido retrato da estratificação e da divisão social que marcou o Brasil no período colonial. Na maioria das cidades, o modelo dessas organizações era basicamente o mesmo (salvaguardando-se as subdivisões entre elas): as de brancos eram as mais ricas e opulentas, ao passo que

---

15. Sobre a Ordem Terceira de São Francisco da Penitência, cf. Ortmann (1951).
16. Para mais informações sobre a Ordem Terceira do Carmo, cf. Monteiro (1978).

as de pretos eram compostas pelas classes de escravizados, libertos, forros, crioulos, pardos e mestiços. Com o passar do tempo, surgiram também aquelas formadas basicamente por pardos, separando-se das de pretos, revelando o quanto o preconceito racial era rigoroso naquela sociedade.

É interessante notar a influência que as confrarias católicas constituídas por leigos exerceram sobre as populações, sobretudo sobre as negras. Reginaldo (2009, p. 26) focalizou a relevância das confrarias nas cidades coloniais, chamando a atenção para espaços privilegiados de elaboração de uma nova religião: o catolicismo negro. Ao citar pesquisas de Roger Bastide, ela afirma que, mesmo sendo uma determinação do regime escravista, esse catolicismo impositivo acabou permitindo às irmandades a criação de espaços de culto e reuniões mais ou menos autônomos.

Também Reis (1996, p. 44) assinala que, entre as instituições em torno das quais os negros se agregaram de forma parcialmente autônoma, destacam-se as confrarias ou irmandades religiosas, dedicadas à devoção dos santos católicos, pois elas funcionavam como sociedades de ajuda mútua. Para ele, "a irmandade representava um espaço de relativa autonomia negra, na qual seus membros – em torno das festas, assembleias, eleições, funerais, missas e da assistência mútua – construíam identidades sociais significativas".

Nesse contexto, destaca Boschi (2018, p. 124, tradução nossa), forçados a se inserirem em outra realidade cultural, os escravizados assimilaram os modelos comportamentais e os esquemas religiosos dos brancos, apenas em nível superficial e elementar, com um inevitável retorno aos modelos de referência de suas culturas e religiosidade originárias. Complementa o autor:

> Em todo caso, o propósito de quem colonizava era sem dúvida o de utilizar as irmandades como meio de enquadramento dos escravos de cor nos modelos culturais dos brancos. Ao permitir e até estimular a

criação de comunidades leigas de negros, o estado e a igreja, enquanto promoviam a assimilação da religião cristã, favoreciam nos escravos de cor um sincretismo planificado; esses buscavam dirigir e determinar as formas através das quais houvessem as relações religiosas dos negros com os brancos, no esforço de assimilação e codificação dos primeiros no mundo daqueles últimos.

Sobre a adesão dos negros ao catolicismo luso-brasileiro, ao citarmos Roger Bastide (1971), é importante salientar que, entre os historiadores, há aqueles que comungam da visão do autor – e, portanto, salientam que o catolicismo no Brasil foi assimilado pela população negra em um nível apenas superficial, gerando os sincretismos e as religiões afro-brasileiras[17] –, mas também há os que rebatem tais opiniões, por não identificarem apenas uma conversão forjada, e sim uma adesão de fato à fé católica, uma resposta possível às situações de discriminação e desigualdades pelas quais as "pessoas de cor" passavam. Ao verificar a utilização de discursos católicos por testadores de origem africana e afrodescendente no Rio de Janeiro dos séculos XVIII e XIX, Cláudia Rodrigues (2005, p. 98) assevera:

> [...] creio ser possível afirmar que a vivência do catolicismo por parte dos negros africanos e seus descendentes não deva ser interpretada segundo as afirmações que a justificam com base na dissimulação, a exemplo da análise feita por Roger Bastide de que o catolicismo negro seria superficial e dissimulado. Falar isto significa simplificar a análise histórica e a complexidade das relações culturais. Do mesmo modo que os negros recriaram suas tradições africanas na sociedade escravista brasileira, eles certamente enxergaram as práticas rituais do catolicismo como algo que tinha seu fundamento, que lhes fazia algum

17. Além da obra de Bastide, sugerimos também a leitura de Goldman (2011).

sentido e que tinha sua justificação. Assim, é preciso considerar que a apropriação dos dogmas do catolicismo por parte dos negros africanos e seus descentes deve ser considerada como resultado da efetiva crença nesses dogmas.

Com este posicionamento concorda Quintão (2002b, p. 21), ao afirmar que não se pode rotular as irmandades como se fossem instrumentos de alienação dos negros, como se tem feito largamente por historiadores que se alinham a Bastide. É necessário vê-las como lugares de sociabilidade transformados pelas comunidades negras e pardas, livres ou escravizadas, em "um protesto dentro da ordem". Legitimadas pelas instâncias legais, as confrarias foram utilizadas pelos "homens de cor" como meio de contestar e reivindicar seus direitos.

Assim, particularmente as irmandades de pretos, ao serem assimiladas por aquelas populações, segundo Salles (1963, p. 119), "proporcionavam às camadas humildes e pobres do tempo um meio de luta, revelando a esses grupos a possibilidade jurídica dessa luta e a relatividade desse jurídico, isto é, relatividade da justiça e sua feição temporal". Ao participarem da religião dominante, os homens e as mulheres "de cor" buscavam também seu lugar na estratificada sociedade colonial.

Na Bahia, as irmandades desenvolveram um papel *sui generis*, porque facilitaram a preservação das religiões africanas. Elementos culturais e religiosos passaram por um processo de ressignificação, que se renovou no contato interétnico. Naquela região, afirma Célia Maia Borges (2005, p. 135), as tradições africanas criaram um nicho na estrutura da religião dominante e sobreviveram por meio de rituais, imagens e símbolos católicos. Depois de frequentarem as irmandades, os negros iam aos terreiros, onde celebravam o culto aos orixás. Esse trânsito entre dois espaços religiosos distintos não era problema nenhum para eles.

No caso da capital paulista, Enidelce Bertin (2010, p. 127-128), que pesquisou lugares de sociabilidade negra na cidade, destaca que, apesar de estar sujeita a tentativas de controle, a população negra encontrou meios de resistência na ocupação de alguns espaços, como o território das igrejas de Nossa Senhora do Rosário, de Santa Efigênia e de São Benedito – esta última, como veremos ao longo deste livro, tratava-se da Igreja de São Francisco –, as quais eram sedes de irmandades. A autora vai mesmo afirmar que é comum as irmandades serem *locus* para observação da sociabilidade entre negros libertos e escravizados; por isso, os entornos da Igreja de Nossa Senhora do Rosário, da Igreja de Santa Efigênia e da Igreja de São Benedito foram chamados de lugares de prática das "danças dos pretos".

Ainda segundo Bertin (2010, p. 129), os arredores daquelas igrejas, além da Rua das Casinhas e da Rua do Comércio, eram os locais mais importantes de sociabilidade negra na São Paulo do século XIX. Vários tipos de pessoas eram atraídos para o circuito, não apenas pelas irmandades, mas pelo comércio informal e ambulante que girava em torno dos negros. Além disso, a autora cita os enterros que eram realizados no interior das igrejas do Rosário e de Santa Efigênia, sem fazer menção ao Cemitério de São Benedito[18], pertencente à Irmandade aqui apresentada, talvez porque à época não houvesse tido acesso aos documentos que revelam a sua existência.

Vale destacar que tanto Borges (2005) quanto Bertin (2010) afirmam que o espaço urbano foi lugar privilegiado para trocas de experiências, processos de autonomia, compras de alforria e emancipação da população negra, imprimindo caraterísticas próprias na vida familiar e afetiva dos negros na urbe. É o que também diz Isabel Cristina Ferreira dos Reis (2018, p. 228), ao

---

18. A existência de um cemitério pertencente à Irmandade de São Benedito será abordada no próximo capítulo.

acentuar que, "a despeito dos limites que separavam o mundo dos cativos daquele dos negros livres e libertos, eles, em grande medida, compartilhavam um mesmo universo e nele interagiam e com maior mobilidade".

Dessa forma, o Brasil viu, ao longo de quatro séculos, o florescimento, em várias de suas cidades, dos modelos de confrarias católicas surgidas na Europa medieval. Cada uma delas desenvolveu características e modos próprios de organizar festas, enterros e procissões, mantendo em comum o *status social* de seus membros e a devoção a um santo principal, fosse ele branco ou "de cor".

1.2 Os franciscanos sicilianos e o modelo de santidade negra

Diferentemente das confrarias, as ordens religiosas, dirigidas pelo clero regular e instaladas no Brasil desde o período colonial, gozaram de certa autonomia em relação à Coroa. Elas possuíam regras próprias e liberdade para administrar seus patrimônios, o que incluía conventos, fazendas e escravizados. Juridicamente, esses grupos adquiriam *status* de proprietários privados de todos os seus bens, desde sua fundação e instalação na colônia (FRANCO, 2021).

A Ordem dos Frades Menores, cujos membros ficaram popularmente conhecidos como franciscanos, nasceu na cidade de Assis, na região italiana da Úmbria, no ano de 1209. Fundada pelo jovem Francisco de Bernardone, foi aprovada e confirmada pelo Papa Inocêncio III. Em poucos anos, se espalhou por toda a Europa, estabelecendo-se na Península Ibérica já nas primeiras décadas do século XIII, como é o caso de Portugal, onde a chegada dos primeiros frades se deu em 1217. Com o passar do tempo, sua presença também se consolidou na França, na Alemanha, na

Hungria, na Inglaterra e em outros países daquele continente. Os primeiros filhos de São Francisco tinham como caraterísticas a simplicidade e a pobreza, e, como propósitos, a itinerância e a missão.

No final do século XV, esse grupo de religiosos já era bastante conhecido e numeroso em terras portuguesas e espanholas. Além disso, seu santo lusitano mais popular, Santo Antônio de Lisboa, fora canonizado em 1232. Também seu fundador, Francisco, e até mesmo o rei francês Luís IX[19] já haviam sido elevados aos altares, em 1228 e 1297, respectivamente. A ordem adquiriu tamanha popularidade na Europa que seus frades podiam ser vistos dos castelos às ruas, das universidades aos territórios missionários da África, do Oriente Médio e do Novo Mundo.

Com uma presença consolidada e forte no seio do catolicismo, dentro de um contexto de grandes navegações, de um crescente tráfico negreiro, dos desafios surgidos no pós-Reforma Protestante e das disputas por territórios entre cristãos e muçulmanos[20], os franciscanos estiveram na vanguarda de acontecimentos importantes da história moderna. Unem-se às Coroas da Península Ibérica nas grandes navegações e na empreitada de evangelização dos povos recém-dominados do novo continente,

---

19. As ordens mendicantes, especialmente a dos franciscanos, exerceram influência significativa sobre a piedade religiosa do rei francês Luís IX (1214-1270). Seu reinado foi marcado pela religiosidade e pela participação em diversas cruzadas. Foi canonizado em 11 de julho de 1297. Para mais detalhes sobre a monarquia francesa e o movimento franciscano, cf. Field (2015).

20. Fiume (2009, p. 69), ao abordar o panorama político-religioso do surgimento de santos negros franciscanos e da expansão da Ordem dos Frades Menores para as Américas, afirmou: "essas figuras estão estritamente vinculadas ao contexto da luta religiosa que o Catolicismo conduz, ao norte, contra os protestantes e, ao sul, contra os muçulmanos". No contexto europeu, o norte, mencionado pela autora, faz referência à Alemanha, país do surgimento da Reforma Protestante, com Martinho Lutero, em 1517; e o sul alude à região do Mediterrâneo, constantemente assolada pela ofensiva turco-barbaresca (muçulmanos).

no mesmo período em que despontam seus primeiros modelos de santidade negra.

> Os franciscanos, [...] espanhóis e portugueses, foram ao Novo Mundo com os descobridores: a participação da Ordem nas Américas remonta à primeira viagem de Colombo, com os padres Giovanni Perez e Antônio de Marchena, do Convento de La Rabida. Um grupo numeroso tinha acompanhado Perez em viagens sucessivas, entre 1493 e 1502; [...], enquanto os frades portugueses, embarcados em 1500 com Cabral, em Coimbra, tinham fundado, em 1516, a primeira igreja franciscana em Porto Seguro. [...] A América do Sul tornara-se a maior área de missão franciscana na época colonial: em algumas zonas eles tinham chegado primeiro e eram eventualmente os únicos missionários, e pelo seu número não temiam o confronto com nenhuma outra ordem religiosa (FIUME, 2009, p. 94).

É importante salientar, aqui, que a maioria dos santos negros do século XV, dos quais trataremos adiante e cujas devoções foram trazidas para as Américas nas grandes navegações empreendidas pelos ibéricos, surgiu em uma região bem específica da Europa: a Sicília.

Localizada numa área estratégica, hoje pertencente à Itália, a ilha siciliana[21], situada entre os mares Mediterrâneo e Tirreno, foi constantemente alvo de disputas e de invasões ao longo dos séculos, bem como destino para quem fugia da África nas primeiras perseguições muçulmanas da Era Cristã. No início do período moderno, já sob domínio espanhol e vítima das guerras

---

21. O Reino da Sicília (1130-1816), formado inicialmente pela ilha homônima e por parte da atual Itália Meridional, incluindo Nápoles, foi fundado em 1130. Disputado por diferentes povos, foi anexado desde meados do século XV ao domínio do Reino de Aragão ou Coroa de Aragão, o que perdurou até o início do século XIX. Tal reino compreendia um conjunto de territórios ou reinos menores, tendo como seu núcleo principal a atual Espanha.

corsárias do mediterrâneo entre os Estados cristãos e o Império Otomano, a ilha passou a contar com uma população escravizada marcadamente negra e moura[22].

> O culto dos santos africanos [...] é estritamente conectado aos deslocamentos do clero católico africano, devido as perseguições dos vândalos. [...]. Esses fugitivos se dirigiam mais habitualmente à Campânia, ao Baixo Lácio e à Sardenha. Depois dessa onda antiga, é a guerra corsária quem produz um novo contingente de santos negros. A escravidão siciliana, no final do Quatrocentos, era prevalentemente masculina e negra, e, como tal, permanecerá no século seguinte (FIUME, 2009, p. 67-68).

As pesquisas de Fiume (2009, p. 80) são particularmente importantes quando pretendemos entender por que, ao longo do século XVI, diversos nomes de homens "mouros" surgiram no ideário católico/franciscano daquela região. As fontes por ela estudadas, muitas provenientes dos arquivos franciscanos italianos e espanhóis, revelam algumas características comuns: a maioria são africanos ou filhos de africanos, muçulmanos ou recém-convertidos, eremitas, escravizados ou ex-escravizados. Em muitos dos casos estudados, os "mouros" foram aceitos como irmãos leigos franciscanos no convento onde haviam sido escravizados e no qual continuariam servindo nas tarefas mais duras e subalternas, depois de aceitos como frades.

Estes irmãos leigos ou frades leigos teoricamente deveriam ter iguais direitos e deveres dentro dos conventos. Contudo, em muitos casos, limitavam-se a serviços domésticos, pela própria

---

22. O dicionário define mouro como "indivíduo dos mouros, povos que habitavam a Mauritânia (África); mauritano, mauro, sarraceno. Aquele que não é batizado, que não tem a fé cristã; infiel" (FERREIRA, 2004, p. 1.366). O termo se tornou usual na Península Ibérica e nas terras dominadas por Portugal e Espanha para definir todo homem ou toda mulher de pele escura, proveniente da África e/ou de religião muçulmana. O próprio São Benedito recebe, em algumas línguas, como no italiano, p. ex., a alcunha de o mouro, mesmo não tendo sido muçulmano nem ter nascido na África.

hierarquia interna. Na maioria das ordens medievais, ditas clericais – dentra elas a Ordem Franciscana –, não era permitido aos irmãos leigos assumirem funções de liderança nas comunidades, pois estas eram reservadas apenas aos irmãos sacerdotes. A diferença entre ambos era que os sacerdotes recebiam o Sacramento da Ordenação Sacerdotal, os irmãos leigos não.

No mesmo período, a Ordem Franciscana, na sua composição, predominantemente europeia, vivia momentos de reformulações internas influenciadas por alguns de seus membros, que exigiam um retorno às origens, ou seja, uma vida mais pobre, penitencial e desapegada, como foi a de Francisco de Assis, na fundação do movimento. Esse fenômeno de modificações internas resultou, por exemplo, na Reforma Capuchinha, na Itália, aprovada em 1528, dando origem aos chamados Frades Capuchinhos; na Espanha, um outro movimento, em 1555, iniciado por Pedro de Alcântara (1499-1562), deu origem à Reforma Alcantarina; na ilha da Sicília, os frades viviam em uma única província, também fruto de uma reforma ibérica, chamada de "Mais Estreita Observância" – ou, como afirma Frei Apolinário da Conceição (1744, p. 1), a "Província Reformada da Sicília, da Mais Estreita Observância da religião Seráfica". A maioria desses grupos reformados incentivava uma vida de pobreza e penitência[23].

É, portanto, dentro de um movimento de reformas (interno) e de guerras (externo) que surgiram, nos conventos franciscanos sicilianos, no início do século XVI, os modelos de santidade negra.

O primeiro franciscano negro com fama de santidade de que se tem notícia – embora não tenha sido o primeiro com essas características a ser canonizado, como se verá adiante – se chamava Antônio, de codinome Etíope, da cidade de Noto, falecido em 14 de março de 1550. Fiume (2009, p. 52) atesta – baseada

---

23. Para saber mais sobre os movimentos penitenciais reformadores, surgidos a partir dos séculos XII e XIII, cf. Pazzelli (2009) e Teixeira (2005).

em relatos do processo diocesano para canonização – que, em seu leito de morte, em Palermo, no ano de 1589, Benedito teria tido uma visão de Santa Úrsula (relacionada à esperança de uma boa morte) e deste Antônio Etíope, cujo processo de canonização já estava em andamento. Ela afirma que a aparição de Antônio, para levar a alma de Benedito ao paraíso, conforme relatam os cronistas, simboliza a forte continuidade entre os dois frades e traça um modelo de santidade franciscana negra.

Antônio de Noto já despontava como exemplo de santidade entre os africanos convertidos ao cristianismo no início do século XVI. Muçulmano, nascido nos montes de Barca, na Líbia, capturado pelas galés da guerra promovida pelos cristãos sicilianos e escravizado, tornou-se modelo de vida eremítica e ascética, convertendo-se, por fim, a irmão leigo franciscano. Adquiriu fama de santo ainda em vida.

Um outro Antônio, bastante conhecido nas Américas, também irmão leigo, negro e ex-escravizado, viveu na cidade de Caltagirone – ou Categeró, em português. Sua história se parece muito com a de outros africanos levados pelos cristãos à Sicília naquele período. Capturado na Etiópia, ainda criança, junto com seus pais, foi comprado por uma família siciliana, educado na fé cristã e batizado. Os relatos sobre sua vida, citados por Fiume (2009, p. 79-80), falam de um homem de oração constante, penitente e milagreiro. Só foi aceito como frade franciscano depois de duas tentativas. Ser negro foi um impedimento, de início. Viveu no Convento de Santa Maria de Caltagirone e morreu no mesmo período em que Benedito.

A devoção a Santo Antônio de Categeró também chegou ao Brasil e à cidade de São Paulo. Embora não seja o objeto central aqui analisado, convém fazer algumas considerações. Não sabemos como nem quando sua devoção foi introduzida na cidade, mas sabemos que um altar lhe é dedicado na Igreja da Ordem Terceira de São Francisco. Aliás, as atas e os documentos dos terceiros revelam que pelo menos até a década de 1990 o santo foi cultuado naquela igreja. Trata-se de fato curioso, uma vez que, como já dito, a Ordem Terceira foi constituída, durante muito tempo, por membros de uma elite branca local que não permitia a admissão de pessoas negras entre suas fileiras.

Sobre a devoção a Antônio de Categeró no Largo São Francisco, deixamos aqui alguns questionamentos, que podem ser melhor respondidos em pesquisas futuras. Como esta devoção negra se instalou na Igreja dos terceiros? Como perdurou por tanto tempo? A quem interessava manter o culto a um santo preto dentro de uma igreja de brancos no centro da capital paulista?

Voltando à questão dos santos pretos da Sicília, cujo culto se espalhou nas Américas a partir do século XVI, faz-se importante contextualizar o cenário político do Mediterrâneo naqueles idos. Fiume (2009, p. 69) relata:

> No Oriente, os turcos haviam conquistado a Síria e o Egito em 1517, tinham expulsado os Cavaleiros de Rodes da ilha homônima em 1522, subtraído, em 1570, Chipre aos venezianos, que a tinham conquistado em 1489. Barbarruiva toma Túnis no verão de 1534, e a perde no ano seguinte pelas mãos do Imperador Carlos V. Dragut reconquista Trípoli em 1551 e, em 1560, uma frota turco-barbaresca expulsa os espanhóis de Gerba; os corsários barbarescos aproximam-se do Mediterrâneo ocidental: em 1565, tentam a conquista de Malta, em 1570, Uccialì conquista Túnis, configurando-se assim uma ameaça turca a Veneza. A santa liga da Espanha, de Veneza e do papado inflige aos muçulmanos uma derrota em Lepanto, em 1571. A trégua de 1581 entre os impérios turco e espanhol abrirá à pirataria as portas do domínio do Mediterrâneo.

O que se pode perceber é que o ambiente mediterrâneo esteve ao longo de um grande período fortemente marcado por guerras, possessões e invasões, o que influenciou certamente na vida dos habitantes. Num universo em constante movimento, que a historiadora italiana chamou de trânsito entre dois mundos diferentes (FIUME, 2009, p. 70), houve mudanças significativas na arte, na cultura e na religião. Apesar da forma violenta como as invasões ocorriam, elas constantemente geravam intercâmbios e faziam pessoas migrar de um lugar para o outro, levando consigo costumes, tradições e crenças.

Interessa-nos, aqui, salientar as trocas religiosas que os intercâmbios culturais provocaram. Para Fiume (2009, p. 77), o "fenômeno do trânsito de uma religião para outra, sempre problemático, frequentemente provisório", gerou uma série de conversões tanto do lado muçulmano quanto do lado cristão. A autora relata uma série de nomes de cristãos levados para reinos muçulmanos, convertidos ao islamismo, posteriormente retornados ao cristianismo, muitas vezes mortos por isso e tido como mártires. De igual modo, muçulmanos capturados por reinos europeus e convertidos forçadamente ao catolicismo, tornavam-se uma espécie de troféu religioso.

> Nessa guerra de religiões, o ato "predatório" é um elemento que merece consideração, junto à radicalidade da conquista: poder gabar-se da transformação de um maometano em santo católico representa o máximo objetivo atingível. Por isso, encontramos uma particular insistência sobre santos, beatos e servos de Deus, escravos ou ex-escravos, no interior da formação do modelo franciscano de santidade, que assume, na Sicília, o eremitismo e a condição leiga como dados peculiares (FIUME, 2009, p. 77).

De fato, essas figuras estão estritamente vinculadas ao momento de luta religiosa que o catolicismo europeu conduz ao Norte, contra os protestantes, e ao Sul, contra os muçulmanos. O franciscanismo siciliano do século XVI, através da conversão religiosa de escravizados, ex-escravizados, muçulmanos ou pagãos, serviu como um instrumento de integração social, política e religiosa para muitas vítimas das guerras corsárias que migraram para a ilha. Tal modelo de catolicismo, de ideal de santidade e de integração social, será o mesmo utilizado pelos franciscanos em terras coloniais portuguesas e espanholas.

Fiume (2009, p. 68) nos oferece importante contribuição ao identificar que os franciscanos da Sicília, observando a penetração e o crescimento do catolicismo nas Américas, prevalentemente na sua composição ibérica, buscaram levar Benedito e outros santos pretos ao encontro dos escravizados africanos. Durante todo o século XVI, franciscanos negros originários do então vice-reino espanhol tiveram processos de canonização abertos junto à Santa Sé. Para a autora, mais do que casos isolados, todos estes escravos, ex-escravos ou possíveis escravizados no passado, negros convertidos ao cristianismo, eremitas e franciscanos são um efeito da obra de evangelização, sobretudo franciscana. No século XVII, Antônio de Noto e Benedito de Palermo já:

> [...] são bem conhecidos no ambiente franciscano, ferreamente engajado na evangelização dos índios e dos escravos africanos, frutos do tráfico negreiro. Tem, portanto, origem na Península Ibérica, por vontade e intervenção da Ordem Seráfica [franciscanos], um projeto devocional a seu favor, concebido sobre a base da necessidade de evangelização nas terras de conquista: são santos negros e para os negros caem às mil maravilhas! Nos Capítulos [reuniões que congregam franciscanos de diversas partes do mundo], os delegados da Ordem enfrentam os problemas da conversão dos povos negros das Américas, lembrando ao mesmo tempo, dos veneráveis servos de Deus que, na Sicília, terra de fronteira, atraíram com as virtudes e as graças a devoção de todo tipo de pessoa (FIUME, 2009, p. 102).

Assim, os frades negros sicilianos se tornaram os modelos preferidos da evangelização franciscana no Novo Mundo, adotando um padrão que já dera certo entre os deportados pelas guerras. Os "santos de cor", frequentemente associados a pobreza, escravidão, simplicidade e desapego, serão utilizados como modelo catequético das ordens mendicantes em terras coloniais portuguesas e espanholas e rapidamente assimilados pelas populações escravizadas.

1.3 São Benedito de Palermo: o negro, o mouro, o africano

Entre os séculos XVI e XVII, o panteão de santos africanos é particularmente pobre e originário de uma região específica da África: do primeiro reino daquele continente convertido ao catolicismo, a Etiópia. De lá, segundo Fiume (2009, p. 81), vieram as principais figuras míticas negras cultivadas pelo cristianismo ocidental: a rainha de Sabá; a esposa, princesa negra, de Moisés; um dos reis magos, de nome Gaspar, "como confirmam as pinturas, [...] que o representam negro, como natural da Etiópia"; e o eunuco da rainha etíope Candace, citado no Novo Testamento, batizado por São Felipe e convertido ao cristianismo.

Do reino da Etiópia, saíram também os dois santos negros carmelitas invocados em irmandades do período colonial brasileiro: Elesbão e Efigênia. Trataremos melhor de suas hagiografias quando abordarmos a irmandade a eles dedicada em São Paulo. Por ora, é importante recordar que os dois são citados como nobres convertidos ao cristianismo. O elenco dos santos etíopes é completado por Antônio de Noto, já apresentado, e Benedito de Palermo.

O "etíope" Benedito, cuja devoção se popularizou nas Américas, não nasceu na África, mas na Sicília, por volta de 1524, mais precisamente na região de São Filadelfo – também conhecida como São Fratello –, hoje província de Messina. Filho de escravizados negros de origem etíope, era propriedade da família Manasseri, da qual teria recebido a liberdade logo ao nascer. Aos dezoito anos, deixou sua atividade de lavrador e ingressou como irmão leigo em uma comunidade de franciscanos eremitas coordenados por Jerônimo Lanza, perto da Vila de São Filadelfo. Vinte anos depois houve a dissolução da comunidade fundada por Lanza, empreendida pelo Papa Paulo IV, o que obrigou àqueles franciscanos ingressarem em um convento de frades dos já existentes na região. Benedito foi para o Convento de Santa Maria de Jesus, perto de Palermo, e ali exerceu diferentes ofícios, como os de cozinheiro, porteiro, faxineiro e sacristão.

O fato de somente ser aceito na comunidade como irmão leigo se dava em razão de sua origem e da cor de sua pele, já que as normas da Ordem Franciscana impediam, a princípio, o ingresso daqueles que não fossem brancos. Os Estatutos da Província de Santo Antônio de Portugal, no século XVI, apontados por Frei Manoel da Purificação (1645, p. 2, apud CAVALCANTI FILHO, 2020, on-line), assim se referiam, em seu capítulo primeiro, sobre a aceitação de novos membros: "aquele que vier à Ordem [...] seja de boa geração, convém a saber, que não seja descendente de judeus, nem Mouros convertidos, nem de Hereges, por remotos que sejão, nem de Gentios modernos". Os franciscanos sicilianos, sob dominío ibérico, provavelmente seguiam estatutos parecidos com o de Portugal.

Benedito, mesmo sendo irmão leigo, chegou a ser eleito superior de sua comunidade, em 1578. Faleceu onze anos depois, no próprio Convento de Santa Maria, e sua fama de santidade, já conhecida na região, continuou a se espalhar. A partir de testemunhos recolhidos, de milagres e prodígios a ele atribuídos, foi beatificado em 1743, pelo Papa Bento XIV, e canonizado em 1807, pelo Papa Pio VII. Foi o primeiro negro declarado santo pela Igreja Católica, e seu processo de canonização seguiu os trâmites mais rigorosos estabelecidos no final do século XVI[24].

Como mencionado, foram os franciscanos que introduziram a devoção ao santo preto de Palermo nas Américas, conforme registrou o cronista Antonino da Randazzo (1623, p. 135, apud FIUME, 2020, p. 155, tradução nossa), contribuindo para

> [...] evangelizar os escravos africanos que o tráfico destinava aos campos e às minas de além Atlântico. A devoção reservava a eles no Novo Mundo esta "maravilha", porque não vem das grandes pregações, "mas apenas em ver pintadas suas figuras", assim como é admirável que, por ser de cor negra, deveria ser desconhecido e pouco reverenciado, ao contrário (querendo o Senhor exaltar os humildes) o manifestou para todos com milagres e fez crescer sua devoção entre todos os povos, não apenas na Itália, Espanha, mas também nas Índias.

O processo para o reconhecimento da santidade de Benedito pela Igreja foi longo. Desde os anos que se seguiram à sua morte, os frades se empenharam na empreitada de sua canonização. Fiume (2009, p. 93) elenca uma série de Capítulos Gerais[25] ocorridos nos séculos XVI e XVII e nos quais se discutiam as missões nas Índias Ocidentais e eram trocadas informações

---

24. Em 1588, o Papa Sisto V criou a Sagrada Congregação dos Ritos, que, entre suas funções, regulava o culto divino e as causas dos santos. A partir dali os processos para reconhecimento de pessoas santas se tornaram mais demorados e com exigências mais rigorosas. Anos depois, em 1634, o Papa Urbano VIII estabeleceu a exigência da beatificação como etapa anterior à canonização. O processo de São Benedito passou por tudo isso. Atualmente, para ser declarado santo, o candidato deve ser reconhecido em três etapas: servo de Deus, beato e santo.

25. Capítulo Geral é um encontro que reúne franciscanos de diversas partes do mundo, a fim de discutirem assuntos pertinentes ao andamento da Ordem Franciscana, bem como para tomarem decisões em nível geral; ou seja, que afetam a todos os frades. Os Capítulos Gerais mencionados por Fiume (2009, p. 93) são os de 1593, 1600, 1606 e 1618, ocorridos, respectivamente, em Valladolid, Roma, Toledo e Salamanca.

sobre franciscanos distintos em virtudes, graças e gestos heroicos. A autora argumenta que os frades da Sicília devem ter levado a essas reuniões o tema da santidade de seus irmãos negros.

O fato é que a história de Benedito correu mundo. Entre 1595 e 1620 – portanto, antes mesmo de sua beatificação –, já era considerado o santo dos negros africanos levados aos domínios de Portugal e Espanha. "Por vontade da Ordem Franciscana, há um projeto devocional a seu favor, concebido pela necessidade de evangelização dos escravos negros na Península Ibérica e nas terras de conquista: é um santo negro e para negros se enquadra perfeitamente" (FIUME, 2018, p. 83, tradução nossa).

É justamente por esse incentivo devocional a São Benedito, realizado pelos seus confrades religiosos, que surgiram, a partir do século XVII, diferentes irmandades de homens e mulheres "de cor" dedicadas a ele e instaladas em conventos franciscanos. Para Sangenis (2019, p. 35-36), que estuda a presença franciscana no Brasil, a força do franciscanismo e o carisma de um santo negro foram responsáveis por popularizar seu culto em Portugal, no Brasil, na América Central, no Caribe e no sul dos Estados Unidos, neste último, em territórios que estiveram, inicialmente, sob o domínio espanhol. O autor ainda acrescenta:

> É no Brasil que o culto a esse santo de pele negra adquiriu proporções extraordinárias, havendo de ser acolhido pelos negros africanos e crioulos, por mestiços e mesmo por brancos, tal sua fama de curador de enfermidades e dispensador de proteção e de muitas graças aos que o invocavam.

No caso da América espanhola, a devoção ao santo chegou ainda mais cedo. Rafael Castañeda García (2015, apud FIUME, 2020, p. 167, tradução nossa) afirma que a primeira irmandade dedicada a São Benedito se formou na Cidade do México, em 1599. Em sua avaliação, uma data muito precoce, haja vista estar situada a apenas alguns anos após a morte do santo e quatro anos do início do primeiro processo dedicado à sua canonização. Ele ainda diz que, em 1611, se funda uma segunda em Puebla de los Angeles, uma terceira, em 1636, em Nova Veracruz, uma quarta, em 1637, em Santiago de Querétaro e, enfim, em 1646, uma quinta, em San Miguel, o Grande, todas junto a conventos franciscanos.

No Brasil, continua Fiume (2020, p. 168), desde 1680 há relatos sobre a presença de irmandades de pretos dedicadas a São Benedito em Salvador, Olinda, Recife, Igaraçu, Belém, Bragança, entre outras cidades. O próprio cronista franciscano Frei Jaboatão, como vimos no início, afirma que a presença de irmandades devotadas ao santo era tão antiga em terras brasileiras quanto o era a presença da Igreja Católica. Jaboatão tinha seus motivos para essa assertiva, mas comete exagero, conforme a historiografia apresentada por Frei Odulfo (1941, p. 826):

> A primeira data certa que se relaciona com este culto é o ano de 1612, e a cena do fato foi a cidade do Rio de Janeiro. Lá apareceu, alta noite, à porta do convento de Santo Antônio, uma escrava, carregando o filhinho, que estava passando muito mal. O cordão de S. Francisco que se pôs na criança não deu resultado. Então, o padre Guardião do convento aconselhou à infeliz mulher prometesse mandar celebrar uma missa e acender uma vela em louvor de S. Benedito; este, por certo, a ouviria por ser preto também, e muito milagroso. Como o superior sabia do poder milagroso do Santo, não se diz, mas é provável que de Portugal recebesse notícias a respeito. Seja como for, a escrava fez a promessa e, de fato, no dia seguinte, o menino se achou inteiramente curado, por um frade preto, como disse ele mesmo, que lhe viera do céu. O guardião, animado pelo bom êxito, pediu ao vigário geral da diocese, fizesse um processo com testemunhas, o que se deu em 4 de janeiro de 1613.

Como se vê, as irmandades de São Benedito se instalaram originalmente em conventos franciscanos. Cavalcanti Filho (2020, on-line), que estuda arquitetura religiosa nos conventos do Nordeste, realizou pesquisas sobre a devoção a São Benedito naqueles espaços e identificou, por exemplo, que, à medida que o santo foi sendo oficializado (beatificação e canonização) pela Igreja, o lugar dos altares dedicados a ele nas igrejas franciscanas foi ganhando destaque, indo dos menos privilegiados, no início do século XVII, até a altares mais próximos do altar principal, no século XIX.

Contudo, por se tratar de uma devoção cultuada majoritariamente por pessoas "de cor", o lugar reservado ao santo seguia geralmente uma hierarquia imposta pela estrutura social da época. Frequentemente estavam destinados a São Benedito e a seus "irmãos de cor" os lugares mais periféricos dentro das igrejas, que, via de regra, para Cavalcanti Filho (2020, on-line), seguiam a lista abaixo, sendo os quatro primeiros os mais comuns nos conventos do Nordeste:

a) em capela anexa à galilé [na entrada da igreja];
b) em oratório na portaria do convento;
c) em sala de oração contígua à portaria;
d) em capela próxima à entrada da igreja conventual;
e) em capela justaposta à via sacra no lado do Evangelho (à esquerda de quem acessa o templo);
f) e em altar do lado homônimo da nave, já próximo à capela-mor.

A análise de Cavalcanti Filho (2020, on-line) partiu da observação de alguns dos conventos mais antigos situados na região considerada, tais como o Convento de Santo Antônio de Cairu (BA), Convento de São Francisco de Salvador (BA) – com altar de São Benedito já em 1623 –, Convento de São Francisco de Sirinhaém (PE), Convento de Santo Antônio da Paraíba (PB) – atual João Pessoa –, Convento de Santo Antônio de Recife (PE), Convento de Santa Maria Madalena de Marechal (AL) e Convento de Nossa Senhora das Neves de Olinda (PE) – este último o mais antigo do Brasil. O autor constatou que todos os treze conventos franciscanos fundados no Nordeste entre 1585 e 1660 tiveram uma irmandade de São Benedito, o que revela, segundo ele, o zelo e a preocupação dos frades com a catequese dos seus escravizados.

A respeito dessa catequese direcionada e incentivada pelas ordens religiosas, Larissa Viana (2007, p. 104-105) concorda com a tese de Anderson José Machado de Oliveira (2016) de que os modelos negros de santidade foram incentivados, apoiados e regulamentados por religiosos. Acentua, ainda, que os franciscanos tiveram papel destacado na divulgação do culto a São Benedito, que ingressava nas irmandades coloniais como santo preto, cultuado ao lado de Nossa Senhora do Rosário. Para ela, é no século XVIII, porém, que os modelos preferenciais, mas não exclusivos de santidade, terão maior empenho em sua promoção.

Mesmo sendo mais comuns no século XVIII, a devoção e a instalação de irmandades de São Benedito já se manifestavam em conventos franciscanos, como visto, desde o começo do XVII. Aqueles situados no território mais ao Sul do Brasil não foram estudados por Cavalcanti Filho, mas vale lembrar que alguns deles foram construídos no período em que havia apenas uma Província franciscana em todo território colonial: a Província de Santo Antônio[26], com sede no Nordeste do Brasil.

Os conventos de São Francisco de Vitória (ES), de Santo Antônio do Rio de Janeiro (RJ) e de São Francisco de São Paulo (SP), com construções de 1595, 1615 e 1640 respectivamente, foram fundados no mesmo período em que os conventos do Nordeste anteriormente aludidos. Há indícios de que também estes já possuíssem irmandades de São Benedito desde seus primórdios como observaremos a seguir.

---

26. A Custódia de Santo Antônio foi elevada à categoria de Província autônoma em 1657. Juridicamente, uma custódia depende de uma Província autônoma. Posteriormente, o primeiro Capítulo Provincial, celebrado em 1659, reuniu os conventos situados entre Vitória e São Paulo em uma nova custódia, a qual, por seu turno, passou a ser a Província da Imaculada Conceição, em 1675. Ambas as Províncias franciscanas continuaram a receber vocações missionárias de Portugal até a independência do Brasil (WILLEKE, 1974, p. 79).

Figura 1 Altares da Igreja do Convento de São Francisco de São Paulo
Ao lado direito vê-se o altar de Santo Antônio, com São Benedito abaixo.
Fonte: APFICB. Autoria desconhecida (sem data).

A historiografia localiza no Convento de São Francisco, por exemplo, um altar reservado ao santo preto desde suas primeiras décadas. A afirmação de que havia uma confraria de pretos dedicada a São Benedito desde sua fundação é feita por Frei Basílio Röwer[27] (1957, p. 118):

> A irmandade de São Benedito em São Paulo foi fundada, ao que parece, não muitos anos depois de se

---

27. Frade franciscano alemão, originário da Província de Santa Cruz da Saxônia. Pertenceu ao grupo dos primeiros restauradores, convidados a revitalizar as províncias franciscanas brasileiras que entraram em decadência durante o período imperial. Foi o superior da Igreja de São Francisco de São Paulo no período em que ela foi retirada das mãos da Irmandade de São Benedito. É por isso, talvez, que Frei Basílio reserve poucas linhas aos irmãos pretos, carregando-as de adjetivos que desqualificam o trabalho por eles realizado. Outros dados sobre a biografia do frade estão disponíveis em: <https://franciscanos.org.br/quemsomos/personagens/frei-basilio-rower/#gsc.tab=0>. Acesso em: 25 abr. 2021.

concluir a construção da igreja. Certo é que desde o princípio do século XVIII existia na parede da igreja uma capelinha de São Benedito, com portinha que abria para o claustro. Quando pelo ano de 1745 se fizeram grandes obras na igreja, a imagem do santo foi para o altar de Santo Antônio.

Figura 2 Altar de Santo Antônio, com imagem de São Benedito abaixo
Fonte: APFICB. Autoria desconhecida (1960).

Figura 3 Altar de Santo Antônio, com imagem de São Benedito à esquerda
Imagem do santo preto no nicho lateral, ao lado esquerdo de Santo Antônio (provavelmente aí recolocada entre as décadas de 1980 e 1990).
Fonte: Acervo particular. Autoria de Patrícia Castello (2021).

Historiadores que se dedicaram a estudar irmandades de pretos concordam que a escolha de São Benedito como santo principal foi a segunda mais invocada entre a população "de cor", perdendo apenas para as dedicadas à Nossa Senhora do Rosário. Fiume (2020, p. 162) afirma ser a cor da pele um dos fatores para essa adesão. Reginaldo (2016b, p. 145), por sua vez, sugere uma identificação para além da questão epidérmica. Enfim, Quintão (2002a, p. 38) diz que São Benedito é o mais familiar entre os santos negros, e o seu culto [...] alcançou imensa aceitação no Brasil, inclusive entre a população branca.

Foi assim que o filho de escravizados nascido no sul da Itália, elevado aos altares oficialmente como santo no início do século XIX, foi cultuado e reverenciado na América Ibérica pelos escravizados e seus descendentes desde o final do século XVI. De Norte a Sul, em diferentes conventos ao longo da costa e nas principais cidades coloniais, lá estavam os confrades de São Benedito congregados em torno de um altar dedicado ao santo ou nos espaços reservados a eles pelos franciscanos.

1.4 Irmandades de pretos no Planalto de Piratininga

Na capital paulista, os franciscanos chegaram em meados do século XVII, algumas décadas depois de outras ordens regulares, como as dos jesuítas, carmelitas e beneditinos. Inauguraram seu convento em 17 de setembro de 1647[28], na região do atual Largo São Francisco, em um dos vértices do triângulo central[29]. Pouco tempo depois, se organizariam junto a eles duas confrarias: a Ordem Terceira de São Francisco da Penitência e a Irmandade de São Benedito, ambas com altares próprios no interior da igreja para o culto aos seus santos.

Dois séculos depois, a partir de 1828, foram essas duas associações leigas que estiveram envolvidas na disputa pela administração da igreja daquele convento – tema que abordaremos no

---

28. Sobre o Convento de São Francisco de São Paulo, assim expressa Röwer (1922, p. 81): "As obras do novo Convento tiveram termo pelos fins do anno de 1646. A mudança dos religiosos se deu por occasião da festa das Chagas, no dia 17 de setembro de 1647, sendo Guardião do Convento Fr. Luiz do Rosário e Custódio Fr. Manoel dos Martyres, que nesse dia cantou a Missa, pregando ao Evangelho o dito Guardião Fr. Luiz. [...] Desde os seus primeiros tempos, foi este Convento casa de estudos de filosofia e de teologia, regalia que sempre conservou até o crepuscular da Província. Neste caracter tornou-se famoso, sendo que dahi saíram os grandes mestres, que nas sciencias theologicas, na filosofia e na oratória sagrada se chamaram: Rodovalho, São Paio, Lado de Christo, Santa Leocadia, Monte Alverne e inúmeros outros".

29. Triângulo central ou histórico é o primeiro núcleo de povoação urbana da capital paulista, localizado entre os três principais conventos de religiosos no período colonial: Mosteiro de São Bento, Convento do Carmo e Convento de São Francisco. Dentro do triângulo, localizavam-se ainda a igreja matriz e o Pátio do Colégio, com a igreja e o convento dos jesuítas. Há outras definições e delimitações sobre esse traçado urbano central, mas convencionamos usar aqui o que delimita o triângulo na área dos conventos.

próximo capítulo. Por ora, vale reforçar que ambas as organizações já faziam parte do contexto paulistano e franciscano desde meados do século XVII e compartilharam o mesmo espaço de culto, embora sendo compostas por pessoas de camadas sociais muito distintas.

A Capitania, depois Província, de São Paulo, incluindo sua capital, contou com um bom número de confrarias católicas ao longo dos séculos. Pouco a pouco, elas foram se estruturando, construindo igrejas e delineando seu lugar no traçado urbano. Alcântara Machado (1978, p. 199-200, apud SILVA, 2009, p. 128) relacionou as que ficavam em terras da Capitania, conforme documentação encontrada, sendo algumas do final do século XVI:

> Misericórdia, Nossa Senhora do Rosário, São Miguel, Santíssimo Sacramento, São Sebastião, Santo Amaro, São João Batista, São Francisco, Nossa Senhora da Piedade, Descendimento da Cruz, Fieis de Deus, Onze mil virgens, São Paulo, Santa Catarina, Santa Luzia, São Brás, Todos os santos, Nossa Senhora da Apresentação, Nossa Senhora do Carmo, São José, São Pedro, Nossa Senhora da Boa Morte, São Benedito, Almas, Santos Passos, Nossa Senhora de Monserrat, Nossa Senhora da Conceição e outras.

Durante o período em que existiram, elas cumpriram alguns papéis na sociedade paulistana: auxílio mútuo, ajuda nos momentos de doença e dificuldades, cuidados em relação a funerais, missas, enterros e orações pelas almas dos falecidos. Alexandre Otsuka (2015, p. 58) verificou que, na segunda metade do século XIX, a cidade de São Paulo contava ainda com 19 irmandades, instituições que também tinham relevância na intermediação de problemas cotidianos entre os irmãos, facilitando o estabelecimento de negócios e o julgamento de disputas entre eles.

Não detalharemos aqui as confrarias constituídas majoritariamente por brancos ou pardos na capital paulista, como já pontuamos. Como nosso foco são as irmandades de pretos, com especial atenção a uma delas, discorreremos a seguir sobre as mais conhecidas na cidade: a Irmandade de Nossa Senhora do Rosário dos Homens Pretos, a Irmandade de Santa Efigênia e Santo Elesbão e, evidentemente, a Irmandade de São Benedito. Durante a pesquisa empreendida, constantemente elas apareceram nos documentos analisados – e, consequentemente, aparecerão nos capítulos seguintes deste livro. O diálogo e o trânsito recorrente entre os confrades dessas diferentes associações também foram observados.

1.4.1 Irmandade de Nossa Senhora do Rosário dos Homens Pretos

Umas das irmandades de pretos mais estudadas e conhecidas em São Paulo foi aquela que se reuniu na Igreja de Nossa Senhora do Rosário dos Homens Pretos, localizada, até o início do século XX, no Largo do Rosário, atual Praça Antônio Prado. Antonia Quintão (2002a) percorreu a história desse grupo e trouxe elementos importantes sobre sua relevância na cidade, a adesão dos negros àquela confraria, os bens adquiridos ao longo de sua história, as festas e os enterros em seu cemitério particular. Além daquela organizada em torno de um templo no centro da capital, da qual tratamos aqui, há outra irmandade devotada à Virgem do Rosário na cidade de São Paulo. Fundada em 16 de junho de 1802, a Irmandade de Nossa Senhora do Rosário dos Homens Pretos da Freguesia da Penha de França se reunia no atual bairro da Penha, na Zona Leste. Não a abordaremos em detalhes pelo fato de estar geograficamente distante do centro e raramente ter sido mencionada nos documentos analisados por este pesquisador.

A devoção a Nossa Senhora do Rosário é anterior às irmandades surgidas sob sua invocação. Segundo Reginaldo (2016b, p. 134), a devoção ao Rosário surgiu no início do século XIII, no contexto dos combates às "heresias modernas"[30]. Por longo período, porém, ficou esquecida, voltando à tona na segunda metade do século XV, quando os dominicanos alemães, temerosos das ameaças provocadas pelo cisma precursor da Reforma Protestante, decidiram revigorar a devoção revelada ao seu fundador: São Domingos de Gusmão.

De fato, séculos antes, São Domingos – religioso espanhol fundador da Ordem dos Pregadores ou Ordem dos Dominicanos – havia incentivado a devoção ao Rosário de Nossa Senhora como forma de conversão para diversas cidades e vilas europeias. O pedido para a recitação de orações repetidas vezes, como se faz com o Saltério[31], acompanhadas de contas atadas a um cordão, teria sido feito pela própria Virgem Maria a Domingos, em uma aparição ocorrida em uma região foco de heresias, no Sul da França. Depois disso e com a oração do Rosário, Domingos conseguiu converter muitos daqueles povos.

Por muito tempo, os frades dominicanos foram os divulgadores dessa forma de oração e da devoção à Virgem do Rosário entre os cristãos europeus. Em diferentes lugares da Península Ibérica e nas terras das colônias recém-conquistadas, sua invocação foi amplamente divulgada. Um incentivo maior se deu logo após a vitória na Batalha de Lepanto, em 7 de outubro de 1571, quando os cristãos venceram o Império Otomano, tendo como protetora a Virgem do Rosário. Ela se tornou, então, modelo e

---

30. A autora entende como "heresias modernas" aquelas surgidas na Idade Média e combatidas por religiosos pregadores católicos, como os dominicanos. As mais conhecidas heresias foram as dos Cátaros ou Albigenses e a dos Valdenses. Ambas surgiram entre o século XII e XIII e tiveram como berço o sul da França (Albi e Lyon).

31. Trata-se do Livro de Salmos ou Saltério, que os religiosos costumam usar para orações diárias nos conventos e mosteiros. Essa forma de oração foi muito comum nos mosteiros medievais. Consiste na recitação dos salmos em dois coros que se revezam entre si, geralmente com melodias.

patrona das novas conquistas espirituais, da luta contra os hereges e infiéis, e sua festa passou a ser celebrada todos os anos naquela data.

Nesse universo das novas conquistas, pouco a pouco, Nossa Senhora do Rosário foi sendo assimilada pelas comunidades negras escravizadas e por seus descendentes. Em Portugal, já no século XVI, era a principal patrona dos negros para lá transportados, e do século XVII em diante passou a ser a devoção preferida nas comunidades negras católicas da América portuguesa.

> Acredita-se que a primeira irmandade de negros de Lisboa foi instituída na Igreja do Convento de São Domingos. Provavelmente, desde o final do século XV, havia neste convento uma irmandade de N. S. do Rosário, instituída por pessoas brancas. A partir do século XVI, paulatinamente, os negros foram ingressando em número cada vez maior na instituição. Como consequência dos novos ingressos, em 1551, a Confraria do Rosário do Convento de São Domingos estava "repartida em duas, uma de pessoas honradas, e outra dos pretos forros e escravos de Lisboa". Vários conflitos entre os irmãos pretos e os devotos brancos do Rosário, levaram à separação definitiva do grupo. Em 1565, os irmãos negros tiveram seu primeiro compromisso aprovado pela autoridade régia (REGINALDO, 2016b, p. 124).

Também na capitania de São Paulo, os negros se organizaram em confrarias sob tal invocação. Muitas fundadas com o título de Nossa Senhora do Rosário dos Homens Pretos foram se estruturando ao longo das décadas e, no início do século XIX, pediram às autoridades competentes a aprovação de seus Compromissos. De acordo com Maria Beatriz Nizza da Silva (2009, p. 263), assim ocorreu com as irmandades da vila de Mogi das Cruzes em 1814; da Vila de São Luiz de Paraitinga em 1815; da vila de São José de Mogi Mirim também em 1815; do Arraial de Camanducaia em 1820 e da vila de Itu em 1821.

Na capital, há informações sobre um Compromisso da Irmandade do Rosário dos Pretos aprovado em 2 de janeiro de 1711, que assim se expressa:

> Saibam todos os irmãos da santa irmandade de Nossa Senhora do Rosário, cuja festa celebram no primeiro, ou segundo, domingo de outubro, como é uso e costume no Rio de Janeiro e nas mais partes, que o principal intento com que a instituíram neste ano que corre de 1710 e daí por diante foi buscar a maior glória de Deus e serviço afetuoso à gloriosa Virgem Senhora Nossa, a qual desejando agradar e consagrar suas obras, instituíram as regras e avisos seguintes, debaixo da direção e correção do ilustríssimo e reverendíssimo senhor D. Francisco de São Hieronimo, bispo digníssimo desta diocese da Repartição do Sul, ao qual, ou a quem seu poder tiver, rogamos queira amparar, autorizar e confirmar este compromisso, mediante o qual, com favor de Deus, e da dita Senhora, esperamos alcançar o fruto que para o bem das nossas almas se espera, para o que rogamos à mesma Senhora, como nossa padroeira, nos favoreça e que nos guie no que houvermos de ordenar para que tudo seja para maior honra e glória de Deus (ACMSP, 1711, apud SILVA, 2009, p. 129).

A devoção dos negros à Virgem, porém, afirma Leonardo Arroyo (1966, p. 172-173), pode ter sido trazida à Vila de São Paulo de Piratininga por José de Anchieta e incentivada na Igreja do Colégio desde o século XVI. Também há indícios de sua presença na matriz, em testamentos remanescentes do século XVII. Tempos depois, a devoção se materializou em uma igreja própria, construída com esforço e empenho dos negros – escravizados e livres – e com a ajuda de um ermitão de nome Domingos de Melo Tavares, que, segundo Arroyo (1966, p. 177), "foi quem tratou de obter fundos em Minas Gerais, onde conseguiu 10 mil cruzados, enquanto a Irmandade requeria à Câmara a fim de tornar legal a posse do terreno, onde construíra uma ermida acanhada e frágil anteriormente". Foi também Tavares que obteve licença para construção da capela, em 2 de novembro de 1725.

Ainda em seu prelúdio sobre a Igreja do Rosário de São Paulo, Arroyo (1966, p. 174) citou os estudos de Arthur Ramos, realizados na Bahia, sobre a predileção dos negros pela Virgem, concluindo que as considerações podiam ser aplicadas de igual modo ao que se passou em terras paulistanas. As ponderações daquele autor sobre os negros de origem banto, principalmente provenientes do Congo, mostraram que, no Brasil, eles se associaram a confrarias religiosas, das quais as mais importantes eram a de São Benedito e de Nossa Senhora do Rosário dos negros Congos, sendo que esta última já era a sua padroeira na África, por influência dos colonizadores portugueses.

Reginaldo (2011) também aponta as irmandades do Rosário da Bahia como preferidas pelos negros Angola e concorda que os povos banto, da região conhecida como África Central, se congregaram no Brasil, em sua maioria, sob a invocação de Nossa Senhora do Rosário. Diz ainda que os escravizados ou libertos da região de Luanda já preferiam tal devoção em terras africanas.

> A devoção ao Rosário em Luanda esteve associada especialmente aos negros cativos e forros. Trata-se de uma devoção reservada aos africanos inseridos na experiência da escravidão, seja na condição de cativos ou de libertos. Nesse sentido, a devoção ao Rosário entre os negros nasceu vinculada às marcas da conversão-cativeiro. A ereção de uma irmandade do Rosário, porta adentro de uma instituição jesuíta, sugere uma catequese que buscava vincular esta devoção aos escravos. [...] Embora continuasse cara aos brancos, no decorrer dos séculos XVII e XVIII, o Rosário foi se constituindo numa devoção preferencialmente de negros, ainda em terras africanas. [...] É possível que em Portugal, e principalmente nas Américas, a devoção ao Rosário tenha se tornado uma ponte entre as tradições africanas e o catolicismo português (REGINALDO, 2016b, p. 142-144).

Em São Paulo, a Irmandade do Rosário dos Pretos foi ganhando autonomia, notoriedade e bens. Além de sua própria igreja, os negros também possuíam um cemitério particular e casas contiguas à igreja. No Largo do Rosário, realizavam festas, orações e funerais. Fabrício Santos (2020, p. 180) identificou que "o grupo chegou a se consagrar entre os vinte proprietários detentores de maior patrimônio imobiliário urbano de São Paulo no ano de 1809, possuindo nove imóveis estimados em 115$280 réis". O crescimento patrimonial chamou a atenção até mesmo do poder legislativo. Em 1858, a Câmara Municipal cogitou a desapropriação dos terrenos e das casas anexas à Igreja, o que foi efetivado bastante tempo depois, com a Lei 670, de 1903, que tornou de utilidade pública, para o fim de serem desapropriados os terrenos e prédios necessários ao aumento do Largo do Rosário, na gestão do prefeito Antônio Prado.

Arroyo (1966, p. 181-182) ainda faz menção a reclamações de moradores do Largo em torno daquela igreja, em razão das cantorias noturnas dos negros e dos rituais fúnebres que seguiam até altas horas. Essas ressalvas podem ter sido usadas como justificativas para algum tipo de sanção moral sobre eles a partir da segunda metade do século XIX. Fato é que, em 1886, o Código de Posturas Municipal[32] discorria em seus artigos sobre uma série de intervenções possíveis no espaço urbano. Monique Félix Borin (2019, p. 7-8) cita algumas delas, como o *título XVIII*, que versa sobre "vagabundos, embusteiros, tiradores de esmolas

---

32. O *Código de Posturas Municipal* era uma legislação bastante ampla, reunindo em um único documento diversas normativas relacionadas à ocupação, ao comportamento dos habitantes e à manutenção da cidade. Ela trata tanto da ocupação física, determinando regras pera edificações e arruamentos quanto das normas de convivências para realizações de festejos nas ruas, de funcionamento de estabelecimentos comerciais e de circulação para bondes e carroças, além de conter uma série de medidas dedicadas às questões sanitárias e higiênicas (BORIN, 2019, p. 7).

e rifas", chegando a legislar até mesmo sobre as possibilidades de permanência no espaço público. Outra regulação do uso da rua semelhante é a feita no *artigo 257*, que proibia os alaridos, vozerias e gritarias pelas ruas.

Ao regular sobre as ruas, o Código de Posturas intervia sobre práticas comuns da população que, desde o período colonial, eram exercidas em vias, praças, largos e becos como estratégias de sobrevivência das populações negras e pobres. Como afirma Borin (2009, p. 12), as *Posturas* tencionavam velhos e novos embates na cidade, dialeticamente articulando repressão a antigos comportamentos e à projeção de um modelo de nova civilidade. A autora cita que, no ano anterior ao *Código de Posturas*, o jornal *A Província de São Paulo* publicou uma reclamação sobre as quituteiras da Ladeira do Acú, posteriormente batizada de Ladeira São João: "as queixas partiam do fato [de] que essas mulheres ficavam sentadas no passeio com seus tabuleiros de fruta, e seguia reclamando da sujeira deixada pelos restos das mercadorias".

Durante a sua existência, a Irmandade do Rosário sofreu uma série de tentativas de intervenção em sua gestão, nos seus negócios e mesmo no seu espaço de culto. Para Quintão (2002a, p. 71), ao longo do século XIX, os irmãos do Rosário se mantiveram firmes frente às tentativas de uma elite branca de monopolizar a sua administração, bem como acolheram irmãos que estiveram na vanguarda de movimentos abolicionistas paulistas, com o intuito de salvaguardar seu espaço.

O templo construído pelos pretos no Largo do Rosário não resistiu às imposições modernizadoras no centro da capital e foi demolido em 1903, sendo um novo construído em outro local – no Largo do Paissandu –, em meio às obras de adequação e urbanização pelas quais passava a cidade no início do século XX.

1.4.2 Irmandade de Santa Efigênia e Santo Elesbão

Outra irmandade de pretos da capital, menos estudada que a do Rosário, foi a Irmandade de Santa Efigênia e Santo Elesbão. Incentivada pelos irmãos do Rosário, teve início dentro da igreja deles, em 1758, com o apoio de Dom Frei Antônio da Madre de Deus Galrão (1697-1764), então bispo da Diocese de São Paulo. Azevedo Marques (1952, p. 225, apud ARROYO, 1966, p. 165) afirma que, pouco tempo depois, seus membros já possuíam uma pequena capela própria e transferiram as imagens de seus santos para uma ermida construída entre 1794 e 1795. Embora haja controvérsias sobre as datas de sua fundação e aprovação, Arroyo (1966, p. 171) afirma que isso se deu entre o final do século XVIII e o início do XIX, assinalando o ano de 1801 como o de aprovação dada pelo príncipe-regente. A Igreja de Santa Efigênia foi ganhando, aos poucos, notoriedade na região, com o aumento da freguesia ao seu redor, com as reformas, as ampliações e os reparos realizados.

A devoção aos dois atlantes de Etiópia está particularmente relacionada aos frades carmelitas e é anterior à instalação da irmandade em São Paulo. Como já dito, Anderson José Machado de Oliveira (2008) baseou seus estudos na hagiografia de Efigênia e Elesbão escrita entre 1735 e 1738 pelo carmelita Frei José Pereira de Santana, no Rio de Janeiro, sob o título *Os dois Atlantes da Etiópia, Santo Elesbão, Imperador 47° da Abssínia, advogado dos perigos do mar, e Santa Efigênia, Princesa da Núbia, advogada dos incêndios dos edifícios. Ambos Carmelitas*. Coube à Ordem do Carmo divulgar a obra de seu confrade, aliada igualmente ao que acontecia com os franciscanos, isto é, ao projeto devocional direcionado a negros e negras, bem como à promoção social e política da Ordem Carmelitana no Império Colonial Português.

Se analisarmos a história dos dois santos, veremos, contudo, que não foram carmelitas no sentido estrito da palavra, ou seja, não participaram daquela Ordem como membros efetivos do grupo. Elesbão e Efigênia viveram nos primeiros séculos do cristianismo em terras africanas e a Ordem de Nossa Senhora do Monte Carmelo nasceu na Idade Média, por volta do século XII. O que se pode dizer, a partir da hagiografia escrita por Frei José Santana, é que ambos "morreram santamente". No fundo, os carmelitas se apropriaram dos dois modelos negros de santidade e os incorporaram a sua ordem religiosa.

Elesbão foi imperador da Etiópia no século VI. Governou em uma vasta região da África que ia do reino cristão da Núbia até o lado oposto do Mar Vermelho, na área dominada por árabes e judeus. Em uma batalha, saiu vencedor sobre o Rei Dunaan[33], branco, assassinado para se restabelecer a submissão à ordem cristã. No fim da vida, teria renunciado ao trono em favor de seu filho, doado sua coroa à Igreja e adotado uma vida monástica. Já Efigênia era uma princesa da Núbia, convertida ao cristianismo e que teria sido batizada pelo Apóstolo Mateus. Indiferente às riquezas, renunciou a tudo e fundou um convento. Seu tio tentou desposá-la e, após a recusa, ateou fogo em sua casa, mas Efigênia foi salva milagrosamente. Terminou a vida na comunidade conventual por ela fundada.

Sobre a irmandade de pretos formada em São Paulo sob a invocação dos dois santos, faltam-nos elementos para um aprofundamento. Mesmo a obra de Arroyo (1966) limita-se a informar a existência da confraria na igreja por eles construída, no atual bairro de Santa Efigênia, mas não nos dá detalhes sobre a sua atuação ao longo dos séculos. Pelo contrário, o autor reforça que reformas e melhorias no templo foram empreendidas por bispos e padres do clero secular.

---

33. Em algumas representações iconográficas, Elesbão é apresentado com uma lança em uma das mãos, pisando a cabeça de um homem branco coroado, que teria sido o Rei Dunaan, por ele assassinado. Nos países de língua espanhola ficou conhecido como *Elesbão matablancos*.

O que podemos afirmar é que se tratava de uma das irmandades de pretos da capital paulista fundada no período de maior ascensão desses grupos sociais, o século XVIII, acompanhando a afirmação dos historiadores de que o período setecentista foi o auge das irmandades no Brasil colonial.

Ao longo do século XIX, a Irmandade de Santa Efigênia e Santo Elesbão esteve envolvida em embates e disputas com o clero local. Uma delas, travada com o vigário José de Camargo Barros e reportada amplamente pelos jornais da época, resultou na dissolução da confraria pelas autoridades eclesiásticas, em 1890. A igreja foi apropriada pelo clero, demolida anos depois e reconstruída no mesmo lugar, seguindo outro padrão arquitetônico (SANTOS, 2020, p. 181-182).

1.4.3 Irmandade do Glorioso São Benedito

Seguindo o raciocínio exposto até aqui, de que as irmandades de São Benedito encontraram lugar nos conventos franciscanos, abordaremos, a partir de agora, aquela instalada no centro de São Paulo e que, conforme já observamos, foi uma das menos exploradas pela historiografia[34].

A Irmandade do Glorioso São Benedito teve sua aprovação oficial em 22 de outubro de 1772, mas seu momento mais expressivo se deu ao longo do século seguinte, quando adquiriu autonomia administrativa e financeira e se tornou responsável pela Igreja do Convento de São Francisco.

---

34. Fazemos esta afirmação baseados na escassa documentação bibliográfica encontrada sobre a Irmandade de São Benedito. O número reduzido de pesquisas sobre o assunto pode estar relacionado à dificuldade de acesso às fontes primárias, à imprecisa localização da Irmandade no espaço urbano e até mesmo às informações desencontradas reunidas por historiadores franciscanos do início do século XX que a esse grupo social dedicaram alguma pesquisa.

A presença dos *beneditos* e sua atuação ao longo do XIX no templo franciscano é mencionada por Frei Basílio Röwer (1957). Embora as linhas por ele escritas estejam carregadas de um preconceito europeu em relação aos negros e preocupadas em afirmar a autoridade dos franciscanos sobre aquele espaço de culto, elas nos serviram como base para o comparativo com as informações que encontramos nas fontes primárias. Confrontar o que disse Röwer, no século XX, e o que haviam escrito os próprios confrades *beneditos* em seus documentos, bem como o que relataram os jornais e outras fontes, foi uma das tarefas empreendidas neste livro.

Desde a sua fundação, a Irmandade de São Benedito da capital paulista manteve as mesmas caraterísticas das irmandades de pretos espalhadas pelo Brasil. Nos livros de receitas e despesas e nos livros de assentamentos pesquisados, encontramos alistamentos de negros escravizados, servos[35] de senhores, pobres e trabalhadores, bem como de brancos, clérigos e de uma parte da elite paulistana inserida na associação, na maioria das vezes, como protetores e/ou benfeitores.

---

35. O vocábulo servo aparece diversas vezes nos livros de registros da Irmandade de São Benedito, geralmente dissociado do termo escravo, o que nos leva a crer que se tratavam de classificações sociais distintas. Ao pesquisar sobre a presença indígena nas confrarias de pretos, Quintão (2019, p. 35) concluiu que o termo era uma designação cunhada para burlar as leis que proibiam a escravização dos povos originários. Ela explica: "uma estratégia utilizada era casar as índias com escravos negros e assim 'legitimar' a sua posse em uma categoria especial identificada como 'servos'. A necessidade de se 'criar' uma nova categoria advinha do fato da descendência prover da mãe pelo princípio regulador *partus sequitur ventrem;* logo, os filhos de pai escravo e mãe indígena 'livre' deveriam ser livres e não obrigados ao trabalho forçado. Enquanto, caso fosse a mãe escrava e o pai indígena 'livre', o filho deveria ser escravo e de posse do dono da mãe, pouco importando que o pai fosse livre ou escravo. Os servos eram, portanto, os filhos oriundos do casamento dos indígenas com negras escravizadas, submetidos à servidão compulsória". Não temos certeza se esta ainda era a classificação utilizada em meados do século XIX; porém, conforme se verifica na tabela 1, o termo servo ainda era utilizado com certa frequência em meados dos oitocentos.

Há raríssimas informações sobre os escravizados do Convento de São Francisco nos primeiros séculos. Há algo escasso sobre os confrades de São Benedito no século XVIII e um volume grande de material sobre eles, como já pontuado, no século XIX. A saída definitiva dos franciscanos de seu convento, em dezembro de 1828, foi um marco decisivo para a história da irmandade de pretos do Largo São Francisco. No espaço até então ocupado como moradia pelos frades, passou a funcionar a Faculdade de Direito, e na igreja continuaram a se reunir os confrades de São Benedito. Por décadas, fizeram dali seu espaço de culto, sociabilidade e liderança.

Durante o período oitocentista, a confraria foi adquirindo características próprias, influenciada pela ausência dos frades e pela vizinhança com a Faculdade de Direito e com a Ordem Terceira. Viveu, pois, uma situação ímpar no centro da cidade, algo que não ocorreu com suas congêneres – as de Nossa Senhora do Rosário e de Santa Efigênia e Santo Elesbão –, que possuíam igrejas próprias. Por quase um século, os irmãos *beneditos* resistiram avizinhados por dois grupos majoritariamente brancos e elitizados. Um ofício escrito pela Ordem Terceira e direcionado ao provincial dos franciscanos no Rio de Janeiro, em 1854[36], detalha a localização de cada um no espaço físico:

> Quando o convento se dignou conceder o edifício para a Academia, o Governo de Sua Majestade Imperial ordenou que a Igreja fosse entregue à Ordem 3ª para tratá-la, e conservá-la, visto que não haviam mais religiosos congregados [...]. Mandou, pois, a Ordem 3ª fazer uma chave na porta da Igreja, e para ela se servia, porque a Portaria e todo o Convento pertencia à Academia. A irmandade de São Benedito, que tem sua imagem no altar colateral de Santo Antônio, pediu a Ordem 3ª que queria tratar da Igreja, fazer ali

---

36. AOTSFSP. Livro de actas. Termos de posse dos irmãos (1792-1863). 6 set. 1854, p. 148.

suas festas, enterros, celebrar-se Missa todas as vezes possíveis, debaixo das vistas e governo do Padre Comissário [...]. Desde então apareceu em alguns irmãos o desejo de ficarem senhores da Igreja, independentes da subordinação à Ordem 3ª.

As figuras 4, 5 e 6 permitem visualizar o espaço em que esses três grupos sociais conviveram. As fotografias foram realizadas entre as décadas de 1860 e 1870, pelo fotógrafo Militão Augusto de Azevedo (1837-1905), que foi também confrade da Irmandade de São Benedito. É interessante salientar que as imagens capturadas por Militão são alguns dos mais conhecidos registros da cidade que se modificava no fim do século XIX. Também vale pontuar que ele se alistou como irmão *benedito* naquele período. No livro de assentamento, consta que pagou anuidade por um tempo, mas não podemos afirmar por quais razões passou a fazer parte da confraria.

Na figura 4, vê-se, ao centro, a Igreja do Convento de São Francisco, com sua torre sineira, tendo ao lado esquerdo a Facul-

Figura 4 Largo São Francisco
Fonte: Acervo fotográfico do Museu da Cidade de São Paulo. Autoria de Militão Augusto de Azevedo (por volta de 1870).

dade de Direito – que funcionava no antigo prédio do convento dos franciscanos –, e ao lado direito a Igreja das Chagas do Seráphico Pai São Francisco, pertencente à Ordem Terceira de São Francisco.

Já na figura 5, é possível ver, na imagem capturada a partir da atual Praça do Ouvidor Pacheco e Silva, a Igreja de São Francisco, em primeiro plano, tendo à frente o seu cruzeiro. Reforce-se que, nos anos em que Militão fotografou o Largo São Francisco, a igreja em questão estava sendo cuidada pelos confrades *beneditos* e sendo constantemente disputada pelos grupos sociais distintos que ali conviviam.

Figura 5 Largo do Capim
Fonte: Acervo fotográfico do Museu da Cidade de São Paulo. Autoria de Militão Augusto de Azevedo (por volta de 1870 – em alguns acervos esta imagem aparece com a data de 1860).

Anos antes das fotografias de Militão, porém, como afirmamos, os franciscanos de São Paulo passaram por períodos de dificuldades. O próspero Convento de São Francisco de finais do XVIII, com sua numerosa comunidade já não era o mesmo. A

Figura 6 Convento de São Francisco
Fonte: Acervo fotográfico do Museu da Cidade de São Paulo. Autoria de Militão Augusto de Azevedo (por volta de 1874).

antiga casa de estudos de filosofia e teologia, onde haviam lecionado e estudado os mais ilustres franciscanos do século XVIII, se aguentava com seis religiosos em 1828, convivendo com os alunos da recém-fundada Faculdade de Direito (RÖWER, 1957, p. 111).

Mais adiante trataremos dos detalhes dessa decadência. Vale ressaltar, por ora, que o decreto imperial de 11 de agosto de 1827, que criou o curso de Ciências Jurídicas e Sociais do Brasil, afetou em cheio os franciscanos da capital paulista. Roberto Pompeu de Toledo (2002, p. 313) explica:

> Quanto ao prédio para abrigar a Academia, o que se impôs desde logo foi destinar a este fim um dos conventos da cidade. Eram as construções mais amplas e, cada vez mais carentes de frades, as mais subaproveitadas. Arouche inspecionou os três históricos conventos de São Paulo. Carmo e São Bento lhe pareceram inconvenientes. Exigiriam grandes reformas. O de São

Francisco, ao contrário, apresentava vantagens. Nele, as antigas celas e outros cômodos, distribuídos em dois níveis, poderiam ser transformados em salas de aula "sem demolir nada e sem vexame dos frades", como escreveu ao governo central. [...]. Logo, porém, o prédio todo passou ao uso exclusivo da Academia.

Decadência de um, ascensão de outro. Foi assim que a Irmandade de São Benedito viu sua oportunidade para continuar subsistindo no mesmo espaço onde por décadas cultivaram a devoção ao santo preto. Ao analisar fontes primárias, bem como periódicos da época, percebemos o esforço constante dos confrades para administrar, manter e reformar o templo durante quase todo o século XIX. Foram anos de cuidados, obras, festas, enterros, enfim, de envolvimento e manutenção do espaço físico. Após um grande incêndio na Faculdade de Direito, em 1880, por exemplo, que afetou o altar principal da igreja, coube aos irmãos de São Benedito as obras de reforma, realizadas a duras penas e com o pedido de esmolas.

Elaboramos a tabela 1 com alguns poucos dados retirados do livro de receitas e despesas, apenas a título de ilustração. Ela nos ajuda a perceber a movimentação financeira que, em meados da década de 1850, fazia da igreja do Largo São Francisco um lugar nitidamente negro.

As sequências de valores apresentados são relativas a entradas de irmãos, pagamento de anuidade, sepultamento de escravizados, joias – que, na linguagem da época, eram os pagamentos realizados por ocasião da eleição de um rei ou de uma rainha –, entre outros.

Durante os mais de oitenta anos em que estiveram à frente do templo franciscano, os confrades de São Benedito cumpriram sua função, adentrando o século XX como legítimos detentores da igreja, já que as instâncias civis e eclesiásticas, por diversas vezes e em diferentes documentos, certificaram sua

Tabela 1 Alguns registros de 1856 no livro
de receitas e despesas (1837-1862)

Mês	Dia	Receita	Valor
Março	27	Valor recebido pelo irmão secretário de alistar em auto de morte o finado Bresser	20$000
–	28	Anuais recebidos pelo irmão secretário, do falecido Marciano	10$000
Abril	2	Valor recebido pelo mesmo, entrada do irmão Bento	$640
—	9	Idem recebido pelo mesmo da irmã Maria do Rosário.	$960
–	–	Valor recebido pelo mesmo de sepultura vendida a uma escrava do Moreira da Cruz	10$000
–	11	Anuais recebidos pelo irmão secretário, do irmão Manoel Antônio da Silva	4$800
–	–	Valor recebido pelo mesmo de alistar em auto de morte uma escrava do Dr. Machado	20$000
–	29	Valor recebido pelo secretário, joia dada por João Elias, como oferta da rainha	32$000
Maio	19	Valor recebido pelo irmão secretário de joia para parte do rei, servo do Amador Jordão	60$000
–	–	Valor recebido pelo irmão secretário por 8 dias de novena e festa recolhido no cofre da irmandade.	422$680
–	–	Idem recebido de entrada de 2 irmãos, servos do Dr. Paulo do Valle	1$280
–	–	Anual recebido do irmão, servo do Pe. João Gomes Netto	1$000

Fonte: Elaboração do autor a partir de documento pertencente ao APFICB[37]

existência naquele espaço. Nos primeiros anos do novecentos, porém, com o retorno dos franciscanos para a capital paulista, a Irmandade se veria novamente em embates.

Não pretendemos nos aprofundar nas discussões jurídicas entre irmandade e franciscanos nos primeiros anos do novecentos; afinal, os processos judiciais ultrapassam nosso recorte temporal e não são o foco deste livro. Mas é importante dizer que uma leitura atenta de periódicos do início do século XX

---

37. APFlCB. Irmandade do Glorioso São Benedicto. Livro de receitas e despesas (1837-1862), p. 56. Pasta 15.5. Documentos diversos.

nos ajuda a entender e a ter uma noção clara das proporções desiguais que os caminhos tomaram. Assim como ocorreu com sua congênere de Santa Efigênia e Santo Elesbão, a Irmandade de São Benedito foi extinta por decreto do primeiro arcebispo de São Paulo, Dom Duarte de Leopoldo e Silva, datado de 24 de fevereiro de 1910. Quatro dias depois, ele nomeou uma comissão para arrecadar e administrar todos os bens da irmandade, e aos 28 de abril ordenou à mesma comissão que retirasse as caixas de esmolas (RÖWER,1957, p. 120). Sobre os últimos anos da presença da confraria de pretos no Largo São Francisco sugerimos a leitura do epílogo, nas últimas páginas desta obra.

O que pretendemos mostrar adiante é que as décadas que antecederam o decreto episcopal foram de constante empenho dos irmãos pretos pela permanência em um lugar de culto, devoção, fé e resistência no centro da capital paulista. As narrativas contadas e recontadas sobre eles omitiram ou mencionaram de maneira superficial seus anos de autonomia. Em 1922, ao escrever sobre a Província Franciscana da Imaculada Conceição, nas festas do Centenário da Independência, assim se expressou Röwer (1922, p. 82), sobre sua presença na Igreja de São Francisco:

> O predomínio dos "benedictos" na que chamavam agora egreja de São Benedicto nenhuma vantagem lhe trouxe: andava esta suja e mal cuidada, por toda parte a desordem e o desleixo. No louvável intuito de obviar esses lamentáveis desconcertos, reuniram-se alguns lentes e antigos alumnos do "Curso Jurídico" e fundaram com a acquiescencia do Provincial, uma "Irmandade de São Francisco", que tinha por fim cuidar do culto e da conservação e asseio da igreja. Parece, porém, que este zelo dos "doutores" não foi de longa duração, continuando os "benedictos" a infelicitar o bello templo franciscano. Aos 5 de outubro de 1908, uma nova era abriu-se para a egreja do Convento de S. Francisco de S. Paulo. Em dependências da sacristia vieram morar os nossos confrades [...]. Fr. Basílio, que fez importantes melhoramentos na egreja, te-

ve que sustentar tremenda luta com os menos discipli-
nados filhos de S. Benedicto.

O frade alemão exalta em seu texto a nova fase da Igreja
de São Francisco, sob sua administração. Os adjetivos utilizados
para desqualificar a Irmandade de São Benedito se parecem muito com os que o vigário de Santa Efigênia se valeu para retirar
dos pretos a administração da sua confraria, bem como os que
foram usados pela municipalidade para retirar do Largo do Rosário a irmandade ali instalada por mais de dois séculos. Antes
de Röwer, Arroyo e outros historiadores versarem sobre eles, os
confrades *beneditos* já haviam escrito e marcado definitivamente,
no Largo São Francisco, a sua própria história. É sobre ela que
dissertaremos a seguir.

2
Igreja de São Benedito do Largo São Francisco: reivindicando lugar

Sr. Redactor – Constando-me que alguns irmãos da venerável Ordem Terceira de S. Francisco procurão indispor-me com a mesma Ordem, manejando intrigas, para fins particulares muito alheios aos interesses da Ordem, e da irmandade de S. Benedicto, de quem tenho a honra de ser secretário, procurando aleivosamente fazer crer, que eu acintosamente e por despeito a Ordem tenho demorado responder o officio que data de 6 de outubro de 1854. Foi transmitido ao juiz da irmandade em nome da meza da Ordem pelo secretário, exigindo a entrega de algumas alfaias que existem em poder da irmandade, e assim mais da chave da porta principal da igreja, devo declarar para intelligencia da Ordem Terceira e ao publico que a demora que tem havido em responder não é por culpa minha, mas pela difficuldade de reunir-se a meza da irmandade a quem deve ser prezente esse officio, tendo eu inutilmente convocado meza por três vezes, já por via do procurador da irmandade e já mandando eu mesmo convocar os irmãos pelo andador e appello para o testemunho do Exm. Sr. Barão de Iguape que em qualidade de protector da irmandade sendo avizado compareceu as duas ultimas vezes, tendo de retirar-se por não haverem os irmãos precizos para formar meza. [...] Luiz Delfino de Araujo Cuyabano (CORREIO PAULISTANO, 10 jan. 1855, p. 2-3).

O período oitocentista – mais precisamente, entre meados da década de 1850 e fins de 1880 – foi particularmente significativo para a Irmandade de São Benedito. Depois da saída dos frades franciscanos de seu convento, em 1828, e com a devoção de um santo preto já consolidada, os *beneditos* passaram a reivindicar para si o direito sobre a igreja que cuidavam já havia quase trinta anos. Parecia ser o momento oportuno para tomarem posse do templo, devido a fatores externos e internos, como veremos. Os anos que se seguiram foram fundamentais para definir o lugar daquela confraria de pretos no centro da capital paulista, bem como os embates travados marcaram definitivamente seus rumos.

Reforçamos que, ao longo desta obra, nomeamos a Igreja de São Francisco também, por vezes, como Igreja de São Benedito. Durante nossa pesquisa, identificamos que estas nomenclaturas fizeram parte de uma disputa simbólica, aparecendo na segunda forma aqui sinalizada em diversos periódicos e em documentos oficiais da Irmandade, principalmente nos anos de 1850. Na década seguinte, contudo, quando passou a ser administrada por um grupo branco, voltou a ser chamada de Igreja de São Francisco, para finalmente, na década de 1880, retomar o título do santo preto e adentrar o século XX sendo conhecida como Igreja de São Benedito.

Dois dos autores a quem recorremos, Frei Basílio Röwer (1957) e Leonardo Arroyo (1966), além de mencionarem a mudança do nome da igreja, citaram ainda uma deposição do santo padroeiro, São Francisco, do altar principal, sendo nele colocada a imagem de São Benedito. A troca das imagens e dos títulos da igreja nos servem já de antemão para ilustrar a disputa pelo espaço de culto[38].

---

38. A importância que teve a troca das imagens para a Irmandade de São Benedito será melhor analisada no terceiro capítulo.

Arroyo (1966, p. 143), ao fazer referência às igrejas de São Paulo, quando menciona a de São Francisco, assinala: "em 1858 tomou posse da igreja a Irmandade de São Benedito, Irmandade, seja dito, um tanto violenta, pois chegou a depor São Francisco do altar-mor para nêle depositar o São Benedito". Röwer (1957, p. 119), por sua vez, tratando sobre os litígios entre irmandade e franciscanos, em 1908, época em que estes últimos haviam regressado à cidade, afirmou: "é que a irmandade não somente tirara a Imagem do Padroeiro do seu lugar, colocando-a no altar de S. Antônio, mas mudara também o título da igreja denominando-a de S. Benedito".

Algumas datas indicadas por ambos não coincidem com aquelas encontradas nas fontes primárias, mas outras confirmam suas afirmações. É importante notar, porém, que as assertivas feitas por ambos sobre as mudanças de nome e do lugar dos santos corroboram a percepção de que houve décadas de reinvindicação daquele lugar por grupos sociais distintos, a partir de meados do século XIX, por razões múltiplas, como veremos.

Antes de mais nada, é importante contextualizar as causas que levaram os franciscanos a deixarem a cidade de São Paulo nos finais da década de 1820. A presença dos frades, bem como de outros religiosos do clero regular, havia marcado o contexto urbano no Planalto de Piratininga desde o século XVI, e os conventos da região central ainda eram as maiores construções do perímetro. Contudo, se os prédios eram grandes, o mesmo não se podia dizer do número de religiosos que neles habitavam, que diminuía ano a ano, à medida que o século se adiantava.

O declínio numérico das ordens regulares, incluindo a dos franciscanos, se estendeu ao longo do século XIX. Segundo Augustin Wernet (1997, p. 118), os fatores decisivos que levaram as ordens regulares a um processo de definhamento intensificado durante as décadas do oitocentos foram:

[...] a assimilação do espírito das Luzes; a total identificação com a ordem escravista [...], o comportamento do clero regular no decorrer do processo de emancipação política; a legislação do período regencial e o "Aviso Circular" do Ministro da Justiça, Joaquim Nabuco, do dia 19 de maio de 1855, proibindo a admissão de noviços.

O autor destaca ainda as três ordens regulares mais tradicionais no período colonial que sofreram intensamente as investidas imperiais: carmelitas, beneditinos e franciscanos. Sobre estes últimos, Wernet (1997, p. 120) afirma que foram, sem dúvida, os que tiveram maior expansão nos tempos coloniais, mas foram também os que mais sofreram com a decadência no século XIX:

> No fim do período colonial, conventos franciscanos transformaram-se em núcleos da cultura iluminista, muitos frades viviam licenciosamente fora de seus conventos a pretexto de pedir esmolas, outros iam para as Minas no tempo do ciclo do ouro e faziam negociações, outros se ocupavam com a administração das fazendas, com prejuízo do espírito religioso. Havia queixas de ignorância, brigas internas e desentendimentos com os bispos locais.

O Convento de São Francisco de São Paulo, que desde o século XVII pertencia aos franciscanos, passava por essas dificuldades, mas algo a mais pesou sobre ele: um decreto do Imperador Dom Pedro I, de 11 de agosto de 1827, que criava e instalava nas suas dependências a primeira Faculdade de Direito do Brasil. O decreto afetou em cheio a comunidade franciscana do Largo, que já estava enfraquecida devido às imposições da Coroa, desde a administração do Marquês de Pombal (1699-1782). Os frades que ainda restavam se retiraram da cidade meses depois da aula inaugural do curso de Direito, ocorrida em 1º de março de 1828[39].

---

39. Os franciscanos deixaram a capital paulista em dezembro de 1828. Os frades remanescentes distribuíram-se entre os conventos da Província de São Paulo ainda em funcionamento. Para saber mais sobre o enfraquecimento da presença franciscana no Brasil, cf. Willeke (1977).

O fato é que as reformas do período pombalino (1750-1777), no final do setecentos, tiveram forte impacto na estrutura econômica do Brasil e afetaram em cheio as relações entre Igreja e Estado. Os jesuítas foram expulsos do território das colônias e todas as ordens de um modo geral foram afetadas pelas sucessivas tentativas de intervenção em seus patrimônios, bem como pela impossibilidade de receber noviços[40]. Ao fim e ao cabo, com o passar do tempo, as decisões tomadas pela Coroa geraram o enfraquecimento, asfixia ou sufocamento das ordens religiosas, como afirma Sandra Rita Molina (2006, p. 21). A decadência ocasionada pelo encolhimento desses grupos de religiosos deixaria o caminho aberto para a expropriação total de seus bens.

Vitor Hugo Monteiro Franco (2021, p. 54) afirma que, de fato, havia uma tentativa de controle governamental sobre os bens das ordens religiosas que começou a ganhar força no período pombalino, mas só ficou mais consistente na primeira metade do século XIX, principalmente depois da independência, quando o país começava a se definir como nação. Inicialmente, estruturas prediais necessárias para as repartições públicas foram desapropriadas das ordens religiosas – é o que aconteceu com o Convento de São Francisco de São Paulo.

Porém, não era tão fácil retirar dos religiosos os patrimônios – classificados como bens ou propriedades de mão morta – que eles edificaram ao longo de séculos. Segundo Franco (2021, p. 77), as escravarias, assim como outros bens da Igreja, eram enquadradas na definição de mão morta, o que significava que não podiam ser herdados, hipotecados ou alienados com faci-

---

40. Noviços são candidatos à vida religiosa nas ordens e nas congregações. No caso dos franciscanos, após um ano de estudos, convivência e formação, os noviços professam os votos ou conselhos evangélicos de pobreza, castidade e obediência. Este período é também chamado de ano da provação. Receber noviços, portanto, é o que dá vitalidade e continuidade às ordens e às congregações religiosas. Nos grupos femininos, o processo é semelhante e as candidatas são chamadas de noviças.

lidade. As posses pertenciam à Igreja pela eternidade, como se estivessem mortas. O patrimônio adquirido não pertencia a um proprietário em particular, mas a uma instituição. Na prática, os bens passavam de religiosos para religiosos, dentro da mesma ordem, ao longo do tempo.

Como então o Governo Imperial conseguiu se apropriar de bens do clero regular? Apoiado sobre duas balizas: criando leis restritivas e contando com o apoio do clero secular. Molina (2006), em seu estudo sobre os carmelitas da Província Carmelitana Fluminense, considerando um recorte temporal que vai de 1850 a 1889, identificou o auge do que chama de "asfixia legal empreendida pelo Estado sobre as ordens", a qual só teve fim com a abolição da escravatura e a subsequente proclamação da República.

> O Estado Imperial não sabia o que fazer, no século XIX, com as Ordens Regulares. Era fato que desejava se apossar de seus bens. Era fato que pretendia que os frades ficassem restritos a um único convento e que exercitassem um trabalho pedagógico formando súditos brasileiros adequados, morigerados e respeitadores, aos olhos do Estado, de regras sociais legais. Contudo, como interferir e expropriar um proprietário privado sem ultrapassar os limites constitucionais sobre os quais se baseava o Estado Imperial? Daí a opção pela asfixia das Ordens através do impedimento da entrada de noviços, ou então, das sucessivas leis que, ao longo do século, engessaram qualquer autonomia dos frades na administração de seus bens (MOLINA, 2006, p. 10).

A década de criação da Faculdade de Direito viu surgir, de acordo com Molina (2006, p. 22), as primeiras leis e os primeiros documentos imperiais contra a aceitação de noviços nas ordens regulares. A autora cita um aviso imperial de 1824, transformado posteriormente, em 1828 – justamente o ano da saída definitiva dos franciscanos de São Paulo –, em lei contra a aceitação de novos religiosos. Esta, por sua vez, foi retificada em outro aviso, de 19 maio de 1855, que reafirmava a proibição total de novos membros, e incrementada por outra lei, em 1870, que transformava em apólices intransferíveis de dívida pública, no prazo de dez anos, todos os bens pertencentes aos religiosos regulares.

Num contexto de sufocamento das ordens religiosas mais tradicionais (franciscanos, carmelitas, beneditinos) efetivado pelo Império, revelou-se também o interesse do clero secular (padres seculares) em expropriar os bens dos religiosos para a formação dos futuros padres, o que incluía a criação e/ou construção de novos seminários[41]. Através do Padroado[42], os membros do clero secular estavam, desde há muito, ligados civilmente aos interesses do governo, agindo como seus funcionários.

As leis imperiais oitocentistas uniram interesses do clero secular e do Império. Molina (2006, p. 66) afirma que, para o Imperador, o problema da preparação do clero secular seria solucionado à medida que os bens dos conventos, que não possuíssem comunidade numerosa, fossem convertidos em renda que assegurasse a manutenção dos seminários. O Governo Imperial reconhecia a necessidade de reforma dos seminários, mas se recusava a fazer os investimentos necessários. É justamente aí que

---

41. Seminários são casas de formação do clero, tanto regular quanto secular. Os seculares costumam chamar de seminarista aquele que passa os anos de formação para o sacerdócio em um seminário. Os regulares distinguem estas nomenclaturas, atribuindo ao seminário de formação dos noviços o nome de noviciado.

42. Os estudos de Molina (2006, p. 20) apontam: "Através do Padroado, estava determinado, em teoria, que o Estado deveria cuidar da construção das igrejas, do pagamento do Clero Secular, da nomeação de Bispos, da escolha e autorização de terrenos para a construção de Seminários, enfim, tudo o que fosse de interesse da Cúria Romana em terras brasileiras. Em linhas gerais, havia um certo controle hierárquico e financeiro sobre esse segmento eclesiástico. Alguns autores estabeleceram, ao longo do tempo, profundas discussões sobre o alcance, as atribuições e as decorrências da prática do Padroado na sociedade colonial e imperial".

[...] entrava o Clero Regular. Em função de sua autonomia financeira este grupo possuía os recursos que faltavam à reforma do Clero Secular. As fazendas, os imóveis urbanos, o gado e os escravos constituíam um vultuoso patrimônio, que na concepção do Estado Imperial e do Clero Secular, era subaproveitado em função da desorganização administrativa, hierárquica e moral de tais ordens (MOLINA, 2006, p. 42).

A questão do clero, de modo geral, tornou-se uma preocupação da Igreja e do Estado. Alguns padres seculares eram questionados em sua atuação e até mesmo alguns regulares eram tidos como iluministas e liberais no início do século XIX. A Igreja Católica no Brasil passou, durante o XIX, por um processo de mudanças, transição e reorientação no tipo de formação que dava ao clero, bem como renovou uma série de normas, regras e leis para confrarias e ordens terceiras.

O catolicismo luso-brasileiro tradicional, herdado do período colonial e ainda enraizado nos cidadãos do novo país independente, começou a ceder lugar para um catolicismo reformado, europeizado e romanizado, que, de acordo com Wernet (1997, p. 115), se afirmou no Brasil no mesmo período em que se firmou também o processo de modernização, ou seja, a partir de meados do século XIX. No reinado de Dom Pedro II, as mudanças no clero brasileiro se intensificaram.

Em seu estudo *A Igreja Paulista no século XIX: a reforma de D. Antônio Joaquim de Melo (1851-1861)*, Wernet (1987, p. 52) apresenta os fundamentos que levaram o Imperador a optar pela nomeação de bispos conservadores e monarquistas, ligados a um movimento eclesial chamado de ultramontanismo[43], em contra-

---

43. Segundo Ítalo Domingos Santirocchi (2010, p. 195-199), ultramontanismo é um termo de origem francesa, derivado da associação de duas palavras latinas (ultra+montes), significando para além dos montes, isto é, dos Alpes. O apelativo começou a ser usado no século XIII, para designar papas escolhidos ao norte dos Alpes. Seis séculos depois, olhando da França, "para além dos Alpes", correspondia estar voltado para as ideias emanadas de Roma, ou

posição às ideias radicais, liberais e até republicanas da Igreja de então, apoiada em princípios regalistas[44]. No final do oitocentos, a maioria do clero secular era da linha ultramontana e o enquadramento dos leigos nas novas estruturas centralizadas e clericalizadas se deu através de uma reforma dos estatutos das tradicionais irmandades e ordens terceiras, ou por sua substituição por novas associações religiosas. O autor continua:

> A maioria dos políticos e, sobretudo, os principais conselheiros de D. Pedro II chegaram à convicção de que as ideias do conservadorismo e do Catolicismo ultramontano serviriam de melhor fundamentação e justificação para a ordem vigente do que os princípios liberais e as ideias do Catolicismo à altura do Século das Luzes. O princípio monárquico e a centralização seriam mais adequados do que as ideias republicanas e federalistas. O Catolicismo ultramontano, portanto, não apenas correspondeu à orientação da Igreja Ca-

seja, concordando com os posicionamentos da Santa Sé. O ultramontanismo, no século XIX, se caracterizou por uma série de ideias e de atitudes da Igreja Católica num movimento de reação às novas tendências políticas desenvolvidas após a Revolução Francesa e à secularização da sociedade moderna. As suas principais características podem ser assim resumidas: esforço pelo fortalecimento da autoridade pontifícia sobre as igrejas locais e dos bispos sobre suas dioceses; reafirmação da escolástica; restabelecimento da Companhia de Jesus (1814); e definição dos "perigos" que assolavam a Igreja (galicanismo, jansenismo, regalismo, todos os tipos de liberalismo, protestantismo, maçonaria, deísmo, racionalismo, socialismo, casamento civil, liberdade de imprensa e outras mais), culminando na condenação destes por meio da Encíclica Quanta Cura e o Silabo dos Erros, anexo à mesma, publicados em 1864. O fortalecimento da autoridade pontifícia, resultando na definição da infalibilidade papal nos pronunciamentos ex--cathedra durante o Vaticano I (1869-1870), foi um dos momentos culminantes do movimento ultramontano.

44. Entende-se por regalismo a supremacia do poder civil sobre o poder eclesiástico. Muitos bispos e padres no Brasil pós-independência seguiam os preceitos regalistas. Para Santirocchi (2013b, p. 6), o objetivo do regalismo era diminuir o poder da Igreja, limitando a autoridade do pontífice nos negócios temporais conexos com os espirituais ou negando a plenitude do poder dos papas nos assuntos eclesiásticos de cada nação, alegando que esta plenitude de poder lesava os direitos episcopais. Com efeito, diminuída a autoridade do Sumo Pontífice, seria mais fácil submeter os superiores eclesiásticos existentes dentro do território daquela autoridade civil aos seus pretendidos direitos. O alvo a atingir era sempre a supremacia do poder espiritual, que o poder temporal queria dominar.

tólica provinda de Roma, mas também aos interessados na manutenção do regime no país (WERNET, 1987, p. 88).

Também Ítalo Domingos Santirocchi (2013a, p. 6), que tem se dedicado a estudar a atuação da Igreja Católica no período do Brasil Imperial, explica que o ultramontanismo começou a se desenvolver no país antes mesmo do reinado de Dom Pedro II, em oposição forte ao liberalismo clerical do período da Regência (1831-1840). Contudo, afirma ele, foi no Segundo Reinado (1840-1889) que padres e bispos ultramontanos ganharam força com episcopados que adotaram uma atitude combativa em favor da própria autoridade e da autoridade da Santa Sé, poucas vezes vistas no Império do Brasil. Esse processo ocorrido na Igreja Católica é comumente conhecido na historiografia como "romanização".

O autor, contudo, não concorda com o uso recorrente do termo romanização para o processo de reforma ocorrido na Igreja, como se as mudanças tivessem vindo apenas de cima para baixo, ou seja, emanadas de Roma e obedecidas por todos. Santirocchi (2010) propõe uma revisão do conceito, preferindo chamar o que ocorreu na Igreja do Brasil, em meados do XIX, de "reforma". Um dos casos lembrados de mudança ocorrida de baixo para cima é o do bispo paulista Dom Antônio Joaquim de Mello (1791-1861), que, apesar de ter sido formado durante o episcopado de um bispo regalista – Dom Manuel Joaquim Gonçalves de Andrade (1775-1847) – e de ter tido como colega o liberal, político e heterodoxo Padre Diogo Antônio Feijó (1784-1843), mostrou-se, em seu episcopado (1851-1861), defensor e articulador do ultramontanismo.

Para Santirocchi (2010, p. 25), o episcopado ultramontano de Dom Antônio de Melo foi uma reação às invasões regalistas do Estado no âmbito eclesiástico e às várias correntes de catolicismo nacionalista e bairrista que se desenvolviam em São Paulo e no Brasil. Dom Antônio buscou em Roma as diretrizes para integrar o catolicismo paulista ao catolicismo universal, fortalecendo a identidade de Católico Apostólico Romano defronte a tendências heterodoxas e descentralizantes.

Fizemos este extenso preâmbulo sobre a tentativa constante de expropriação de bens dos regulares pelo Estado imperial e pelo clero secular, bem como sobre os movimentos de reforma da Igreja Católica no Brasil, porque parece razoável concluir que a Irmandade de São Benedito também estava a par dos acontecimentos eclesiais, da imagem negativa das Ordens Regulares projetada pelos relatórios ministeriais apontados por Molina (2006, p. 63) e dos acontecimentos ocorridos nas primeiras décadas do século XIX.

De 1828 até o início dos anos de 1850, acompanhando os andamentos sociais que sobre o país e de modo particular sobre a cidade de São Paulo se impunham, os confrades *beneditos* se mantiveram sob a tutela da Ordem Terceira de São Francisco, do seu comissário visitador ou padre comissário, do bispo local e do Governo Imperial, na Igreja do Convento de São Francisco.

No pós-1850, os confrades perceberam que o momento era propício para se "apropriar" da Igreja de São Francisco. Dessa época, datam: uma primeira carta endereçada ao Imperador, solicitando oficialmente o repasse da chave do templo, em 1852; o primeiro inventário de bens pertencentes à Irmandade, realizado em 1854; e um novo Compromisso, aprovado e ratificado pelas instâncias legais, civis e eclesiásticas, em 1855, ano este o mais restritivo para os regulares no Brasil.

2.1 O aumento no número de irmãos

A circulação de africanos, crioulos, pardos e caboclos, escravizados ou livres e libertos, no Largo São Francisco, é constatada em alguns registros sobre sociabilidade no centro da capital paulista. É certa a inserção dessas populações na região central, uma vez que o Planalto de Piratininga não fugia muito dos padrões sociais das vilas e cidades coloniais do Brasil escravista, como vimos no primeiro capítulo.

Os franciscanos também não fugiam à regra do regime colonial, e possuíam escravizados. Pelo menos é o que constatou Arroyo (1966, p. 139), ao pesquisar as atas da Câmara e verificar que, já nos inícios do século XVIII, havia uma senzala anexa ao convento daqueles frades: "na sessão de 2 de maio de 1733 se 'passou hum rol dos moradores das cazas contiguas as senzalas dos Reverendos Padres de Sam Francisco, desta Cid(ade)'". Alguns registros por nós encontrados, nos mais antigos documentos preservados pela Cúria Metropolitana de São Paulo, como o livro de assentamentos feitos entre 1759[45] e 1855, por exemplo, fazem, entre outras, anotações como esta: "Cristovão Roiz da Conceição, escravo do Convento de São Francisco, [...] entrou nesta irmandade de São Benedicto no anno de 1753"[46].

A presença de escravizados no convento franciscano de São Paulo também é indicada por Röwer (1957, p. 86, grifo nosso), ao relatar as doações de alimentos feitas pelos frades aos moradores: "aí os frades repartiam com os indigentes da vila, todos os sábados, os mantimentos que no distrito tiravam nos seus peditórios, como também a carne dos porcos que **seus escravos** criavam no pasto".

Os livros e registros produzidos pelos negros nas primeiras décadas de sua presença naquele território são escassos e poucos chegaram até nós. Contudo, em meados do século XIX, a documentação se avolumou e os periódicos que surgiram no período passaram a narrar o dia a dia daquela população com

---

45. Pelo que se pode verificar nos documentos analisados, a Irmandade de São Benedito já existia mesmo antes de ser aprovada oficialmente. Por isso mesmo, há registros de alistamentos feitos desde 1753, embora a confraria só tenha sido instalada, com aprovações legais, em 1772.

46. ACMSP. Irmandade do Glorioso São Benedicto. Livro de assentamento dos irmãos (1759-1855), p. 12.

frequência. O jornal *Correio Paulistano* – periódico que circulou na capital paulista até a primeira metade do século XX –, por exemplo, fundado em 1854, tornou-se um dos canais mais utilizados pelos *confrades* da Irmandade de São Benedito, escravizados ou não, para contarem sua história na cidade, convocarem reuniões, anunciarem festas, prestarem balanços de contas, bem como realizarem diversos anúncios, críticas e reclamações.

Não apenas os documentos se multiplicaram a partir da década de 1850, mas também o número de irmãos aumentou significativamente, como veremos nas tabelas 2, 3 e 4, a seguir. Em comunicado publicado e assinado com o pseudônimo de *um irmão*, no dia 1º de julho de 1854, dias depois da fundação do *Correio Paulistano* (1 jul. 1854, p. 3), a Irmandade é assim mencionada:

> Em verdade esta Irmandade que tem sua origem no antigo convento de Franciscanos desta capital, onde fôra instituída pelos escravos da confraria, e que depois foi reunindo em seu seio outros pretos escravos de particulares da cidade, hoje conta em seu grêmio para mais de mil Irmãos entre pessoas de todas as cores e condições, não sendo diminuto, antes avultado já o número de pessoas gradas, que na mesma irmandade encontra-se.

Quase dez anos depois, em 11 de junho de 1864, já em outro cenário no interior da Irmandade, mas ainda exaltando a grandeza dos pretos e de seu santo, um texto menciona a existência da confraria desde o século XVIII e chama a atenção ao preceito de que diante de Deus não havia distinção entre brancos e pretos, pobres e ricos, grandes e pequenos. A carta, publicada sem assinatura, assim diz:

> [...] fundada nos preceitos da igualdade institui-se no dia 22 de outubro de 1772 na igreja de S. Francisco desta cidade uma irmandade com o fim de adorar a Deos, [...] sem distincção de sexos, idades e condições, só não sendo admitidos aquelles que por seus vícios se tornassem desprezíveis aos olhos do público (CORREIO PAULISTANO, 11 jun. 1864, p. 2).

Antes de adentrarmos nos pormenores da Irmandade de São Benedito, a partir de 1850, faz-se necessário um olhar sobre os dados demográficos e econômicos de São Paulo apresentados por Francisco Vidal Luna e Herbert S. Klein (2019), em *História econômica e social do estado de São Paulo, 1850-1950*, no qual analisam o crescimento da Província ao longo de um século. Os capítulos um e nove de seu livro nos levam a compreender o fenômeno pelo qual passou a Província de São Paulo em meados do oitocentos, com a introdução do café, agregado ao açúcar e a gêneros alimentícios produzidos em solo paulista.

Os autores afirmaram que, para entender a história da Província de São Paulo, na metade do XIX, é essencial compreender a dinâmica da economia cafeeira, sua cultura, o funcionamento do seu mercado, bem como a posição relativa de São Paulo no comércio internacional do produto. Como se sabe, a mão de obra nas fazendas produtoras de café era composta basicamente por escravizados trazidos à região para o trabalho forçado. O panorama do crescimento da cafeicultura é assim desenhado por Luna e Klein (2019, p. 37):

> Em 1829, a produção de café ainda estava concentrada no Vale do Paraíba e no litoral norte (87%) e o açúcar, na região Central (91%). Quase duas décadas depois, um censo de 1854, elaborado por José Antônio Saraiva, mostrou que a produção cafeeira atingira nível de importância na província. Naquele ano, produziram-se 3,4 milhões de arrobas da rubiácea, o equivalente a 50.287 toneladas ou 874.000 sacas de 60 quilos. Essa produção foi sete vezes maior que a informada para 1836. [...] Em 1829, trabalhavam nas fazendas de café 10.000 escravos, e em 1854 os cativos nessas propriedades eram 50.000.

Embora a população urbana da Província de São Paulo continuasse inalterada por um longo período, sua capital, que era uma das mais importantes cidades, contava com 25 mil habitantes em 1854. Um número baixo, segundo Luna e Klein (2019, p. 395), porém maior do que a soma dos habitantes de Santos e de Campinas juntos. Foi no primeiro censo nacional, realizado em 1872[47], contudo, que os dados populacionais ficaram mais claros e que São Paulo se tornou a quarta maior província escravista com a mesma razão entre cativos e população total que a maior província escravista do Império, Minas Gerais. Ainda que a população branca formasse a maioria dos moradores dos centros urbanos, afirmam Luna e Klein (2019, p. 397), a "de cor" aumentava:

> Embora fossem encontrados pretos e pardos em todas as partes da província, a tendência geral era haver predominância maior de brancos nos centros urbanos do que na maioria das áreas rurais. Na capital e em Santos, mais da metade da população era branca. [...]. No entanto, todas as comarcas tinham uma população de cor significativa e nenhuma das comarcas continha uma porcentagem de pretos e mulatos em sua população que fosse inferior a 35%, independente da condição legal destes; essas duas categorias compunham 43% da população total da Província. Além disso, as pessoas livres de cor eram mais numerosas do que os escravos em 14 das 19 comarcas. A população de caboclos, embora relativamente pequena, também estava presente em todas as regiões, com representação significativa apenas em Bragança.

Um recorte mais detalhado pode ser feito ao observarmos, a partir do censo, os moradores que habitavam junto à Freguesia da Sé, em cujo entorno estava a Igreja de São Francisco. Naquele ano, a paróquia contabilizava o total de 9.253 "almas", subdivi-

---

47. O recenseamento do Brasil de 1872 foi o primeiro a ser realizado em nível nacional e apresentou um panorama geral da população brasileira. No caso da Província de São Paulo, o censo apontou uma população total de 680.742 homens e mulheres livres, em sua maioria brancos, seguidos de pardos, pretos e caboclos. Já a população cativa, subdividida entre pretos e pardos, somou o total de 156.612 homens e mulheres, dos quais a grande maioria era preta (116.480). Na capital, os números não haviam variado muito em relação àqueles apontados em maços de população dos anos anteriores. A cidade somava uma população livre de 27.557 homens e mulheres e uma população cativa de 3.828.

didas em: 3.684 homens livres, 3.660 mulheres livres, 1.077 homens escravizados e 1.909 mulheres escravizadas. Dos homens livres, 2.560 eram brancos, 794 eram pardos, 260 eram pretos e 130 eram caboclos; já entre as mulheres livres, 2.692 eram brancas, 683 eram pardas, 185 eram pretas e 100 eram caboclas. Os escravizados homens, por sua vez, estavam assim distribuídos: 186 eram pardos e 891 eram pretos; e, entre as mulheres escravizadas, 136 eram pardas e 696 eram pretas. Estavam registrados, portanto, na Freguesia da Sé, 5.252 brancos, 1.789 pardos, 2.032 pretos e 230 caboclos[48].

Os dados apontados pelo censo de 1872, bem como a interpretação oferecida por Luna e Klein, nos ajudam a entender as tabelas apresentadas a seguir, elaboradas a partir da contabilização dos irmãos e das irmãs de São Benedito registrados nos diversos livros de assentamento encontrados, datados de meados do século XVIII a início do XX. Percebeu-se, pelo levantamento feito, que houve um crescimento significativo de registros a partir de 1850, o que pode ser justificado pelo crescente fluxo da população negra em todas as regiões da Província, com possível reflexo também na capital.

Embora não fosse numericamente tão grande em São Paulo, a população "de cor" aumentou gradativamente, década após década, na medida em que a queda do regime escravista apontava no horizonte. Nesse sentido, o estudo de Alexandre Ferro Otsuka (2015, p. 46) também é importante, ao salientar que a configuração das cidades – não apenas a de São Paulo – como lugares de um tipo específico de escravidão permitia ao cativo maior autonomia e deslocamento constante pelos espaços coletivos. A cidade, segundo ele, atraiu um

---

48. Estes números foram computados a partir da análise do recenseamento do Brasil realizado em 1872, no que diz respeito apenas à população identificada como moradora da Freguezia da Sé, na cidade de São Paulo. Os dados estão disponíveis em: <https://dataspace.princeton.edu/handle/88435/ dsp01h989r5980>. Acesso em: 22 abr. 2021.

[...] contingente de libertos e mesmo de escravos fugidos que, no coração da urbis, se mesclou e indiferenciou em meio aos outros habitantes, sobrevivendo nas franjas do regime escravista ou buscando a oficialização de sua liberdade e a construção de uma nova identidade.

Muitos desses homens e mulheres livres, libertos ou cativos, que na capital paulista viviam ou para ela se dirigiam, faziam parte de uma ou de várias confrarias de pretos e/ou eram registrados nelas por seus senhores. Nos livros da Irmandade de São Benedito, encontramos um número significativo de pessoas negras, africanas ou crioulas, bem como algumas pessoas brancas, pardas e caboclas. Nas três tabelas que seguem, reunimos dados sobre os irmãos e as irmãs de São Benedito registrados ao longo de mais de um século e meio.

Tabela 2 Livro de assentamento de irmãos (1759-1855)

Irmãos	Total
Escravos (pretos, pardos, mulatos)	315
Forros (pretos e pardos)	38
Não consta condição social ou cor da pele (em vários casos, aparece como filho do irmão)	205
Apresentaram-se/foram apresentados (pediram ingresso ou foram apresentados por alguém já pertencente à irmandade)	53
Militares (capitão, coronel, general, oficial)	82
Pardos livres	3
Homens brancos	8
Religiosos (padres/frades)	16
Mestre alfaiate (escravos/livres)	3
Total de registros	**723**

Fonte: Elaboração do autor a partir de documento pertencente ao ACMSP[49]

---

49. Como já sinalizado, este é o livro mais antigo da Irmandade de São Benedito e se encontra no Arquivo da Cúria Metropolitana de São Paulo. Trata-se de documento no qual foram registrados, por mais de um século, os nomes de homens que fizeram parte da confraria instalada no Largo São Francisco. ACMSP. Irmandade do Glorioso São Benedicto. Livro de assentamento dos irmãos (1759-1855).

A tabela 2 apresenta o somatório dos irmãos registrados em um único livro, no qual aparecem todos os homens que entraram na confraria ao longo de quase um século (1759-1855). Ao lado de cada nome, foram anotados dados relevantes: condição social (escravo, livre, liberto ou forro); cor da pele (preto, pardo, mulato ou branco); em alguns casos, a nação (região ou porto africano de onde partiu); anos em que pagou anuidade; data de falecimento e local de sepultura dos que morreram. Alguns exemplos:

> O irmão Francisco Banguela escravo do Sarg. mor Francisco Nunes Ramalho entrou no anno de 1790 (p. 21).
> O irmão Fancisco Benedito escravo do Sarg. mor Manuel Caetano d Zunega entrou nesta Irmandade de S. Benedito a 14 de junho de 1791. Faleceu a 14 de Setembro de 1804, foi sepultado no Semeterio da Irmandade e dei bilhete para dizerem as Missas (p. 23).
> O irmão Hieronimo escravo do convento de São Francisco desta cidade entrou nesta irmandade de São Benedito no ano de 1766 e tem pago até o ano de 1780 (p. 24).
> O irmão Joaquim, mulato, escravo do Irmão José dos Santos da Silva, entrou nesta irmandade de São Benedicto no ano de 1787. Tem pago até 1791. Pagou até 1798 (p. 34).
> O irmão José de Almeida, preto forro, entrou nesta irmandade de São Benedicto no ano de 1789 e tem pago até 1791 (p. 35).

No livro em questão, não se encontram registradas as irmãs que certamente se filiaram à Irmandade no período, mas cujos registros devem ter sido feitos em algum outro livro que não chegou ao nosso conhecimento.

As mais de setecentas anotações de irmãos ao longo de quase um século – somadas as das irmãs, a que não tivemos acesso – revelam uma irmandade de pretos semelhante às congêneres, espalhadas por diversas cidades coloniais: composta majoritariamente por homens e mulheres "de cor", escravizados ou com alguma relação com a escravidão. O número é pequeno, se comparado aos de irmandades de vilas maiores e mais importantes economicamente, onde viviam mais pessoas negras, escravizadas ou livres, mas não deixa de ser relevante.

Na mesma tabela 2, ainda podemos observar o considerável número de militares inscritos. Sobre este assunto, nossa pesquisa não conseguiu identificar os motivos para tantos alistamentos, mas podemos levantar algumas perguntas. Teria a Ordem Terceira, composta por um elevado contingente de brancos e militares da cidade, influenciado estes alistamentos na confraria de pretos? Os irmãos militares tentaram exercer, através do ingresso na Irmandade, algum tipo de controle social? A proximidade territorial entre as duas confrarias (Ordem Terceira e São Benedito) foi fator relevante para isso? Tudo leva a crer que as respostas a tais perguntas sejam afirmativas, contudo elas ainda carecem de investigação. O que podemos concluir é que todos os livros analisados registraram a presença de militares entre os membros da confraria.

Tabela 3 Livros de assentamento de irmãos e irmãs (1803-1901)

Livro	Período	Total
Irmãs	1803-1854	1.929
Irmãos	1804-1848	1.720
Irmãos cativos	1846-1878	866
Irmãs cativas	1846-1878	875
Irmãs libertas	1846-1879	1.404
Irmãos libertos	1846-1896	1.319
Irmãs	1873-1901	1.698
Irmãos	1876-1901	1.109
Total de registros	**1803 a 1901**	**10.920**

Fonte: Elaboração do autor a partir de documentos pertencentes ao ACMSP[50]

50. Todos estes livros se encontram no Arquivo da Cúria Metropolitana de São Paulo. A primeira datação é 1803, e a última é 1901. Trata-se do maior volume de livros da Irmandade de São Benedito ainda existentes. São eles: Assentamento das irmãs (1803-1854) – 2.2.10; Assentamento dos irmãos (1804-1848) – 2.2.28; Assentamento dos irmãos captivos (1846-1878) – 2.2.18; Assentamento dos irmãos (libertos) (1846-1896) – 2.2.7; Assentamento das irmãs captivas (1846-1878) – 2.2.13; Assentamento das irmãs libertas (1846-1879) – 2.3.40; Assentamento das irmãs (1873-1901) – 2.2.8; Assentamento dos irmãos (1876-1901) – 2.2.6.

A tabela 3 – formada pela soma de oito livros de assentamento – permite visualizar o gradativo crescimento da população negra, cativa ou liberta, na cidade de São Paulo. Os registros, realizados ao longo de praticamente todo o século XIX, refletem as percepções esboçadas por Luna e Klein (2019). Mesmo que alguns poucos nomes se repetissem ao se atualizarem os livros, eles não interferem nos dados apresentados aqui[51].

Tomemos como exemplo, apenas para ilustrar a afirmação sobre o relativo aumento do número de pessoas pretas e pardas em São Paulo, os livros de assentamento de cativos e cativas datados de 1846 a 1878. No período de pouco mais de três décadas, estão contabilizados 1.741 irmãos e irmãs. Se somarmos a eles outras pessoas "de cor" elencadas nos livros de libertos e libertas, o número passa tranquilamente de mais de dois mil confrades. Essas somas são bem maiores do que aquelas registradas no século anterior.

Tabela 4 Relação de irmãos e irmãs (1905)

Irmãos	86
Irmãs	150
Total de registros	**236**

Fonte: Elaboração do autor a partir de documento pertencente ao APFICB[52]

---

51. Ao analisarmos os livros de assentamentos de irmãos e irmãs, percebemos que alguns poucos nomes de membros da Irmandade se repetiram quando transferidos dos antigos para os novos livros, na ocasião de atualização das páginas de registros. Quando um livro se tornava velho, ou seja, as páginas para anotações de novos irmãos haviam chegado ao fim, livros novos eram adquiridos. A afirmação se baseia no fato da observação de que poucos nomes foram transferidos dos livros velhos para os novos, entre os nove exemplares pesquisados. Isto ocorria por diversos fatores, na ocasião da atualização, como falecimento, mudança de cidade, desfiliação da confraria, entre outros.

52. Este livro, embora esteja fora do recorte temporal da pesquisa, é apresentado para ilustrar a relevância numérica da Irmandade no início do século XX. Ele se encontra no Arquivo da Cúria da Província Franciscana da Imaculada Conceição do Brasil. APFICB. Relação de irmãos e irmãs da Venerável Irmandade de S. Benedicto, que se acham em dia no pagamento de anuidades no anno de 1905. Pasta 15.5. Documentos diversos.

Por fim, a tabela 4, apesar de fugir um pouco do recorte aqui considerado, foi inserida para demonstrar que a Irmandade ainda contava com certo número de integrantes no início do século XX. Os dados podem ser comparados aos registros anteriores, haja vista termos 236 pessoas contabilizadas em apenas um ano. Esta cifra é um tanto relevante se levarmos em conta as pressões externas (leis repressoras, incriminação) e internas (novos grupos de leigos católicos, chegada de religiosos estrangeiros ao Brasil etc.) que exerceram forte impacto sobre as irmandades e as comunidades negras. Percebeu-se, enfim, que a confraria do Largo São Francisco adentrou os primeiros anos da República ainda com alguma representatividade.

Não poderíamos nos isentar de elencar aqui a significativa presença de mulheres pretas, pardas, caboclas, cativas, livres ou libertas, na Irmandade de São Benedito. Nas tabelas 3 e 4, fica clara a superioridade, ao menos numérica, do grupo feminino em relação ao masculino. Mas, teriam as mulheres da São Benedito exercido papel significativo naquela confraria do centro da capital paulista?

A historiografia mais recente tem mostrado que a atuação das mulheres nas irmandades "de cor" foi relevante. Autoras como Antonia Aparecida Quintão (2002b), Lucilene Reginaldo (2016a) e Leonara Lacerda Delfino (2017) concordam que a presença feminina nas confrarias era fundamental para o bom arranjo das relações cotidianas. Embora apareçam estatuariamente relegadas a um segundo plano, as irmãs estavam longe de exercer papel desimportante nas associações. Quintão (2002b, p. 89) afirma:

> A forte presença feminina é um dado importante para a caracterização das irmandades negras e pardas, indicando um contraste com as associações de brancos, cuja predominância parece ter sido sempre masculina. Participavam da mesa administrativa, exercendo

principalmente a função de rainha, juízas, escrivã, irmã de mesa ou mordoma, esta responsável pela organização das festas.

Ao relembrar a presença das mulheres na confraria do Rosário dos Pretos da Penha de França, Quintão (2019, p. 25) destacou estudos anteriormente realizados por ela, sobre a Irmandade de Nossa Senhora do Rosário dos Homens Pretos do centro da capital, em que observou que as mulheres foram fundamentais na articulação do movimento abolicionista dos Caifazes[53], mesmo que os estatutos daquela confraria atribuíssem a elas, algumas vezes, apenas a função de "vestir um anjo para a festa".

Delfino (2017, p. 160), em pesquisa sobre a Irmandade de Nossa Senhora do Rosário de São João Del Rei, afirma que as deliberações das confrarias não dependiam apenas das regras estatutárias, e neste quesito cabia às irmãs articular cargos, alianças, redes e legar patrimônios.

Também João José Reis (1991, p. 70-72) assinala que as irmandades, de um modo geral, aceitavam mulheres. Porém, ao revisitar estudos existentes sobre as da Bahia colonial, faz uma distinção entre aquelas formadas por brancos, nas quais as mulheres eram minoria e geralmente afiliavam-se junto com seus maridos, e as irmandades "de cor", afirmando que nestas últimas as mulheres não representavam dez por cento dos associados. A afirmação de uma baixa porcentagem de mulheres em confrarias de pretos, de modo particular na Irmandade de Nossa Senhora do Rosário das Portas do Carmo de Salvador, é questionada pelos estudos de Reginaldo (2016, p. 214), que revelaram uma participação feminina significativa.

De qualquer forma, Reis (1991, p. 72) faz anotação importante sobre as mulheres nas confrarias de pretos:

---

53. O movimento dos Caifazes será tratado no terceiro capítulo.

Podiam ser, ao lado dos reis, rainhas dos festivais anuais, juízas, procuradoras encarregadas de caridade aos irmãos necessitados, coletoras de esmolas e mordomas responsáveis pela organização de festas. As irmandades negras via de regra tinham uma mesa composta de mulheres e outra de homens.

Um caso emblemático de irmandade de pretos comandada majoritariamente por mulheres é o da Irmandade de Nossa Senhora da Boa Morte de Cachoeira na Bahia. Após perseguições em Salvador – pelo que alguns estudos apontam, estava instalada originalmente na Igreja da Barroquinha –, ela foi transferida para a região do Recôncavo, no início do século XIX – mais precisamente, em 1820 – e se tornou particularmente significativa para os terreiros de religiões de matriz africana naquele estado. Todas as funções mais importantes no seu âmbito eram atribuídas às mulheres. A confraria sobrevive até hoje, duzentos anos depois, como legado de uma cultura feminina ancestral[54].

No Compromisso de 1855, as mulheres da Irmandade de São Benedito de São Paulo aparecem como aptas a exercerem quatro funções, duas das quais, eleitas em sessão de mesa – reuniões onde se deliberavam os diversos assuntos sobre o andamento da confraria –, juntamente aos cargos masculinos: juíza e rainha. A terceira possibilidade era a de fazerem parte de uma mesa composta por doze mulheres, número equivalente ao de uma mesa decisória composta por doze homens. A quarta era a de irmã sacristã, responsável por lavar e engomar as toalhas de altar, corporais, e mais roupas pertencentes ao uso do altar.

Lembramos, junto com Quintão (2019, p. 25), que todas as funções delegadas a mulheres muitas vezes não eram consideradas, ao menos oficialmente, como funções de mando, ou seja, não eram deliberativas no interior da irmandade. Isto não

---

54. Para saber mais sobre a Irmandade da Boa Morte de Cachoeira, cf. Regis (2020).

significa, no entanto, e como já dito, que também na Irmandade de São Benedito elas não tenham exercido influência para além daquilo que está descrito no Compromisso.

Assim, os dados apresentados até aqui reforçam a ideia de que o gradativo aumento no número homens e mulheres na irmandade de pretos do Largo São Francisco fez com que os confrades adquirissem também certa autonomia financeira. Contar com muitos irmãos e irmãs, que contribuíam com pagamentos anuais, joias, doações para as festas e para a igreja, entre outros, pode ter amparado as reivindicações que vieram a seguir.

2.2 Luiz Delfino de Araujo Cuyabano e a posse das chaves

Em 1852, os irmãos de São Benedito, já acostumados a se reunir na Igreja de São Francisco e ali celebrar suas festas, a princípio sob a tutela da Ordem Terceira, resolveram reivindicar para si as chaves do templo. Já fazia alguns anos que os terceiros as emprestavam toda vez que a Irmandade solicitava, mas, àquela altura, os pretos decidiram se tornar "senhores da igreja"[55]. Uma carta de 11 de fevereiro[56] daquele ano, escrita por um representante dos franciscanos no Rio de Janeiro e endereçada ao Ministro da Ordem Terceira de São Francisco, relatou que o superior dos frades na Corte recebeu o encaminhamento de um pedido feito ao Imperador para que as chaves da Igreja do Convento de São Francisco de São Paulo fossem entregues à Irmandade de São Benedito. O autor reescreveu o conteúdo do pedido: "a Irmandade de São Benedicto erecta na Igreja dos Frades Franciscanos

---

55. Afirmação feita pelos terceiros franciscanos ao escreverem ao superior dos frades no Convento de Santo Antônio da Corte do Rio de Janeiro, pedindo que tomasse providências em relação à igreja. AOTSFSP. Livro de actas. Termos de posse dos irmãos (1792-1863). 14 jul. 1854. p. 148.

56. AOTSFSP. Carta do Vigário Capitular ao Ministro da Ordem Terceira. 11 fev. 1852. Pasta 288. Documentos diversos.

pede á S(ua) M(ajestade) o Imperador lhe mande entregar á mesma Igreja, que está a cargo da Venerável Ordem 3ª".

A carta teria sido escrita pela mesa administrativa da Irmandade, direcionada a Dom Pedro II e encaminhada pelo Governo da Província de São Paulo ao superior dos franciscanos, solicitando oficialmente o repasse do templo. Não tivemos acesso ao documento original escrito pelos *beneditos*, mas, pelo conteúdo das cartas que se seguiram, com discussões entre a Ordem Terceira e os superiores franciscanos no Rio de Janeiro, percebe-se que, tanto do lado do imperador quanto dos franciscanos na Corte, não houve muito interesse em responder aos questionamentos dos *beneditos* e dos terceiros. O superior limitou-se a delegar aos envolvidos nos embates a resolução de seus problemas locais.

As discussões por conta das chaves e da posse da igreja seguiram ao longo dos anos cinquenta. Em correspondência publicada no *Correio Paulistano* (29 ago. 1856, p. 3), três meses após as eleições para a mesa administrava do ano de 1856, um irmão – que assinava com o codinome *Novo Cruzeiro de S. Francisco* – fez duras críticas aos rumos da Irmandade e às eleições daqueles que serviriam naquele ano, bem como, de modo particular, lançou um ataque pessoal ao secretário, o qual, segundo ele, havia fraudado as eleições em bem próprio: "um foragido arribado que appareceu aqui, sem nome e sem fortuna; porque era – captivo, querendo hoje pôr pea aos paulistas!" O irmão eleito para secretaria naquela reunião foi Luiz Delfino de Araujo, conhecido como Cuyabano. No livro de assentamento de irmãos (libertos)[57], seu registro aparece assim:

---

57. Ao pesquisar este livro, percebemos que há a inscrição "livro de irmãos libertos" nas suas primeiras páginas. Porém, logo em seguida, foram anotados nomes de irmãos brancos que, logicamente, não haviam passado pela escravidão, como é o caso do Barão de Iguape, que apresentaremos a seguir. O livro pode ter servido com um propósito inicial de anotar irmãos libertos trazidos de outros livros, como Luiz Delfino Cuyabano, e mudado sua função com o passar do tempo e as anotações subsequentes. Optamos por citar essa referência libertos entre parênteses quando nos referimos a este livro.

O irmão Luiz Delfino de Araujo Cuyabano alistou-se nesta irmandade em 1845 e tem pago até 1852, 1853, até 1857. Pagou até 1862. Rei aos 23 de maio de 1851-52. Irmão de mesa em 1852-53 em 1853-1854 – Secretário até 1857. Mandou trazer do Rio de Janeiro 1 paramento rico para a irmandade em 1853 dos quais nada lhe deve para ter sido denunciado[58].

Luiz Delfino parece ter sido um homem de personalidade forte. Desde o início de 1850, despontava como figura importante nos rumos que tomou a confraria. Seu nome foi encontrado em vários documentos, cartas e periódicos ao longo de quase toda aquela década, que revelar-se-á conturbada e significativa para os irmãos de São Benedito. Na mesma carta em que levantava acusações sobre Luiz Delfino fraudar as eleições, o *Novo Cruzeiro de S. Francisco* elencou aspectos sobre o irmão que lhe causava tanto furor e indignação, o que, para nós, traçam um perfil detalhado daquele confrade preto:

> Mas enfim Sr. Redactor, hoje que a nobresa e fidalguia anda por ahi tão baratinha; que ventura para certo mestre alfaiate que conhecemos! Pois já esta ennobrecido da cabeça até os pés. Da cabeça: que já carregou seus potinhos de agua tão pura e cristalina; ao romper da aurora com seus chinelinhos, suas calcinhas ordinárias, sua capinha chiripá ou não sei que diabo era! [...]. Quem é que vos metteu esses flactos na cachola? Serão os taes contos de contos com que tanto blasonaes? [...]. Não comprehendes que essa sombra terrível te segue passo a passo? Em vosso tumulo, embora ornado com luxo e magnificência aziatica, sempre se lera nas orlas da mais fina tela em que se envolva o teu nada – aqui jaz o mestre alfaiate Luiz que foi escravo da Sra. D. (CORREIO PAULISTANO, 29 ago. 1856, p. 3).

---

58. ACMSP. Irmandade do Glorioso São Benedicto. Livro de assentamento dos irmãos (libertos) (1846-1896), p. 49.

Luiz Delfino era mestre alfaiate e comerciante[59]. Em anúncio publicado no *Correio Paulistano* (19 set. 1854, p. 4), avisou aos clientes sobre o novo local de seu comércio, na Rua do Rosário – atual Rua XV de Novembro: "previne aos seus freguezes desta capital e assim aos de fora della, que mudou o seu estabelecimento de alfaiataria para a mesma rua do Rosario". Nascido em Cuiabá, nos primeiros anos da década de 1820, deve ter sido escravizado naquela região antes de chegar a São Paulo. Não foram encontrados registros que revelem seu ano de nascimento nem sua condição social anterior, mas sua cidade natal é citada no processo de casamento, realizado na Igreja Bom Jesus do Brás, no dia 11 de julho de 1857. Alistou-se na Irmandade ainda jovem, em 1845, e seguiu no anonimato até sua eleição como rei, na festa de 1851.

A partir do momento em que Cuyabano assumiu o cargo de rei (1851-1852), as coisas começaram a mudar. Julita Scarano (1978, p. 112) afirma que, em irmandades de pretos, ser rei ou rainha era algo importante. Ela pontua ainda que para os cargos ocupados obrigatoriamente pelos pretos, tanto fazia ser forro ou escravizado: "é o que acontece até com relação aos cargos mais honoríficos do rei e da rainha, que gozavam de imenso prestígio".

Teria Luiz Delfino Cuyabano, utilizando-se da tradição e da força que os reis negros adquiriram no Brasil ao longo dos séculos, se apropriando das chaves do templo no ano em que exerceu seu reinado? Para tentar responder a esta pergunta, é importante tratar das coroações de reis negros que ocorriam no Brasil desde

---

59. Em tese sobre trabalhadores pobres – em especial, mulheres negras e crianças órfãs ou retiradas de suas mães –, Marília Bueno de Araújo Ariza (2017) cita Luiz Delfino de Araujo Cuyabano em um caso de processo judicial no qual foi acusado de maus tratos a dois jovens órfãos. Um dos jovens em questão, empregado em seu comércio como aprendiz de alfaiate, acusou-o de lhe maltratar e de colocar sobre ele trabalhos mais pesados do que sua idade conseguia suportar.

os tempos coloniais. No final do século XVIII, elas passaram a se chamar ou a ser citadas, na maioria das vezes, como coroações do rei do Congo ou rei Congo, conforme destaca Elizabeth W. Kiddy (2008, p. 180)[60], ao discutir seu significado simbólico, social e cultural em confrarias católicas brasileiras e também fora delas.

Kiddy (2008, p. 165) fez um levantamento do histórico e da relevância que homens e mulheres eleitos reis e rainhas exerciam sobre a comunidade negra de um modo geral, e parte na defesa de que as suposições dos folcloristas antigos de que aqueles reis não tinham poder nenhum pode ser contrariada, uma vez que se vê ainda hoje a disseminação dessas práticas culturais e sua importância em diversas localidades:

> Reis africanos e afro-brasileiros desempenharam no Brasil muitas funções. Antepassados dos atuais reis do Congo apareceram na documentação como líderes eleitos em irmandades religiosas leigas e como participantes de festejos públicos dinásticos. Em outros casos, reis africanos e afro-brasileiros emergiram como líderes comunitários que supervisionavam associações de artesãos negros e diferentes grupos étnicos. Também desempenharam papéis importantes nos *mocambos* e *quilombos* e como cabeças de rebeliões. Em suma, reis afro-brasileiros serviram em uma variedade de funções, de chefes de revoluções violentas aos festejos de celebrações de reinados (KIDDY, 2008, p. 166).

A autora salienta também que a importância de eleições de reis e rainhas em irmandades de pretos foi tamanha que, por

---

60. Kiddy (2008, p. 167) faz uma importante distinção entre as coroações de reis africanos no Brasil desde o século XVII e as atuais coroações de reis do Congo. Segundo ela, "estudiosos misturam reis do Congo com *reis negros*, um termo mais geral para reis de quaisquer 'nações' ou etnias africanas. Por extensão, a literatura falha ao simplificar reis negros de uma ou outra etnia, incluindo a designação étnica de congo, dos reis com o *título* rei do Congo. Essa falta de especificidade tem levado estudiosos a chamar qualquer rei negro de Rei do Congo, até mesmo aplicando o termo em situações que datam muitas vezes de cem anos antes de sua aparição na documentação".

medo, em algumas regiões da colônia, as coroações e as nomeações foram proibidas pelas autoridades. Foi o caso da Capitania de Minas Gerais e São Paulo, onde o governador, o Conde de Assumar, baniu a coroação em 1720, por medo de rebeliões e revoltas. Nos Compromissos das irmandades da região, porém, ao longo do XVIII, assegura Kiddy (2008, p. 174), os confrades continuaram elegendo reis e rainhas à revelia.

Para reforçar o argumento de que o papel de reis e rainhas em irmandades de pretos não era insignificante, a autora cita a petição do vigário de uma vila perto de Mariana, datada de 1771 e endereçada ao governador de Minas Gerais. O padre que escreveu ao governador se chamava Leonardo de Azevedo Castro, e na carta relatava os abusos que os reis da Irmandade de Nossa Senhora do Rosário cometiam.

> Semelhante ao Conde de Assumar, cinquenta anos antes, Padre Leonardo queixou-se de que os títulos de rei e rainha eram "indecentes, abomináveis e incompatíveis" com a escravidão. Ele anexou uma série de documentos para provar o que, na sua opinião, mostrava o mal caráter dos negros. Em um exemplo, o rei foi até a cadeia ordenar a soltura de alguns prisioneiros. Quando o carcereiro pediu a ordem do juiz, o rei respondeu que ele não se importava como o que o juiz ordenara, que ele era o rei e ditava as ordens. Em outro exemplo, o rei e sua comitiva passaram por dois sapateiros que não queriam tirar seus chapéus nem levantar quando o grupo passava. Em resposta, os negros iniciaram uma briga que o chefe de polícia teve que apartar (KIDDY, 2008, p. 179-180).

Ao menos naquela vila de Minas Gerais, os reis das irmandades tinham noção do poder que exerciam sobre a comunidade negra e sobre seus descendentes. Quanto a Luiz Cuyabano, não sabemos se estava imbuído das mesmas motivações ou se utilizou a força do cargo para se apoderar das chaves da igreja. O que sabemos é que elas foram tomadas dos terceiros no ano de seu mandato como rei, a carta ao imperador também foi escrita naquele ano e as discussões posteriores surgiram ali. É bastante provável que Cuyabano soubesse da existência bem-sucedida de outros reinados de pretos.

Os pedidos feitos ao imperador, em 1852, seguiram nos anos subsequentes sem resposta alguma. Da parte do superior dos franciscanos, também nenhuma decisão foi tomada. Era necessário que alguém, ou um grupo, assumisse a causa e o governo da situação. Cuyabano, que depois do reinado ocupou também o cargo de secretário, responsabilizou-se pelo cuidado das chaves da igreja e pelos embates que se estenderam até o fim da década.

Os irmãos terceiros registraram a situação e a indisciplina de Cuyabano em uma carta, de 14 de julho de 1854[61], endereçada ao superior dos franciscanos na Corte e anotada no livro de atas da Ordem Terceira:

> [...] o Secretario Luiz Delfino de Araujo Cuiabano se tem tornado tão altaneiro, que nenhuma obediência quer prestar. [...] Querendo o Revm. Comissário evitar tantos abusos, mandou, que a chave da Igreja passasse a ser entregue ao Procurador da Ordem, como era antigamente; respondeo o secretário, que não entregava, e estava prompto a sustentar esta demanda.

Dias antes de a missiva ter sido encaminhada, no entanto, o *Correio Paulistano* (1 jul. 1854, p. 3) havia publicado algo oposto. Um texto, assinado simplesmente por *um irmão*, fazia elogios ao lisongeiro estado de florescimento da Irmandade do Glorioso São Benedito, a alguns personagens de vulto que dela faziam parte – "as illustres famílias Jordão e Galvão, as quaes por não poucas vezes virão eleito para juiz das festividades annuaes alguns de seus membros" –, além de "iguaes elogios tecer ao Sr. Dr. Chaves e ao Exm. Barão de Iguape, duas principais columnas da Irmandade". As

---

61. AOTSFSP. Livro de actas. Termos de posse dos irmãos (1792-1863). 14 jul. 1854, p. 148.

linhas seguintes enalteceram o secretário: "cumpre-nos porém não passar em silencio o nome do actual secretário, o Sr. Luiz Delfino de Araujo Cuyabano, que não tem poupado sacrifícios a seu alcance para elevar essa Irmandade ao estado em que se encontra hoje".

Dias depois, uma outra publicação, no mesmo *Correio Paulistano* (18 jul. 1854, p. 2), reafirmava a legitimidade da Irmandade sobre a Igreja do Convento de São Francisco e das discussões que pareciam ser uma prioridade da confraria naquele ano. A nova carta era amparada pelo anonimato e recordava a presença centenária dos irmãos naquele espaço de culto, bem como desafiava o padre comissário da Ordem Terceira, que já há alguns anos questionava a presença deles naquele lugar:

> Sem entrarmos porém na questão de saber qual é o legitimo proprietário da igreja do convento de S. Francisco (que em nossa humilde opinião entendemos ser a Irmandade de S. Benedicto pela posse de quase um século, senão mais) somente nos occuparemos de provar que o commisario da Veneravel Ordem 3ª de S. Francisco não tem os direitos que se quer arrogar sobre esta Irmandade.

Os irmãos estavam passando mesmo por um período de mudanças significativas na administração da Irmandade, e já haviam adquirido alguns bens para a igreja e para o seu cemitério particular. É por isso que, além do pedido feito em 1852, para que oficialmente fossem reconhecidos administradores da igreja, também decidiram realizar, em 1854, um inventário completo de alfaias, móveis e utensílios que lhes pertenciam. Tratava-se da primeira vez que os bens adquiridos e mantidos sob seus cuidados eram listados em um relatório oficial aprovado pela municipalidade[62].

---

62. Esta afirmação se baseia nos inventários de bens da Irmandade de São Benedito encontrados no Arquivo da Província Franciscana da Imaculada Conceição do Brasil. Foram localizados alguns inventários realizados entre meados do século XIX e o início do XX. O primeiro deles é de 1º de janeiro de 1854.

Ao analisarmos o levantamento, constatamos a preocupação dos irmãos em deixar claro os bens que lhes pertenciam e os que eram de direito dos franciscanos. No documento de 1854[63], contendo onze páginas, há três divisões: 1) Inventário das alfaias, móveis e utensílios pertencente a Irmandade de S. Benedicto e que estão a cargo do Ir. Procurador e Sacristão; 2) Inventário das alfaias e móveis e utensílios pertencente ao Convento de S. Francisco cujos estão a cargo da Irmandade de S. Benedicto responsável pelo Ir. Procurador e sacristão por concessão do Rev. Com. Visitador Frei João de S. Aleixo Barreto, existem ocupando nesta irmandade; e 3) Dadivas que fizerão por ocasião da festa [...].

A questão das chaves, que já se arrastava por dois anos, e o inventário dos bens devem ter incomodado ainda mais os terceiros, pois, no começo de 1855, Luiz Delfino precisou escrever no *Correio Paulistano* (10 jan. 1855, p. 2-3) para se defender de acusações: "alguns irmãos da venerável Ordem Terceira de S. Francisco procurão indispor-me com a mesma Ordem, manejando intrigas, para fins particulares muito alheios aos interesses da Ordem, e da irmandade de S. Benedicto". No mesmo texto, cita os pedidos de devolução de algumas alfaias e da chave da porta principal da igreja, feitos pelos terceiros, e a dificuldade em reunir os membros da mesa administrativa para decidirem o que fazer.

Embora as acusações fossem dirigidas a Cuyabano, ele não estava sozinho na empreitada pela posse do templo. O fato de a mesa "não conseguir" se reunir ao longo de meses, para discutir a devolução das chaves e das alfaias, pode refletir a intenção da maioria da mesa administrativa em não obedecer às ordens dos terceiros e de seu padre comissário. Contando com

---

63. APFICB. Inventário das alfaias, móveis e utensílios pertencente a Irmandade de S. Benedicto e que estão a cargos do Ir. Procurador e Sacristão estando presente o Secretário, Procurador e Sacristão. 1 jan. 1854. Pasta 15.5. Documentos diversos.

o apoio de nomes influentes da sociedade paulistana naqueles meados de 1850, como o Barão de Iguape[64] e o Barão de São João do Rio Claro[65], a Irmandade de São Benedito prosperou, ganhou autonomia e liberdade administrativa, a ponto de se recusar a devolver as chaves e as solicitadas alfaias, além de elaborar, naquele mesmo ano, o que seria um de seus maiores feitos e o rompimento definitivo com os terceiros: o novo Compromisso da Irmandade.

2.3 O Compromisso de 1855

Desde 1772, os irmãos de São Benedito eram regidos por um Compromisso elaborado por ocasião da criação da confraria – aliás, a elaboração de um documento desta natureza era é um dos critérios para aprovação das associações leigas. Aquele primeiro documento não chegou até nós, impossibilitando a pesquisa sobre seu conteúdo, mas sabemos de sua existência porque é citado no inventário de 1854, mencionado há pouco. Naquela ocasião, o velho Compromisso estava sob os cuidados

---

64. Seu registro aparece assim: "O irmão Coronel Antônio da Silva Prado – Barão de Iguape. Aos 9 de junho de 1848 alistou-se nesta irmandade o Coronel Antônio da Silva Prado, sujeito a cargos, e pagou a entrada, do que fiz interino [...] Joaquim Firmino de Castro, secretário o escrevi. 1848 entrada. 1849, 1850, 1851, 1852. Provedor em 1875. Falecido em 17 de abril de 1875. Protetor em 1850-51, 1851-52. Juiz em 1853-54. Protetor em 1854-55, 1855-56, 1856-57". ACMSP. Irmandade do Glorioso São Benedicto. Livro de assentamento dos irmãos (libertos) (1846-1896), p. 48.

65. No mesmo livro, se lê: "Excelentíssimo Barão de São João do Rio Claro (Amador Roiz de Lacerda Jordão) é irmão antigo, sujeito á cargos e está pago até 1856 o respectivo anual de 320fr. Irmão de mesa de 1872-73. Foi juiz em 1856-1857, em 1857-1858. Mesário em 1863-64. Juiz em 1864-65. Reeleito em 1866-1867. Por deliberação da mesa em sessão de 2 de janeiro de 1867 foi lhe conferido o título de ir. Protector pelos relevantes serviços que há prestado a irmandade. Mesário em 1867-68. E em 1871-1872". ACMSP. Irmandade do Glorioso São Benedicto. Livro de assentamento dos irmãos (libertos) (1846-1896), p. 76.

do secretário Cuyabano: "livros em poder do secretário: 1 Compromisso velho com 21 artigos, com 9 folhas"[66].

Quando a irmandade foi oficializada, na segunda metade do século XVIII, os irmãos se encontravam sob a tutela dos frades franciscanos, que viviam no convento. Já quando o novo documento foi elaborado, em 1855, a situação era outra. O novo Compromisso surgiu para legitimar reivindicações e ditar regras, deveres e disposições dos irmãos a partir dali. Confirmado pela Igreja e pelo Governo Imperial, em 23 de outubro de 1855[67], ele confirmava aos irmãos pretos sua autonomia em relação ao espaço, às festas e aos enterros.

A carta de aprovação, reproduzida na íntegra no *Correio Paulistano* (26 out. 1855, p. 2-3), assinada pelos responsáveis legais, confirmava que o documento já havia sido aprovado pela Igreja e que a parte civil, analisando os diferentes artigos, concluiu que "nenhuma de suas disposições se oppunha ás leis em vigor, nem offerecia algum outro inconveniente", razão pela qual Antonio Roberto de Almeida, vice-presidente da Província de São Paulo, atestou: "resolvi, usando da attribuição que me confere a lei provincial número cinco de vinte seis de fevereiro de mil oitocentos e quarenta, confirmar, como por esta confirmo, o dito compromisso".

A escolha do momento para a elaboração do novo Compromisso também não se deu por acaso. Alguns meses antes daquele outubro de 1855, os franciscanos e as ordens regulares, de um modo geral, em todo o Brasil, sofreram o seu maior revés: o decreto promulgado pelo Ministério da Justiça, em 19 de maio do

---

66. APFICB. Inventário das alfaias, móveis e utensílios pertencente à Irmandade de S. Benedicto e que estão a cargos do Ir. Procurador e Sacristão estando presente o Secretário, Procurador e Sacristão. 1 jan. 1854. Pasta 15.5. Documentos diversos.

67. O novo Compromisso da Irmandade de São Benedito encontra-se transcrito, na íntegra, no final deste livro (Anexo).

mesmo ano, com o qual o Governo Imperial proibia as ordens de receberem noviços em todo o território nacional, apoiado em leis que já vinham sendo implementadas.

Também naquele ano, personagens de renome na história paulistana orbitavam em torno dos cargos mais importantes da confraria, como o Barão de Iguape, que era protetor em 1855, bem como o Barão de São João do Rio Claro, que assumiu o cargo de juiz em dois mandatos consecutivos após a aprovação do Compromisso (1856-1857 e 1857-1858).

Não é nossa pretensão detalhar os pormenores de algumas presenças na confraria durante os anos estudados. Contudo, gostaríamos apenas de observar que, para chegar ao feito da aprovação de um novo documento oficial, que dava legitimidade a suas funções num espaço religioso, algumas personalidades podem ter sido determinantes. Entre elas, o Coronel Antônio da Silva Prado, o Barão de Iguape, que aparece cinco vezes elencado como protetor e uma vez como juiz da Irmandade, de 1850 a 1857. Quando o inventário das alfaias foi realizado, em 1854, por exemplo, Antônio Prado era juiz; já em 1855, ano em que foi elaborado o novo Compromisso, estava à frente da confraria o bacharel em direito Diniz Augusto de Araújo Azambuja, casado com Brasilia da Silva Prado Azambuja – membro, portanto, da família Prado.

Até mesmo Luiz Delfino, irmão preto que temos apontado como testa de ferro dos embates entre os terceiros e a Irmandade, pode ter tido alguma ligação com a família Prado. No prefácio do livro *O Barão de Iguape: um empresário da época da independência*, escrito por Maria Thereza Schorer Petrone, Sérgio Buarque de Hollanda (1976, p. XVII-XVIII), ao fazer alguns apontamentos sobre o barão e sobre sua família, afirma que também ele chegara a tentar a fortuna em Mato Grosso e Goiás, mas, com o declínio das minas, só conseguiu perder ali o pouco que tinha de seu. Na sequência, diz que não apenas Antônio

Prado havia passado por lá, mas também o brigadeiro Jordão e o capitão Eleitério da Silva Prado, seus tios, assim como um primo, Antônio de Queirós Teles, e pelo menos dois outros parentes próximos que se fixaram no Cuiabá, onde constituíram família e deixaram descendência. O irmão Cuyabano chegou a São Paulo por intermédio dessa família? Foi ele escravizado da família Prado? Recebeu de algum deles a alforria? Perguntas por enquanto ainda sem resposta, mas que podem revelar certo grau de proximidade entre esses personagens.

Antônio Prado, a quem Petrone chamou de empresário, formou riqueza com o comércio de gado e muares ao longo da década de 1820, depois de ter retornado de tentativas de enriquecimento em Goiás, Mato Grosso e Bahia. Ao voltar a São Paulo, em princípios do século XIX, o futuro Barão de Iguape investiu no comércio de animais e nos tributos cobrados sobre esse tipo de transação comercial no entreposto – localizado em Sorocaba – entre o mercado produtor (Paraná e Rio Grande do Sul) e o mercado consumidor (Rio de Janeiro). Afirma Petrone (1976, p. 157):

> [...] foi de grande importância a participação de Antônio da Silva Prado no conjunto do comércio de gado na Província de São Paulo, pois nos anos em que negociou com gado bovino era dono de mais da metade dos animais registrados nos livros do "novo imposto", como aconteceu em 1820 e 1821, quando contava com cerca de 4.000 reses.

Na final da década de 1840, já com fortuna consolidada, Prado recebeu, por decreto imperial, o título de barão, o primeiro com a grandeza de Iguape. Naquele 1848, no alto de seus 70 anos, alistou-se na Irmandade de São Benedito. Pouco tempo depois, exerceu uma série de cargos importantes em seu âmbito, como os de juiz e de protetor, em 1854 e em 1855, respectivamente, justamente os anos envoltos nas grandes discussões pela posse do espaço e dos bens da Igreja do Convento de São Francisco. Seu nome figurou entre os irmãos até 1875, ano de sua morte, quando exercia a função de provedor.

A influência da família Prado sobre os negócios da Irmandade e sobre seus membros foi imprescindível naquele momento de decisões, bem como o de seus parentes contemporâneos e futuros. Contudo, cabe-nos, aqui, voltar a atenção novamente para os sensíveis progressos que os irmãos pretos obtiveram com a aprovação de seu novo Compromisso.

Entre os diversos direitos e deveres elencados no documento, alguns temas relevantes para a vida da confraria naquele momento, como o cuidado com a abertura e o fechamento das portas da igreja, foram citados mais de uma vez, revelando a importância que as discussões em torno da posse das chaves, nos anos anteriores, tiveram em sua elaboração. O cuidado com asseio, zelo e empréstimos de objetos foram delegados ao irmão sacristão – como se vê no Capítulo IV, artigo 21, parágrafo 5º, era ele o responsável por abrir a porta do templo todos os dias as horas designadas para celebrar-se o Santo Sacrifício da Missa, e todas as mais occasiões que forem precisas. Ao irmão procurador (Cap. IV, art. 30, § 2º), uma importante função dentro da confraria, cabia:

> Providenciar que o secretario conserve o templo, e mais objectos a seu cargo com aceio, e que abra a porta da igreja todos os dias ás horas designadas para celebrar-se o Santo Sacrificio da Missa, e todas as mais occasiões que forem precisas.

Além da ênfase no cuidado das chaves e no asseio, o documento, em alguns de seus artigos, como os de números 15, 20, 21 e 23, pondera sobre a administração dos bens e as arrecadações da Irmandade. Para se autossustentarem, os irmãos precisavam angariar doações, organizar festas e gerir os recursos recebidos, como era praxe em todas as confrarias autônomas. Sendo assim, coube ao irmão guarda e zelador das alfaias (cap. IV, art. 23, § 1º), por exemplo, a tarefa de "receber por inventario as alfaias da irmandade, pelas quaes é responsável, assim como pela cêra e reditos dos caixões".

Em relação aos cativos, talvez estejam nesse Compromisso algumas das mais importantes iniciativas. Ao deliberar sobre o tema, contudo, o documento tem a cautela de advertir sobre o direito de propriedade sobre a escravaria, para que os irmãos não fossem punidos e não tivessem problemas com os senhores de escravos: "Não alistar na irmandade pessoas captivas sem licença por escripto de seu senhor, cujas licenças serão numeradas, em massadas por annos, e archivadas" (Cap. IV, art. 18, § 7º).

De qualquer forma, o novo Compromisso é inovador pelo fato de acrescentar um capítulo, o sétimo, exclusivamente sobre a ajuda aos irmãos mais pobres e sobre a arrecadação de verba para compra de alforria dos irmãos cativos. Composto de sete artigos, tinha como título *Da criação de uma caixa pia da irmandade* e legislava sobre alforrias e outros diversos auxílios. Os fundos para tais benfeitorias deveriam ser arrecadados com as doações dos irmãos, as esmolas nos cofres da igreja, a "deducção de 10 por cento da arrecadação que fizer a irmandade em cada anno", as multas pecuniárias impostas aos irmãos pelo próprio Compromisso e, enfim, com doações e esmolas feitas diretamente na caixa pia, que ficaria o ano todo dentro da igreja (Cap. VII, arts. 46 e 52).

Vale reforçar que o conteúdo do capítulo sétimo do novo documento foi relevante para a vida das irmãs e irmãos pretos e pobres. Estavam inclusos ali o socorro dos irmãos pobres e enfermos, conforme estado e circunstâncias da caixa e a ajuda com despesas de médico e botica. Enfim, o Compromisso garantia: "a meza poderá também concorrer com a quantia que julgar conveniente (quando o cofre o permitir) para a liberdade de qualquer irmão a quem faltar meios"; e que, "avista da circumstancia do irmão, ou irman, dará por empréstimo o dinheiro necessário para a sua liberdade, exigindo do beneficiado que vá pagando em commodas prestações a quantia que lhe fôr dada" (cap. VII, arts. 51 e 52).

Consta no livro de receitas e despesas que a caixa pia foi criada e colocada no corpo da igreja logo depois de aprovado o Compromisso. O documento detalha os pormenores de sua feitura e execução:

> Nas contas apresentadas do anno de 1855 á 1856 ve se af. 57 do livro de contas sob nº 33 o pagamento ao carpinteiro de fazer e collocar a referida caixa pia 5$000. Ve se mais sob o documento nº 34 para pertences da mesma 1$380 e sob o documento nº 35 para pintura da mesma 2$000 (total 8$380). Ficando assim estabelecido, ve se que ella principiou a ter vida pela sua colocação na Igreja no dia 27 de abril de 1856, e logo depois af. 58 do livro de prestação de contas recolhidos á mesma Caixa os 10 por cento deduzidos da quantia de 481$260 da arrecadação feita pela Irmandade na festa desse anno, como prova o documento nº 66 (48$130)[68].

Não tivemos acesso a nenhum documento capaz de comprovar que a arrecadação tenha sido usada em algum momento para compra de alforria ou como ajuda aos irmãos pobres e enfermos. O que se pode afirmar, contudo, é que a caixa e seus recursos estiveram envolvidos em longas discussões alguns anos depois, quando uma mesa administrativa resolveu auditar as contas da Irmandade, de 1858 até 1862. Ao procurador na época, Benedicto Joaquim Taborda, foram atribuídas várias despesas malfeitas, inclusive com o dinheiro que provinha da caixa pia.

Outro ponto importante do Compromisso de 1855 está no capítulo nono, que delibera sobre a organização e a execução das festas da Irmandade. A do santo orago, São Benedito (art. 57), já ocorria todos os anos e era normalmente administrada por eles.

---

68. APFICB. Irmandade do Glorioso São Benedicto. Livro de receitas e despesas (1858-1886), p. 18-19. Pasta 15.5. Documentos diversos.

O que há de diferente no novo documento é a inclusão da festa do Santo Padre, o patrono da igreja, São Francisco de Assis (art. 60). Os referidos artigos estipulam: "a festa do Glorioso S. Benedicto será feita todos os annos na dominga inf. oct. da Ascenção de Nosso Senhor Jezus Christo" e "a festa do Santo Padre será considerada como festa da irmandade, marcando se para ella a quantia de sessenta e quatro mil réis, além do que derem os devotos".

O protagonismo sobre a festa de São Francisco foi mais um motivo de problemas e intrigas com os terceiros. Para estes, o fato de quererem legislar sobre a festa era uma tentativa de os *beneditos* não se manterem sob sua guarda. Ao responderem a um ofício encaminhado pelo irmão secretário Luiz Delfino, em 1856, convidando para a festa de São Benedito e pedindo emprestados o andor e a imagem do Santo Padre, os terceiros citaram o novo Compromisso dos irmãos pretos como motivo para declinar do convite.

> Occorre mais que pelo Compromisso d'essa Irmandade approvado em 23 de outubro do anno próximo passado procurou ella, tornar-se independente da inspecção e direcção da Venerável Ordem 3ª, fazendo-se cargo até da festividade do Santo Padre[69].

Além de se recusarem a emprestar o andor e a imagem, os terceiros ainda levantaram novamente as acusações sobre a legitimidade dos *beneditos* em relação à posse e à administração da igreja:

> Pelo que respeita a prestar o andor do Santo Padre, cumpre notar que se uma ou digo se a Veneravel Ordem 3ª o fez sahir uma ou outra vez na procissão do Glorioso São Benedicto, tido teve cabimento então por que a Irmandade se achava sob sua inspecção e direcção e cuja Estola era a d'esta Ordem, em consequência

---

69. AOTSFSP. Livro de actas. Termos de posse dos irmãos (1792-1863). 1º maio 1856. p. 16.

da entrega da Igreja, que lhe mandou fazer o Governo Imperial em 1828 pela retirada dos Religiosos Franciscanos, que exerção a mesma inspecção e direcção sobre a referida Irmandade, mas hoje que ella funciona em virtude dos seus Estatutos, e nos actos que lhe são privativos independe d'esta inspecção e direcção, posto que se entenda ainda ser necessária uma decizão do Governo Imperial a respeito da occupação do Templo pela referida Irmandade com independência da Veneravel Ordem 3ª, parece ter cessado o motivo plausível para a prestação do andor do Santo Padre, e por isso entende que se deve abster da continuação de semelhante condescendência, até por que daria direito á outras Irmandades para fazerem a mesma requizição[70].

Não foi sempre assim. O empréstimo da imagem do Santo Padre era algo comum entre as duas confrarias, tendo ocorrido sem problemas até a festa de 1855, meses antes da aprovação do novo documento. Depois disso, o costume só seria retomado na década de 1860, quando a administração e a execução da festa de São Francisco foram assumidas por outro grupo, criado em 1861: a Irmandade Acadêmica de São Francisco de Assis[71].

2.4 O acidente da cor preta

No dia 27 de junho de 1859, um comunicado publicado por um irmão de mesa no *Correio Paulistano* relatava, em tom melancólico, a situação pela qual passava a Irmandade de São Benedito nos últimos anos da decisiva década de 1850. Da carta um tanto longa, um trecho nos parece significativo:

> A poucos annos todos os irmãos reconheciam que **as cores são accidentes da natureza**, e que ouvidos em

---

70. Ibid.

71. O surgimento da Irmandade Acadêmica de São Francisco de Assis será melhor discutido no terceiro capítulo.

suas invocações pelo glorioso Santo, se tinham incluído no numero dos irmãos com o fim de fazerem-lhe com que testemunhar sem o agradecimento em que estavam de terem sido soccorridos em suas aflições por Benedicto, preto, mas o grande de Palermo. Em consequência fazia gosto ver no venerável dia da festividade deste Santo, o lusido concurso de tudo quanto havia de grande e nobre nesta cidade, frequentando as novenas, festa, e na procissão à tarde nivelando-se nas alas com seus irmãos menores, e concorrendo deste modo para tornar mais brilhante e majestoso tão respeitável acto (CORREIO PAULISTANO, 27 jun. 1859, p. 3, grifo nosso).

O discurso sobre os acidentes das cores não foi uma invenção do irmão que escreveu a missiva. Ao menos um século antes dela, frades carmelitas e franciscanos, engajados no processo de catequização da comunidade negra – como apontamos no primeiro capítulo –, já utilizavam esse tipo de argumento nas hagiografias, a fim de exaltar negros e negras e grifar a questão da cor como uma condição que não impedia homens e mulheres de suplantarem a questão epidérmica através de boas ações e gestos heroicos, como aconteceu com Elesbão, Efigênia, Benedito, entre outros.

Essa temática foi aprofundada por Anderson José Machado de Oliveira (2007, p. 381), que comparou obras do século XVIII, assinadas por Frei José Pereira de Santana (carmelita) e Frei Apolinário da Conceição (franciscano), sobre santos negros, e encontrou exatamente os mesmos argumentos utilizados para legitimar a santidade de homens e mulheres "de cor". Apesar dos acidentes das cores, entendidos aqui como as oposições entre bem/mal, graça/desgraça, associadas às cores branca e preta, respectivamente, o autor aponta que, para a mentalidade do oitocentos e no dizer daqueles religiosos, o castigo acidental da cor preta poderia ser superado através de uma vida virtuosa conduzida dentro dos parâmetros da fé.

Ao escrever a carta publicada no jornal, o irmão de mesa parecia querer reforçar a ideia de que brancos e pretos podiam conviver juntos na mesma irmandade, porque as cores não os impediam de buscas comuns, de objetivos santos e do progresso da confraria. A situação, porém, demonstra ter sido difícil para os irmãos de São Benedito, por conta das discussões em torno da posse das chaves da igreja, das alfaias e dos bens e em razão do novo Compromisso.

Embora o discurso sobre as cores dos santos negros, elaborado no século anterior, ainda coubesse para tentar igualar a participação de brancos e pretos em uma mesma confraria, o que nos parece é que houve um contexto mais amplo que resultou nos problemas locais apontados. No fim das contas, o que se viu como resultado final foi o enfraquecimento da participação de brancos ricos nas festas promovidas pelos pretos no Largo São Francisco.

Não pretendemos subjugar aqui as hipóteses sobre a diminuição de participação dos brancos na Irmandade de São Benedito em decorrência da criação de uma nova irmandade, na década de 1860. Também não subjugamos as constantes tentativas de intromissão da nova associação nos negócios da irmandade de pretos, bem como os sucessivos embates empreendidos contra ela pelo padre comissário dos terceiros. No entanto, gostaríamos de recorrer a algumas considerações feitas por Hebe Mattos (2013), que nos ajudaram a olhar com outras lentes para o contexto social do Sudeste escravista de meados do século XIX e a entender o que se passava em São Paulo quando o irmão de mesa escreveu aquele texto enviado ao jornal. O debate proposto pela autora a respeito do silenciamento das cores nos documentos elaborados em meados daquele século revela uma mudança de mentalidade no crepúsculo do regime escravocrata.

Partindo da premissa de que, no período colonial, os termos negro e preto eram sinônimos de condição escrava, agregando-

-se a eles os pardos, que poderiam ser livres ou forros, o termo branco estava automaticamente ligado à condição de liberdade. O que Mattos (2013, p. 103) observou é que, a partir da metade do XIX, com o crescente aumento de negros livres e libertos, principalmente após 1850, a identidade branca entre os homens livres torna-se progressivamente fragilizada. Não definir a cor, assim, passou a relacionar-se com cidadania e liberdade.

> O crescimento demográfico de negros e mestiços livres, que respondiam em 1872 por 43% da população total do Império, em grande parte tributário do recrudescimento da prática de compra de alforrias, já não permitia perceber os não brancos livres como exceções controladas. Também a extinção do tráfico atlântico de escravos e o encarecimento do preço do cativo que lhe sucedeu não apenas inviabilizaram a aquisição de novos cativos para muitos antigos senhores, como também frequentemente estes levaram a se desfazer daqueles no quadro de intensificação do tráfico interno que sucedeu ao tráfico atlântico (MATTOS, 2013, p. 102).

A noção de cor herdada do período colonial ia muito além da pigmentação da pele, pois definia lugares sociais, nos quais etnia e condição estavam indissociavelmente ligadas (MATTOS, 2013, p. 106). O que ocorreu, décadas depois, na metade do período imperial, quando as condições sociais começaram a ser dissociadas das cores, foi um silenciamento em relação à cor da pele nos documentos, nos processos judiciais e até mesmo nos registros eclesiásticos. Para Mattos (2013, p. 106-107), a cor inexistente, antes de significar apenas branqueamento, era um signo de cidadania na sociedade imperial, para a qual apenas a liberdade era precondição. Assim,

> [...] o crescente processo de indiferenciação entre brancos pobres e negros e mestiços teria levado, por motivos opostos, à perda da cor de ambos. Não se trata necessariamente de branqueamento. Na maioria

dos casos, trata-se simplesmente de silêncio. O sumiço da cor referencia-se, antes, a uma crescente absorção de negros e mestiços no mundo dos livres, que não é mais monopólio dos brancos, mesmo que o qualificativo "negro" continue sinônimo de escravo, e também a uma desconstrução social de uma noção de liberdade construída com base na cor branca, associada à potência da propriedade escrava.

Nessa perspectiva, os brancos dos altares da Igreja do Convento de São Francisco de São Paulo sociedade paulistana podem ter tentado se afastar do grupo de pretos do Largo, a fim de reforçar sua branquitude. Pouco depois, criaram uma nova confraria, composta majoritariamente por homens brancos, que ocupava a mesma igreja e administrava as festas e as procissões de São Francisco, exibições públicas nas quais os negros não eram bem-vindos.

Houve, assim, uma nítida separação entre as festas e as procissões promovidas pelos pretos, das quais os brancos participavam em minoria, e aquelas promovidas pelos brancos. A mesma carta citada há pouco, escrita pelo irmão de mesa, que reforçava a questão do acidente da cor, sublinha o sumiço dos brancos nas festas de São Benedito:

> De certo tempo para cá desappareceu quase q'inteiramente o desejo de concorrerem à festa e procissão os grandes da irmandade, porque julgam que não devem acompanhar estes actos, d'envolta com os pretos, pequenos etc. É isto certamente um erro, porquanto a irmandade é dos homens pretos, e por devoção e humildade é que os brancos nella se vão alistar, pelo que não devem considerar a aquelles como os Efrateos consideravam os de Galaad – isto é como bastardos, e obscuros, e dignos de todo desprezo. É porém justamente isso que acontece; ha na irmandade de S. Benedicto Efrateos, (nome de que se serve S. Agostinho quando quer mostrar irmãos contra irmãos: Sant Velute. Efratxi dolore in fratis insurgentes) isto é **irmãos**

que se despresam de andar com seus irmãos menores em publico, donde acontece não haver mais aquelle antigo brilhante concurso nas procissões, e ir esfriando tanto uma das festas mais solemnes que se celebrava nesta cidade, que não é possível deixar de ser estranhável o indiferentismo que se divisa nas festas do grande Santo, muito principalmente nas procissões (CORREIO PAULISTANO, 27 jun. 1859, p. 3, grifo nosso).

A separação racial nas festas de São Francisco e de São Benedito foi tamanha que, três anos depois daquela missiva, o *Correio Paulistano* (28 out. 1862, p. 2) publicou um relato um tanto curioso sobre as celebrações no Largo São Francisco:

Antes de hontem teve lugar a festividade de S. Francisco de Assis, feita pela Irmandade Academica. Esteve solemne e brilhante, e muito concorrida.

Á tarde percorreu as ruas a procissão com regularidade e ordem que tanto se tem pedido. As alas não estavam desertas.

O que mais applaudimos foi a fiel execução do regulamento das procissões, á cargo da policia. Não se observou o escandaloso costume de irem pessoas entre as linhas dos irmãos, e as casas, e o bando de moleques, como que fazendo parte do préstito religioso. Ouvimos dizer que um preto, que não tolerava a presença da força que a policia mandou para policiar a procissão, arrancou de um canivete, e quiz ferir um soldado. Fugio no acto de ser preso, sendo dada a ordem de prizão.

Lembremos que o Compromisso de 1855 havia deliberado que a realização das festas de São Benedito e de São Francisco seriam responsabilidade da Irmandade de São Benedito, mas anos depois a organização da segunda lhes foi tomada. Não podemos nos esquecer também que, da década de 1850 em diante, começaram a vigorar, nas cidades brasileiras, alguns conjuntos de normas que visavam, em última análise, a um maior controle social do governo e da polícia sobre as camadas mais empobrecidas da população, de modo particular sobre pretos e pardos, libertos ou escravizados. Um dos primeiros conjuntos de documentos processuais emitidos pela Polícia do Império contra indivíduos que apresentassem comportamento intolerável foram os termos de bem viver[72].

À medida que as camadas populacionais de pretos, pardos e brancos pobres livres aumentavam nas cidades, também aumentavam as leis restritivas para manutenção da ordem. No grande guarda-chuva do crime de vadiagem, por exemplo, eram enquadrados a embriaguez, a mendicância, os jogos de capoeira e a ociosidade, como afirma Renata Ribeiro Francisco (2018, p. 242). Tais mudanças, em processamento no Brasil e, evidentemente, na cidade de São Paulo, devem ter afetado o dia a dia da Irmandade de São Benedito. Talvez seja por isso que o *Correio Paulistano* (28 out. 1862, p. 2) deu destaque à informação sobre a festa de São Francisco ter sido realizada com solenidade e bem concorrida, mas com a presença nada amigável de um preto que não tolerava a força policial nas procissões.

Se este preto era irmão de São Benedito, se suas motivações eram políticas ou religiosas, se ele foi preso ou não, não conseguimos responder. A afirmação, contudo, da presença de um negro descontente com imposições policiais em uma procissão religiosa branca é, no mínimo, um sinal externo de que algo bem maior estava acontecendo na sociedade. As cores, porém, continuaram definindo os parâmetros sociais.

---

72. Embora concentre sua pesquisa sobre os termos de bem viver das décadas de 1870 e de 1880, Eduardo Martins (2003) mostra que, desde a década de 1830, havia leis regulamentares destinadas a pessoas pobres (pretos e pardos, em sua maioria), amparadas no *Código de Processo Criminal* e *no Código de Processo Criminal em Primeira Instância*, de 1832. A criminalização do vadio, do bêbado e da prostituta, puníveis com prisão, também é observada por ele.

2.5 "Adrede preparada afim de privarem os homens pretos daquella corporação"

A citação que dá título a este tópico foi retirada de carta publicada pelo *Correio Paulistano* (2 ago. 1870, p. 3), na qual é denunciada uma tentativa de intervenção na Irmandade de Nossa Senhora do Rosário dos Homens Pretos de São Paulo. Antes de tratarmos deste particular, porém, é importante dizer que não foi apenas no Rosário dos Pretos que interesses escusos buscaram interferir na administração. A Irmandade de São Benedito enfrentou problemas parecidos por mais de uma década.

Desde os anos finais de 1850, a situação não era favorável para os *beneditos*. Durante aquele período, membros da Irmandade foram afastados ou se afastaram do dia a dia da confraria, acusados de desvios e de má administração. Um deles foi o próprio irmão secretário Luiz Cuyabano, que, após terminar seu mandato, em 1857, saiu de cena e só voltou a aparecer nos documentos oficiais em 1862, sendo acusado de cobrança indevida: "mandou trazer do Rio de Janeiro 1 paramento rico para a irmandade em 1853 dos quais nada lhe deve para ter sido denunciado"[73].

Naquele 1862, Cuyabano já não mais fazia parte da Irmandade. Seu nome aparece nos jornais como secretário interino da Sociedade Artística Beneficente de Auxílios Mútuos[74], que tinha como presidente, à época, Luiz Gonzaga Pinto da Gama[75]. Três

---

73. ACMSP. Irmandade do Glorioso São Benedicto. Livro de assentamento dos irmãos (libertos) (1846-1896), p. 49.

74. A *Sociedade Artística Beneficente de Auxílios Mútuos de São Paulo* nasceu como a grande maioria de suas congêneres, em meados do século XIX. Tinha por objetivo o auxílio a seus membros, muito parecido com o modelo das irmandades católicas, mas sem vínculo com alguma igreja ou com clérigos. Para saber mais sobre as associações mutualistas ou sociedades de ajuda mútua, cf. Cruz (2015).

75. Poeta, escritor, abolicionista, advogado dos escravos. Um dos principais nomes da luta abolicionista no Brasil do século XIX. A importância de Luiz Gama para a Irmandade de São Benedito será discutida adiante. Para saber mais sobre sua vida, cf. Ferreira (2011).

anos depois, foi recolhido como demente junto ao Hospício de Alienados da capital, onde morreu em 1867.

A missa de sétimo dia pela alma do ex-confrade foi anunciada na imprensa, e apesar de ele não figurar mais entre os membros da Irmandade de São Benedito, a celebração ocorreu na igreja por eles administrada:

> D. Maria Leonarda, summamente agradecida áquellas pessoas que praticarão o acto de caridade e religião, acompanhado ao ultimo jazigo o seu muito prezado esposo Luiz Delfino de Araujo Cuyabano: **convida-as novamente á ouvirem a missa do 7° dia, que, para descanço da alma do finado, manda celebrar na igreja de S. Benedicto**, segunda feira 10 do corrente, às 8 horas da manhã" (DIÁRIO DE S. PAULO, 9 jun. 1867, p. 3, grifo nosso).

Quase dez anos depois de sua saída – ou de ter sido retirado – da Irmandade de São Benedito, e três anos após sua morte, na carta escrita por um irmão de mesa da Irmandade de Nossa Senhora do Rosário dos Homens Pretos, mencionada na abertura deste tópico, o nome de Cuyabano é evocado como exemplo, para ilustrar fatos ocorridos no passado em irmandades de pretos da cidade. Quem a escreveu assim se dirigiu ao procurador da Irmandade do Rosário: "tranquilise-se sr. procurador; desta vez s(ua) s(enhoria) não consegue seus desejos, como outrora... mire-se na sombra de Luiz Cuyabano!" (CORREIO PAULISTANO, 2 ago. 1870, p. 3).

O texto relata uma reunião secreta, coordenada por membros brancos da Irmandade do Rosário, "adrede preparada afim de privarem os homens pretos daquela corporação". Afirma, também, que os negros ficaram sabendo da vontade de que fosse inserido em seu Compromisso um artigo que os excluía da administração de sua própria irmandade. A tentativa, para o autor da carta, era a busca clara de intervenção dos membros brancos interessados nos bens, porque, segundo ele, infelizmente, "esta corporação tem bens de raiz, e é quanto basta para alguém grudar-se como ostra" (CORREIO PAULISTANO, 2 ago. 1870, p. 3).

Quintão (2002a, p. 66-67) analisou o Compromisso da Irmandade do Rosário, o qual, apesar da oposição dos irmãos pretos, foi aprovado em dezembro de 1870. Segundo a autora, uma comissão nomeada para rever as contas do ano anterior encontrou irregularidades e desvios de verbas, haja vista o patrimônio considerável que os irmãos do Rosário possuíam. As alegações foram apresentadas para retirar dos pretos a administração de sua irmandade, e a consequência disso foi a impossibilidade de nomeá-los para os cargos mais importantes da confraria, a partir dali, e a elaboração de um novo Compromisso no ano seguinte. Ela afirma:

> Ao cumprir a ordem do Juiz de Capelas, que em provisão determinou que fosse elaborado um novo compromisso, a Irmandade do Rosário passaria por um processo de descaracterização, na medida em que, pelas disposições do novo estatuto, não se garantia mais aos negros a administração de sua própria irmandade.

O que ocorreu com a Irmandade do Rosário em 1870 foi uma nítida intervenção em seus negócios e um boicote à participação dos negros em sua agremiação. Processo semelhante ao que ocorreu, anos antes, na Irmandade de São Benedito, com alegações e denúncias feitas por uma mesa administrativa composta basicamente por brancos, ligados à Faculdade de Direito e eleitos na década de 1860.

A situação das confrarias já não era muito boa desde o início do século XIX, dentro de um contexto social e eclesial mais amplo, como vimos no início deste capítulo. A imprensa paulistana da metade do século já deixava transparecer os problemas que esses grupos sociais enfrentavam – de modo particular, a Irmandade de São Benedito. *Um irmão*, em correspondência enviada ao jornal *Aurora Paulistana* (31 jul. 1852, p. 4), dizia-se preocupado com o andamento dos negócios eclesiásticos:

Os negócios ecclesiásticos vão se effervescendo tanto, que receio que mais cedo ou mais tarde desande tudo em ex-communhoes, e como não desejo ver-me excomungado peço-lhe que me diga como vão os negócios da irmandade de São Benedicto, se tem comprido o Compromisso e as resoluções da mesa, ou por outra, se já prestou contas do anno que acabou.

Nos anos da administração de Luiz Cuyabano (1851-1857), as entradas financeiras da Irmandade cresceram significativamente, como pudemos verificar nos dois livros de receitas e despesas analisados (1837-1862 e 1858-1886). Porém, os impasses em relação aos membros negros – não foi apenas Cuyabano que deixou de participar da Irmandade – e a crescente rejeição de uma parcela branca da população afetaram, inclusive, as verbas da confraria.

Como dissemos, Cuyabano abandonou a confraria em 1857, assim que terminou seu mandato como secretário. Com sua saída, as arrecadações financeiras começaram a diminuir, sendo constatadas por uma comissão encarregada de elaborar a prestação de contas dos anos de 1859 a 1862. Vale ressaltar que, em 1860, a Igreja do Convento de São Francisco passou a abrigar também a Irmandade Acadêmica de São Francisco, que começou a administrar a festa do padroeiro, situação que trataremos no próximo capítulo. A dita comissão da Irmandade de São Benedito chegou à seguinte constatação: "fazemos a mesma observação a respeito das despesas ai referidas, que já fizemos no ano anterior [1859], para quanto é visível que essas despesas em pouco podem importar, visto que não houveram quase missas"[76].

Em outro momento do relato, os encarregados da prestação de contas relembram o período em que Cuyabano esteve à frente

---

76. APFICB. Irmandade do Glorioso São Benedicto. Livro de receitas e despesas (1858-1886), p. 17. Pasta 15.5. Documentos diversos.

da confraria e o quanto eram celebradas muitas missas e festas, como o próprio ex-irmão secretário fazia questão de afirmar em suas publicações no jornal. Os auditores de 1862 concluem que, nos anos por eles analisados, os gastos com celebrações já haviam diminuído bastante:

> [...] se no anno de 1855 à 1856 celebrarão-se 166 Missas, sendo procurador o Ir. Luiz Delfino de Araujo Cuyaba- no, importou o guizamento e 7 garrafas de vinho em 59$880 [...] deve conceder-se em regra de proporção, para este anno, em que forão celebradas somente 16 missas, a quantia de 5$760rs.

Muitas páginas poderiam ser escritas sobre os irmãos que acabaram deixando a Irmandade de São Benedito nos anos pos- teriores à conturbada década de 1850. Indicaremos apenas três deles, aqui, para que pesquisas futuras possam ser empreendidas tendo esses confrades como protagonistas.

Na já citada auditoria para correção dos gastos, realizada em 1862, aparecem os seguintes nomes: Benedicto Joaquim Taborda, acusado de desvios, havia sido, anos antes, procurador da Irman- dade de Santa Efigênia e, anos depois, foi também procurador da Irmandade do Rosário; José Antônio das Neves, sacristão da Igreja de São Benedito à época das acusações, já havia sido irmão de mesa na Irmandade do Rosário; e Marcellino Pinto do Rego tam- bém acusado, figurou entre os irmãos do Rosário, anos depois[77].

Esses homens, cujas histórias de vida aparecem em uma cons- tante interligação entre as confrarias de pretos de São Paulo, refor- çam a hipótese, amplamente discutida no primeiro capítulo deste

---

77. Todas as informações aqui apresentadas foram obtidas por meio da Hemeroteca Digital da Biblioteca Nacional, através de pesquisas realizadas referenciando-se os nomes aqui citados. Ambos confrades são elencados no livro de movimentação financeira da confraria. APFICB. Irmandade do Glorioso São Benedicto. Livro de receitas e despesas (1858-1886), p. 17. Pasta 15.5. Documentos diversos.

livro, de que as irmandades foram lugares privilegiados para a manutenção de costumes, tradições e, sem dúvida, de sociabilidade e de ajuda mútua. Ao migrar de uma irmandade para a outra, por diversos motivos, os irmãos garantiam, entre si, direitos, deveres, privilégios e regalias concedidos aos homens e às mulheres que integravam aqueles grupos sociais.

2.6 O Cemitério de São Benedito da cidade de São Paulo

Os anos de 1850 oscilaram entre avanços e desafios para os confrades pretos do Largo São Francisco. Conquistas, como o novo Compromisso, a posse das chaves da igreja e o inventário de bens, foram constantemente confrontadas por tentativas de intervenção e de retirada dos direitos adquiridos, bem como por leis restritivas. Apesar de todas as controvérsias e dificuldades, um lugar muito caro a eles – o Cemitério de São Benedito – recebeu melhorias, tendo sido elogiado em um poema escrito por ninguém menos de que o já citado Luiz Gama.

O Capítulo III do Compromisso de 1855 discriminava as regalias e os privilégios dos confrades. Os três parágrafos do artigo oitavo versavam sobre os direitos concedidos a praticamente todos os que ingressavam em irmandades católicas: a sepultura, os ritos fúnebres e as missas que seriam celebradas em vida e por ocasião da morte de algum confrade. Assim se lê:

> Art. 8º Os irmãos gozarão:
> § 1º Das Missas que annualmente a irmandade deve mandar dizer pelos irmãos vivos e defuntos conforme o art. 10.
> § 2º Terem sepultura para si, e seus filhos até a idade de 7 annos, no lugar que fôr destinado.
> § 3º Terem dobres de sino, acompanhamento da irmandade, e caixão tanto para si, como para seus filhos até a idade de 7 annos.

Em meados do oitocentos, o debate sobre a criação de cemitérios públicos já ocorria nas principais capitais do país[78]. Porém, aquele documento revela algo que muitos autores revisitados neste livro – Scarano (1978), Boschi (1986), Reis (1991), Quintão (2002a), Pereira (2007) e Reginaldo (2011), entre outros – concordam em dizer: uma das principais preocupações das confrarias, com destaque para aquelas de pessoas "de cor", era a de dar enterro digno aos seus membros, em cemitérios particulares, acompanhar os ritos fúnebres e mandar rezar missas por suas almas. Esta também era uma prioridade para as confrarias de pessoas brancas, haja vista os ritos católicos preverem para todo cristão uma "boa morte ou ritos do bem morrer", apontados por Cláudia Rodrigues (2005, p. 40) como uma pedagogia do bem morrer.

De qualquer forma, afirmamos que esta era uma preocupação muito expressiva entre as pessoas "de cor" porque, segundo Júlio César Medeiros da Silva Pereira (2007), o macrogrupo dos povos centro-africanos, falantes de línguas banto[79] – que eram maioria no Sudeste do Brasil, em meados do XIX –, tinha uma relação ancestral com o culto dos mortos. A necessidade de local digno para os corpos de seus falecidos já era uma questão em terras africanas. Os ritos fúnebres na África Central, de onde

---

78. O Cemitério da Consolação, primeiro cemitério público de São Paulo, foi inaugurado em 15 de agosto de 1858. O do Campo Santo, em Salvador, é de 1855, e o Cemitério do Caju, no Rio de Janeiro, foi aberto em 1851. Sobre o processo de secularização da morte, dos cemitérios e dos ritos fúnebres, cf. Rodrigues (2005). Para saber mais sobre o primeiro cemitério público de São Paulo, cf. Pereira (2018).

79. Pereira (2007, p. 153) afirma que o termo banto foi cunhado pelo teólogo alemão W.H. Bleck, que, ao estudar vários povos africanos falantes de mais de duas mil línguas, classificou todos eles como um grande grupo linguístico com um nome genérico. Eles formavam não um único grupo cultural, mas um macrogrupo de povos africanos. Também Robert W. Slenes (1992) apresenta uma extensa definição dos diferentes povos centro-africanos que compunham os *bantus*, bem como as diversas línguas por eles faladas.

provinham a maioria dos povos banto trazidos para o Brasil, estavam cercados de simbolismos e significados.

> Esta sociedade bantófone exterioriza esta perda – morte – através do som, da dança, do festejo e de certo regozijo. A ocasião da crise social, que para eles é o momento no qual há a diminuição da força vital, ou seja, o tempo forte da *"morte que suspende a todas as atividades cotidianas"*, é ultrapassado através de ritos simbólicos que reequilibram as forças que regem o mundo. Da mesma sorte, o zelo com o corpo do morto era importante, já que os restos mortais insepultos representavam um perigo para toda a comunidade caso caísse em mãos mal intencionadas. Os corpos insepultos, segundo muitos grupos bantos, se transformavam em *muzimos*, "mortos vivos" que aterrorizavam a aldeia, principalmente aqueles que não o sepultaram (PEREIRA, 2007, p. 178).

Na Irmandade de São Benedito, o assunto morte era tão relevante que, além do Capítulo III, outros artigos do Compromisso também versavam a seu respeito, como, por exemplo, o que definia as missas rezadas pelo capelão ou padre contratado nos domingos e dias santos nas intenções dos irmãos vivos e defuntos (art. 63) e o que mandava, através do irmão procurador, "correr a campa, para em tempo ir buscar ou acompanhar o corpo; prestando se fôr exigido, o que a igreja tiver, como caixão, urna ou qualquer objecto próprio para funeral" (art. 66). Isso sem contar os artigos do próprio Capítulo III que elencam o número de missas que deveriam ser rezadas por cada irmão falecido no dia de Finados, no dia de São Benedito, em outros dias santos e aos domingos (arts. 9 e 10).

De fato, as confrarias católicas foram as principais responsáveis pelos ritos fúnebres no Brasil até meados do século XIX. Reis (1991, p. 60), em sua célebre pesquisa sobre a Cemiterada – revolta liderada pelas irmandades e pelas ordens terceiras de Salvador, em 25 de outubro de 1836, que teve como motivação central a defesa de concepções religiosas sobre a morte, os mortos e em especial os ritos fúnebres –, afirma que o levante encabeçado pelos leigos católicos confrontou a própria Igreja e o governo local. Ambos os poderes – eclesiástico e civil – já haviam chegado a um acordo para a abertura do primeiro cemitério público da cidade. O episódio, em seu caráter peculiar, refletiu as preocupações que pairavam sobre as confrarias do país à época.

Naquela ocasião, diferentes associações católicas da capital baiana se uniram em um objetivo comum: impedir a inauguração do cemitério público. Elas alegavam motivos como a perda das arrecadações com os enterros, com as mortalhas (roupas com as quais eram enterrados os defuntos), com os aluguéis de caixões, entre outros, mas, sobretudo, afirma Reis (1991, p. 111-114), havia nas pessoas uma preocupação para além do fator econômico: eram motivações religiosas, que iam desde inquietações sobre a salvação da alma até o culto dos mortos/ancestrais. Os irmãos não queriam que os corpos de seus parentes fossem enterrados em lugares distantes, despovoados e fora da proximidade com o lugar sagrado da igreja. Foi só quase vinte anos depois, em 1855, que, após uma grande epidemia, o Cemitério do Campo Santo de Salvador pôde funcionar plenamente (REIS, 1991, p. 422).

A Cemiterada ilustra como o "catolicismo barroco" exercia forte influência nos homens e nas mulheres do período imperial. Os ritos, as procissões, os cortejos fúnebres, os dobres de sinos e os sepultamentos dentro ou fora das igrejas ainda eram discussões pertinentes quando a Irmandade de São Benedito elaborou seu Compromisso. Os *beneditos*, sem sombra de dúvida, estavam imbuídos do espírito religioso que movia o catolicismo popular.

Outro estudo relevante para reforçar o significado dos cemitérios para os negros católicos é o de Pereira (2007). No primeiro capítulo de À *flor da terra: o cemitério dos pretos novos no Rio de*

Janeiro, o autor faz uma explanação geral do contexto social e religioso do Rio de Janeiro dos séculos XVII a XIX, dos lugares fúnebres da capital fluminense, bem como da importância atribuída pelas irmandades católicas aos lugares nos quais depositavam seus mortos e aos ritos necessários na hora da morte. Conclui, enfim, que no momento da morte, escravizados evitavam as valas comuns ao se filiarem às irmandades que cuidavam dos preparativos dos enterros, em cemitérios ou *ad Sanctus* (PEREIRA, 2007, p. 53-54).

> Sabe-se que no Brasil os sepultamentos durante o período colonial e parte do Império eram realizados *ad Sanctus*, ou seja, nas igrejas; nesse tempo a ideia da "boa morte" ainda estava vinculada ao momento da morte da pessoa e seu local de enterramento. Nesse sentido, dentro de uma mentalidade ainda marcada pela época medieval, estar enterrado em uma igreja era estar perto de Deus, o que significava maior possibilidade de uma vida feliz no além. Assim, as igrejas no Brasil recebiam os corpos de seus fiéis desde que tivessem sido, na vida secular, pessoas de certa posição social e que os seus pudessem arcar com as despesas do sepultamento. Desta feita, quanto mais alta a posição social do defunto, maior sua proximidade com o templo, quando não do próprio altar (PEREIRA, 2007, p. 36).

Vale dizer que o Cemitério dos Pretos Novos, pesquisado por Pereira, situado na região do Valongo, no Rio de Janeiro – onde se localizam, hoje, os bairros da Gamboa e da Saúde –, era destinado aos escravizados recém-chegados à cidade, que morriam nos navios negreiros, ao entrarem na Baía de Guanabara, ou nos mercados, antes de serem vendidos. O uso daquele local de sepultamentos se intensificou no começo do século XIX, principalmente quando o fluxo de escravizados aumentou significativamente.

O modo como eram tratados os restos mortais destas pessoas no Cemitério dos Pretos Novos, nos inícios do século XIX, impressionava os viajantes estrangeiros e foi motivo de reclamações dos moradores da região. Os corpos, enterrados à flor da terra ou empilhados para serem queimados, antes de algumas pás de terra serem jogadas sobre eles, podiam ser vistos pelos escravizados que eram comercializados no mercado do Valongo. Pesquisas recentes também sugerem que, ao serem transportados de um lugar para o outro a pé, os negros eram forçados a passar pela rua do cemitério e a ver de perto o que estava reservado aos corpos de seus *malungus*[80].

Algo semelhante acontecia no Cemitério do Campo da Pólvora – dedicado a indigentes, escravizados, ex-escravizados, entre outros –, em Salvador, onde também os cadáveres eram deixados à flor da terra "por preguiça de afundar as sepulturas". Tratava-se de um lugar destinado a revoltosos, suicidas, escravizados pagãos ou mesmo batizados. É o que afirma Reis (1991, p. 244-245), segundo quem o medo de terem seus corpos em um cemitério como aquele, ou em outros parecidos, na mesma cidade, fazia com que muitos africanos e seus descendentes se filiassem a confrarias católicas.

Todos os membros de irmandades podiam ser enterrados nas igrejas. Contudo, Reis (1991, p. 218) salienta que havia uma hierarquia do local e do tipo de sepultura. Uma primeira divisão se fazia entre o corpo, parte interna do edifício, e o adro, a área em sua volta. A cova no adro era tão desprestigiada que podia ser obtida gratuitamente. Já as sepulturas situadas dentro das igrejas, na nave central e no altar-mor, eram reservadas a brancos ricos, benfeitores ou a quem podia pagar por eles.

Daí se pode afirmar que nos adros das igrejas de conventos e mosteiros, bem como em terrenos anexos a elas, foram enterra-

---

80. A etimologia da palavra "malungu" é amplamente discutida por Robert Slenes (1992, p. 52-54). Aqui, a utilizamos como sinônimo de companheiro da mesma embarcação ou, como Slenes mesmo definiu, "companheiros (no sofrimento)". Estas são as mais comumente utilizadas.

das pessoas escravizadas, ex-escravizadas, brancas pobres, pardas, forras etc., que pertenciam aos frades e/ou aos monges ou que estivessem filiadas a irmandades católicas. Pereira (2007, p. 19) assevera: "Os poderosos faziam valer o seu *status* até mesmo na hora da morte, sendo inumados dentro das igrejas, ao passo que os pobres eram sepultados nos adros ou ao lado da igreja".

Neste sentido, obedecendo às *Constituições Primeiras do Arcebispado da Bahia*, documento elaborado em 1707, por Dom Sebastião Monteiro da Vide – que previa a necessidade de os enterros serem realizados em solo sagrado (VIDE, 2010, p. 441-442)[81] –, já desde o século XVIII as confrarias católicas eram as principais administradoras dos lugares de sepulturas no Brasil colonial. Também foram elas, como já vimos, até meados do XIX, as responsáveis pelos enterros. Os terrenos de conventos e mosteiros eram considerados solos sagrados e, portanto, aptos a receber os mortos que a administração de cada grupo religioso, ou confraria, bem entendesse.

Em São Paulo, o costume de sepultar os mortos no interior das igrejas e nos solos sagrados não fugia à regra geral imposta pela Igreja Católica para todo o território colonial. Além disso, a Irmandade da Misericórdia[82] administrava um terreno conhecido como Cemitério da Glória, também chamado de Cemitério dos Aflitos ou dos Enforcados, situado onde hoje é o bairro da Liberdade. Suas características eram bem parecidas com as do Cemitério dos Pretos Novos, do Rio de Janeiro, e as do Cemitério do Campo da Pólvora, de Salvador: local destinado a

---

81. Cf. especialmente o capítulo *Das sepulturas. Que os corpos dos fiéis se enterrem em lugares sagrados e na sepultura que escolherem*.

82. Compostas por elites brancas, as irmandades da Misericórdia foram as principais responsáveis pelos cemitérios e pelos sepultamentos, bem como pelos aluguéis de caixões, pelas vendas de mortalhas e pelos enterramentos de indigentes, de não católicos e de pessoas não filiadas a confrarias, entre outros, nos períodos colonial e imperial.

indigentes, suicidas, epidêmicos, pobres, mestiços, negros, escravizados, não católicos, entre outros (PEREIRA, 2018, p. 22).

Além do Cemitério dos Aflitos, até meados do século XIX, os outros lugares para enterramentos em São Paulo eram todos ligados a ordens religiosas e a confrarias católicas. Nos anos próximos à inauguração do cemitério público da Consolação – ocorrida em 1858 –, foram intensas as discussões e as reivindicações dirigidas à Câmara, pelas confrarias, para que continuassem tendo autonomia para enterrar seus mortos. Demorou para eles abrirem mão dos cemitérios particulares.

Em 1860, por exemplo, quando o Cemitério da Consolação já havia sido inaugurado e as questões higienistas e sanitaristas estavam em voga por todo o país, a Irmandade de Nossa Senhora do Rosário solicitou formalmente à Câmara autorização para continuar realizando sepultamentos. Os irmãos que elaboraram o documento demonstraram estar a par dos debates sobre doenças e problemas de salubridade alegados pelos médicos de então para recomendar que enterramentos deixassem de ser feitos nas igrejas. Para eles, seu cemitério particular atendia às exigências: exposto ao ar livre e sem lotação. Diziam os confrades do Rosário:

> A confraria, senhores, não desconhece que os enterramentos dentro das Igrejas são indecentes, prejudiciais à salubridade pública e que os cemitérios públicos são necessários, e hoje admitidos por todas as nações civilizadas, mas também é certo que a nossa Província não está nas mesmas circunstâncias das Províncias Marítimas: em as quais as epidemias são continuas.
> Nesta Província, que pela beleza do seo clima e docilidade de seo temperamento, não tem havido outras epidemias se não as de bixigas de tempos em tempos, ora sendo a Confraria possuidora de um antigo e bom cemitério contigua à sua Igreja, exposto ao livre ar, isolada e aonde enterrava seos irmãos sem inconveniente algum à salubridade publica, como mostra a documentação junto.

> Vem respeitosamente ponderar que, em vista da verdade expedida, espera a Confraria que a Ilustrada Assembleia se digne a conceder-lhe enterramento de seos irmãos nesse pequeno cemitério que possui[83].

Thais Cristina Pereira (2018) analisou o processo de mudanças cemiteriais pelas quais passava a capital paulista na segunda metade do século XIX, observando os embates travados entre poder público, irmandades e ordens terceiras. Além da petição da Irmandade do Rosário, a autora também identificou encaminhamentos feitos pela Irmandade de Santa Efigênia, além de pedidos assinados por pessoas de renome na cidade a favor da Irmandade de São Benedito, da Ordem Terceira do Carmo e da Ordem Terceira de São Francisco.

Os irmãos pretos de São Benedito já enterravam seus confrades em terreno anexo ao Convento de São Francisco. A petição que apresentaram à Câmara, em 1860, para continuarem com os sepultamentos, foi escrita em tom de revolta:

> Nas atuais circunstâncias, em que todas as ordens, confrarias e irmandades reclamão a mesma autorização e que se procura tornar menos vexatórios abusos, desregramentos e impiedades que pratição com os cadáveres, desrespeita a borda do tumulo e escarnecidas como cristãos em terra de bárbaros indigna se tornaria a Irmandade de Sam Benedicto se não viesse perante os poderes competentes impetrar as necessárias medidas para salvar do oppróbio os restos mortaes dos seos irmãos[84].

---

83. Assembleia Legislativa do Estado de São Paulo. Documentos Históricos. Representação de diversas irmandades sobre o cemitério, 1860 (Irmandade de Nossa Senhora do Rosário dos Homens Pretos). Disponível em: <https://www.al.sp.gov.br/geral/acervoHistorico/FichaDocumentoImperio.jsp?idDocumento =2745>. Acesso em: 27 ago. 2021.

84. Assembleia Legislativa do Estado de São Paulo. Documentos Históricos. Representação de diversas irmandades sobre o cemitério, 1860 (Irmandade de São Benedicto). Disponível em: <https://www.al.sp.gov.br/geral/acervo Historico/FichaDocumentoImperio.jsp?idDocumento=2745>. Acesso em: 27 ago. 2021.

Dois anos depois dos diversos pedidos feitos aos representantes públicos para a continuidade dos cemitérios particulares ao menos três confrarias conseguiram continuar enterrando seus irmãos em locais próprios. Em 1862, este privilégio foi concedido a dois grupos formados pela elite branca da cidade – Ordem Terceira do Carmo e Ordem Terceira de São Francisco – e aos pretos da Irmandade de São Benedito. Assim reza o documento que os autoriza:

> [...] tendo em vista a indicação do vereador Mendes de Almeida afim de que se represente ao Exmo. Preside. Da Prova. Acerca do projecto que se discute na Assembléa Leg. Proval. e q. concede ás ordens 3as. Do Carmo, e S. Francisco, e **á Irmandade de São Benedicto permissão para continuarem á internar seus irmãos nas catacumbas e jazigos que já tenhão próximo ás Igrejas respectivas**, é de parecer que seja approvada aquella indicação [...][85].

O Cemitério de São Benedito, ao menos desde o século XVIII, atestam os documentos analisados, foi o lugar destinado aos mortos inscritos na confraria negra do Largo. Os irmãos ainda lutavam para ter uma igreja particular, mas o cemitério próprio já aparece nos registros mais antigos da Irmandade. Pelo que tudo indica, os negros não eram enterrados dentro da Igreja do Convento São Francisco, mas no adro, ou nos arredores da igreja, no terreno pertencente aos franciscanos. No livro de assentamentos que compreende o período de 1759 a 1855, encontramos:

> O irmão Albano Francisco de Moraes, escravo de João Francisco de Moraes, desta cidade, entrou nesta irmandade de São Benedicto em 10 de maio de 1761. Tem pago segundo o irmão eleito de seu acento até

---

85. Acta 014S1862. Sessão de 15 de maio de 1862. Disponível em: <https://www.saopaulo.sp.leg.br/static/atas_anais_cmsp/anadig/Sessoes/Preparatorias/014S1862.pdf>. Acesso em: 27 ago. 2021. Grifo nosso.

o mesmo ano de 1791. Diz o procurador que pagou até 1793, 1794, 1795, 1796, 1797. **Faleceu a 21 de setembro de 1799 e foi sepultado no nosso sumintério** e se mandarão dizer as missas[86].

Identificar o lugar exato onde se situava a necrópole dos *beneditos* é um desafio. Contudo, uma busca aprofundada se fez necessária, haja vista sua importância para aquela comunidade, assim como é imperioso lançar questionamentos sobre o destino dado aos restos mortais dos irmãos e das irmãs ali sepultados.

As fontes primárias foram de extrema relevância para nos ajudarem a situar o Cemitério de São Benedito no traçado da cidade. O Arquivo da Província Franciscana da Imaculada Conceição preserva um documento, sem data, mas que se encontra em ótimo estado de conservação e que deve ter sido escrito entre o fim do século XIX e o início do XX. Nele, é mencionada a existência de uma capela no jazigo[87] e é apontada a exata localização da necrópole, que, muito provavelmente, ainda era utilizada quando o texto foi redigido:

> I – **Na parte lateral esquerda do fundo da Igreja de São Benedicto existe uma area descoberta, que limita nos fundos com a rua Riachuelo.** II – Essa area, assim descripta, é que serve de communicação **entre a Capella Mór e mais commodos anexos da Igreja de São Benedicto para a Capella do jazigo da Irmandade de São Benedicto.** III – Essa communicação entre essa parte da Igreja de São Benedicto e a capella do Jazigo da Irmandade é feita por uma porta grande

---

86. ACMSP. Irmandade do Glorioso São Benedicto. Livro de assentamento dos irmãos (1759-1855). p. 2. Grifo nosso.

87. Os documentos analisados até o final do século XIX fazem distinção entre jazigo e cemitério, deixando entender que eram duas coisas diferentes no mesmo espaço. Os inventários de bens falam também da capela do jazigo, local onde havia um altar, imagens e objetos de culto, o que nos leva a crer que a construção apontada nos mapas era uma edificação utilizada como capela e cemitério.

e antiga existente e aberta na parede da Igreja de São Benedicto[88].

Para que se tenha mais precisão do local e da construção edificada naquele espaço sagrado, apresentamos uma sequência de dois mapas (figuras 7 e 9) da cidade de São Paulo no século XIX, em ordem de datação, e dois recortes (figuras 8 e 10) dos mesmos mapas, destacando o conjunto franciscano – formado pelas igrejas do Convento e da Ordem Terceira, situadas no Largo São Francisco – e a indicação do terreno do cemitério, nos fundos das igrejas.

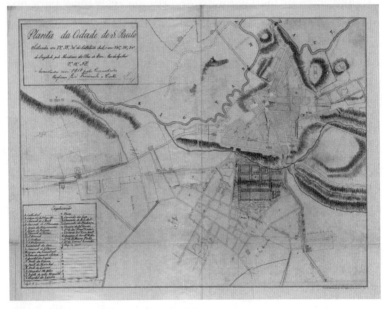

Figura 7 Planta da cidade de São Paulo (1810)
Fonte: Biblioteca de Obras Raras/Universidade São Francisco. Autoria de Rufino José Felizardo. Tinta ferrogálica, nanquim e aquarela sobre papel, 595x645mm, escala 1:3000.

---

88. APFICB. São Benedicto. Quesitos. Sem data. Pasta 15.5. Documentos diversos. Grifo nosso.

Figura 8 Detalhe da planta da cidade de São Paulo (1810)
Fonte: Biblioteca de Obras Raras/Universidade São Francisco. Autoria de Rufino José Felizardo. Recorte e ampliação realizados pelo autor. A letra D no mapa indica o Largo São Francisco, e seta aponta o terreno ao fundo das duas igrejas ainda sem construção aparente.

Figura 9 Carta da capital de São Paulo (1842)
Fonte: Arquivo Histórico do Exército. Autoria: José Jacques da Costa Ourique. Nanquim e ecoline sobre papel translúcido (vegetal), 648 x 877mm, petipé de 200 braças.

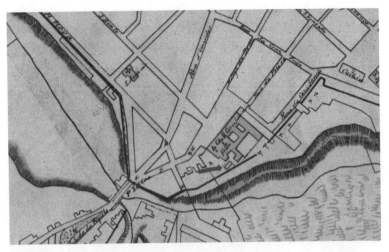

Figura 10 Detalhe da carta da capital de São Paulo (1842)
Fonte: Arquivo Histórico do Exército. Autoria: José Jacques da Costa Ourique. Recorte e ampliação realizados pelo autor. A seta aponta uma construção no fundo das igrejas, onde provavelmente se localizava o Cemitério de São Benedito.

O jazigo e capela da necrópole dos *beneditos* foram concluídos entre o fim de 1830 e meados de 1840. Na figura 8, pode-se verificar que, aos fundos das duas igrejas, ainda não há nenhuma sinalização de outra edificação, diferentemente do que se vê na figura 10. Sua importância para a Irmandade está registrada tanto no Compromisso, de 1855, quanto num livro de receitas e despesas, datado de 1837 a 1862, que elenca os investimentos que lhe foram destinados.

Além dos gastos constantes com a capinagem do cemitério, os irmãos investiram na construção do jazigo identificado no mapa, como se constata em lançamentos assim:

> Despesa despendida ao Pedr(eiro) de atijolar o jazigo $800
> Despesa despendida a quem limpou o cemitério $180.
> Despesa que gastou-se na mudança do altar para o jazigo $840[89].

---

89. APFICB. Irmandade do Glorioso São Benedicto. Livro de receitas e despesas (1837-1862), p. 2. Pasta 15.5. Documentos diversos.

Em 1843, as despesas com o jazigo foram grandes. As obras iniciadas nos primeiros anos de 1840 só foram concluídas em 1845, ao custo final de quase um conto de réis. Assim se lê:

> Despesa com a thaipa do jazigo 17$720 [lê-se 17 mil 720 réis].
> Despesa com a cobertura do mesmo $800.
> Despesa com huma feixadura para o jazigo $480.
> Despesa com o pregamento do mesmo $320.
> Despesa com pregos para o mesmo $140[90].

Vale pontuar que as receitas da confraria também indicavam lucros com o cemitério e com outros aspectos a ele relacionados, tais como: o aluguel de tochas para os enterros, o acompanhamento dos ritos fúnebres pelos irmãos pretos, o aluguel de caixões de adultos e de anjos (criança de até sete anos), a venda e o aluguel de sepulturas e a encomendação de missas. Muito da rotina dos irmãos de São Benedito girava em torno de seu cemitério particular – um lugar que gerava recursos para os vivos e possibilitava o descanso dos mortos.

Sua importância foi destacada, no fim dos anos 1850, em um poema de Luiz Gama. Como lembra Ligia Fonseca Ferreira (2018, p. 215-216), o escritor, que já desafiava o sistema nos finais dos anos 1850, foi o mesmo que entrou para a história como o redentor dos escravos nos tribunais. Seu ativismo, marcado pela identidade racial, começou no campo da literatura, à qual ele se entregará de corpo e alma, nos versos das *Primeiras trovas burlescas de Getulino*, obra que representa um marco afro-brasileiro em meio à produção literária da década que extinguiu o tráfico negreiro da África para o Brasil.

Primeiras trovas burlescas de Getulino (GAMA, 1861), cuja primeira edição é de 1859, reúne vários poemas, de temática va-

---

90. APFICB. Irmandade do Glorioso São Benedicto. Livro de receitas e despesas (1837-1862), p. 4. Pasta 15.5. Documentos diversos.

riada e autobiográfica, que têm como pontos centrais, segundo Ferreira (2011, p. 41), a corrupção política, a hipocrisia dos mulatos, o preconceito racial, o anticlericalismo, a crítica aos "doutores" e à venalidade do judiciário, a caricatura de tipos sociais, e em menor grau, o amor e a liberdade do escravo. Um conjunto literário, portanto, que já expressava em suas linhas as pautas sociais abraçadas pelo autor.

Os versos sobre o Cemitério de São Benedito se inserem na parte que Gama (1861, p. 187-189) dedica ao tema "liberdade do escravo". Na primeira versão, o poema foi publicado com o título *No Cemitério de São Benedicto*. Já na segunda edição, foi nomeado *No Cemitério de São Benedicto da cidade de S. Paulo*. Ei-lo:

> *Tambem do escravo a humilde sepultura*
> *Um gemido merece de saudade:*
> *Ah caya sobre ella uma só lagrima*
> *De gratidão ao menos.*
> *Dr. B. Guimaraens.*
> Em lugubre recinto escuro e frio,
> Onde reina o silencio aos mortos dado,
> Entre quatro paredes descoradas,
> Que o caprichoso luxo não adorna,
> Jaz de terra coberto humano corpo,
> Que escravo sucumbiu, livre nascendo!
> Das horridas cadeias desprendido,
> Que só forjam sacrilegos tyrannos,
> Dorme o somno feliz da eternidade.
> Não cercam a morada luctuosa
> Os salgueiros, os funebres cyprestes,
> Nem lhe guarda os humbraes da sepultura
> Pesada lage de espartano marmore,
> Somente levantado em quadro negro
> Epitaphio se lê, que impoem silencio!
> – Descansam n'este lar caliginoso
> O misero captivo, o desgraçado!...
> Aqui não vem rasteira a vil lisonja
> Os feitos decantar da tyrannia,
> Nem offuscando a luz da san verdade

Eleva o crime, perpetúa a infamia.
Aqui não se ergue altar ou throno d'ouro
Ao torpe mercador de carne humana.
Aqui se curva o filho respeitoso
Ante a lousa materna, e o pranto em fio
Cahe-lhe dos olhos revelando mudo
A história do passado. Aqui nas sombras
Da funda escuridão do horror eterno,
Dos braços de uma cruz pende o mysterio,
Faz-se o sceptro bordão, andrajo a tunica,
Mendigo o rei, o potentado escravo!

Na lápide escura e fria, todos são iguais: o branco e o preto, o rico e o pobre, o livre e o cativo. Não sabemos por que Gama escolheu fazer referência ao cemitério dos irmãos de São Benedito para versar sobre morte e escravizados em seu poema. Certamente ele sabia da existência de outros cemitérios em São Paulo onde os negros eram enterrados, como o do Rosário ou mesmo o dos Aflitos.

Sobre o destino final do cemitério, nos anos pós-abolição, trataremos no epílogo desta obra. Por ora, é importante saber que praticamente até final do século XIX o lugar continuou sendo utilizado pelos *beneditos* para os sepultamentos particulares. Não tivemos acesso, até o fim desta pesquisa, a nenhum documento que revele o que foi feito dos restos mortais dos negros enterrados no Largo São Francisco.

3
Um preto no altar: a consolidação na década da Abolição

> Realisou-se no domingo, na egreja de S. Benedicto, a solemnidade constante de missa solemne em honra do Menino Jesus.
>
> Prégou ao Evangelho o revdm. conego Esechias Galvão da Fontoura, que fez em seu discurso sagrado um verdadeiro estudo sobre a escravidão, sua origem e suas consequências em todos os paizes em que tem existido.
>
> Verdadeiro propagador da doutrina do Homem do Calvario, o conego Esechias não podia furtar-se ao dever de profligar, como o fez, aquellas idéas que constituem a antithese das que foram ensinadas pelo Divino Mestre.
>
> Ao envez do que fizeram alguns que se intitulam ministros de Christo e que votaram interesseira e vergonhosamente na chapa esclavagista, o preclaro sacerdote que occupou a tribuna em S. Benedicto, mostrou em sua eloquente oração quanto é condenável o procedimento d'aquelles que são mais apegados às cousas [ilegível] que áquelas que férem [ilegível] (A REDEMPÇÃO, 13 jan.1887, p. 2).

O excerto acima, retirado do jornal *A Redempção*[91], ilustra bem o contexto político e social do Brasil nos finais da agitada década de 1880. O Largo São Francisco, como veremos, se tornou um dos pontos centrais dos movimentos pró-libertação dos cativos na capital paulista, encabeçado por lideranças formadas na Faculdade de Direito. Esta centralidade estendeu sua influência também à irmandade de pretos ali localizada.

O ano de 1887 e os primeiros meses de 1888 foram os derradeiros para o crepúsculo do regime escravagista em todo o território nacional. Levantes, revoltas, fugas em massa e sublevações lideradas por escravizados e abolicionistas contra o sistema vigente culminaram no 13 de maio de 1888. A lei assinada pela Princesa Isabel chegou depois de uma longa década, fermentada por disputas e embates, no campo e na cidade, entre ricos e pobres, políticos e populares, nas ruas, nas senzalas, na Corte e no Congresso, como bem apontou Maria Helena Machado (2010, p. 76) em sua obra *O plano e o pânico: os movimentos sociais na década da abolição*:

> Embora os estudiosos interessados na reconstituição do chamado processo final de desorganização do trabalho escravo pouco tenham se detido sobre os primeiros três ou quatro anos dessa década, os registros históricos aí estão a demonstrar que os contemporâneos tiveram razões suficientes para conscientizar-se, já nesse período, de que a escravidão, como sistema, caminhava a passos rápidos para tornar-se inviável.

---

91. O jornal *A Redempção* foi um periódico abolicionista que circulou na capital paulista e nas cidades do interior da província de São Paulo nos últimos anos do regime escravista no país (1887-1888). Após esse período, foram publicadas apenas algumas edições comemorativas em relação à abolição. Segundo Alexandre Otsuka (2015, p. 11), "Antonio Bento de Souza e Castro iniciou a produção do jornal abolicionista *A Redempção* em janeiro de 1887, na cidade de São Paulo. Desde o início da década de 1880, o abolicionista vinha participando ativamente da campanha contra o cativeiro, atuando como advogado em causas de liberdade, organizando reuniões abolicionistas na Irmandade da Igreja de Nossa Senhora dos Remédios e divulgando suas ideias na imprensa da época".

Antes, porém, de começarmos a discorrer sobre os últimos anos da escravatura e sobre os movimentos abolicionistas, bem como sua subsequente influência sobre a Irmandade de São Benedito, a Faculdade de Direito e o Largo São Francisco em um contexto geral, trataremos das relações conflituosas que se estabeleceram, alguns anos antes – principalmente na década de 1860 –, entre os irmãos *beneditos*, o comissário visitador da Ordem Terceira e uma nova irmandade criada por este último naquele mesmo espaço de culto, administrada por professores e alunos da Faculdade de Direito.

No período de pouco mais de uma década (1860-1871), a Igreja do Convento de São Francisco abrigou dois grupos distintos: a Irmandade de São Benedito e a Irmandade Acadêmica de São Francisco de Assis. Sobre esta última dedicaremos aqui algumas linhas introdutórias.

Há escassas fontes sobre a Irmandade Acadêmica. O que se pode saber sobre ela está registrado nos livros de atas, em documentos avulsos da Ordem Terceira de São Francisco e nos periódicos paulistanos de meados do século XIX. Para chegar às considerações aqui apontadas, fez-se necessário o aprofundamento em um conjunto de recortes de diversas atas de reuniões, bem como de jornais daqueles anos, principalmente concentrados na década de 1860. Não tivemos acesso às fontes primárias mantidas pela biblioteca da Faculdade de Direito da Universidade de São Paulo (USP), onde talvez possa haver algum material que tenha pertencido àquele grupo.

3.1 Irmandade Acadêmica: uma confraria de professores e alunos

No ano de 1860, o superior dos franciscanos recebeu, no Convento de Santo Antônio, no Rio de Janeiro, uma carta enviada pelo comissário visitador dos terceiros, solicitando autorização para criar, na Igreja do Convento de São Francisco de São Paulo, uma nova associação de leigos. O padre redator da missiva deixou claro saber da existência de uma confraria de pretos no local, mas alegou, entre os principais motivos para criação da nova corporação, a necessidade de reparos no telhado do templo e a falta de asseio dos *beneditos* com o espaço.

Quem escreveu o documento oficial, endereçado em nome da mesa administrativa da Ordem Terceira ao provincial franciscano, foi ninguém menos do que o Padre Ildefonso Xavier Ferreira (1795-1871), um conhecido dos irmãos pretos e também da Faculdade de Direito. Aliás, o sacerdote, que nasceu em Curitiba, mas formou-se na Academia do Largo e viveu boa parte da vida em São Paulo, teve um longo histórico de envolvimento político e influência na cidade. É atribuída a ele, por exemplo, a frase *Viva o primeiro rei do Brasil*, aclamada em uma celebração de acolhida a Dom Pedro I, na antiga Casa da Ópera – primeiro teatro de São Paulo –, na noite de 7 de setembro de 1822[92], horas depois de a independência ter sido proclamada.

Ildefonso foi figura influente na capital paulista, e apesar de não ter sido o primeiro a tentar se impor sobre os irmãos pretos, foi o que conseguiu seu intento. Já havia algum tempo que os comissários visitadores da Ordem Terceira – após a saída dos franciscanos, a maioria desses comissários eram sacerdotes seculares – tentavam administrar juridicamente os negócios da Irmandade de São Benedito. Aliás, alguns padres, com o passar do tempo, conseguiram se impor sobre irmandades de pretos na cidade, como já frisamos no primeiro capítulo. Em 1854, o

---

92. Alguns periódicos relataram a aclamação ao imperador feita pelo Padre Ildefonso na Casa da Ópera na noite de 7 de setembro de 1822. A *Revista Commercial* (29 dez. 1864, p. 2) faz menção ao episódio no texto intitulado *Um episodio da Historia Patria. Breves considerações á respeito do – QUADRO HISTÓRICO DA PROVINCIA DE S. PAULO, na parte relativa á vinda do príncipe regente á esta província, em 1822.* Por sua vez, *O Brazil Contemporaneo* (1888, p. 2) se refere ao fato no artigo *A proclamação da independencia do Brazil* citando o nome do Padre Ildefonso.

Correio Paulistano (18 jul. 1854, p. 2) relatou o problema que os confrades enfrentaram em relação às tentativas dos comissários:

> [...] Ora se assim é, qual a razão porque o actual commisario, de tempos em tempos quer arrogar-se o direito de supremo inspector da referida irmandade fazendo sentir aos seus funccionários uma jurisdição que não tem, dizendo que está auctorisado pelo provincial a fechar as portas da igreja, visto não se lhe prestar passiva obediência? Entretanto que isto se tem dado, como ainda no dia 12 do corrente se deu com o irmão procurador á quem disse esse commisario que não se retirava da igreja sem levar as chaves, visto não querer a irmandade sugeitar-se á sua estola, bem como não pedir provisão para expor o SS. Sacramento nas festividades, fazendo recommendações de irmãos mortos sem se lhe avisar, e outros actos iguaes.

Na continuidade da publicação, os *beneditos* demonstravam saber de suas obrigações e a quem deviam prestar obediência jurídica e administrativa: ao bispo diocesano, ao juiz de capelas[93] e à Ordem Terceira – esta última apenas porque a imagem de São Francisco era compartilhada por ambos os grupos em festas e procissões. Segundo os irmãos, o padre comissário não era alguém a quem deviam obedecer e muito menos alguém que podia impor suas vontades sobre eles. Seja qual tenham sido as motivações do Padre Ildefonso, a instalação de um novo grupo na mesma igreja poderia no mínimo limitar a autonomia dos negros.

Em todo caso, a administração do lugar estava em jogo. Ildefonso havia sido, além de secretário, professor na faculdade onde estudou. Era defensor da monarquia, formado na escola iluminista e regalista e um influente político que exerceu diversos cargos públicos ao longo da vida. Desde que fora eleito

---

93. O juiz de capelas e resíduos era o funcionário da administração pública responsável por vistoria, inspeção e bom andamento das igrejas e dos cultos promovidos pelas irmandades. Esses juízes tinham influência direta e fiscalizavam as movimentações financeiras dos templos das confrarias.

comissário visitador da Ordem Terceira, em 1851, tentou impor sua jurisdição à Irmandade de São Benedito.

O documento endereçado ao provincial, cuja cópia os terceiros reproduziram em seus arquivos começa exaltando a figura do superior franciscano e segue elencando as dificuldades dos *beneditos* em manter o templo – segundo sua avaliação –, os propósitos para a instalação de um nova corporação de leigos, os membros que comporiam a mesa, a festa do santo patrono e os reparos que seriam realizados no templo; termina frisando que o novo grupo estaria inteiramente disposto a devolver a igreja aos franciscanos, caso eles um dia voltassem à cidade. Em uma das partes, o redator expressa:

> [...] a Irmandade de S. Benedicto que della cuidava, mandando-a abrir todas os dias para as Missas quotidianas celebrando a festa de S. Benedicto e do Sto. Padre.
> Mas não tendo possibilidade para cuidar no telhado apparecerão varias goteiras e o assoalho da Igreja necessita de completa reforma.
> Nestes termos lembrarão-se vários Lentes da Faculdade com os Professores de preparatórios formar uma Irmandade Academica de São Francisco de Assis para não só solemnizar o N(osso). Sto. Padre, como igualmente reparar, e acêar o Templo. Pedirão-me conseguisse da Meza da Ordem 3ª licença para ahi se reunirem e formalizarem a Irmandade.

Os argumentos apresentados pelo comissário parecem ter agradado ao superior, Frei Antônio do Coração de Maria e Almeida, que, como já sinalizado, tinha conhecimento dos acontecimentos ocorridos na igreja em questão na década de 1850. Não demorou muito, e a resposta chegou, dias depois, em 4 de dezembro de 1860[94]. Assim se lê na confirmação do provincial:

---

94. AOTSFSP. Resposta do provincial dos franciscanos sobre a criação da Irmandade Academica de São Francisco de Assis. 4 dez. 1860. Pasta 292. Documentos diversos.

> Em resposta a attencioza Carta que V(ossa) P(aternidade) Revma me dirigio em data de 19 do passado sollicitando o meu Consenso para a instalação da Irmandade, que se propõem reparar o Templo, e promover o culto de N(osso) P(adre) Patriarcha, tenho o prazer de communicar a V(ossa) P(aternidade) Revma. que não só approvo, como muito louvo os piedozos sentimentos, que inspirarão esta idêa a homens tão destinctos por sua illustração, e pozição social. Julgo entretanto conveniente não prescindir de um accordo com a Meza da Ordem 3ª e mesmo da Irmandade de S. Benedicto, afim de manter-se inalterável a harmonia entre todas estas Instituições e evitar-se quaes quer duvidas de futuro, sempre desagradáveis [...].

Padre Ildefonso tinha pressa em criar a Irmandade Acadêmica. Foi ele quem redigiu e enviou a carta ao provincial, em nome da mesa da Ordem Terceira, inclusive alegando que os superiores dos terceiros não estavam na cidade para assinar o documento, mas que haviam concordado com ele. Foi o mesmo comissário quem elaborou os novos estatutos – o Compromisso da Irmandade Acadêmica foi aprovado em 19 de março de 1861 –, serviu de secretário nos primeiros anos da confraria e organizou, junto com professores e alunos, a primeira festa de São Francisco, realizada dias antes de sua carta e da resposta do superior. Aliás, a primeira festa, relatada na *Revista Litteraria Paulistana* (1860, p. 30-31) pode ter motivado a escrita da carta-pedido dias depois e animado o comissário visitador. Segundo a revista, a festa "era o catholicismo em seu explendor; o povo correu em massa para admiral-o em suas manifestações de jubilo e de prazer, trocando suas fadigas pelas alegrias que elle inspirava".

Os terceiros chegaram até mesmo a pedir explicações sobre a criação de uma nova irmandade na igreja da qual tinham eles o direito administrativo. As dúvidas foram dirimidas pelo comissário, meses depois. O Compromisso foi aprovado no ano seguinte, e em sessão de mesa, de 31 de agosto de 1862[95] foi apresentado pelo Irmão Ministro (da Ordem Terceira) o parecer da Comissão nomeada para tratar de acordo com as comissões das Irmandades Acadêmica de São Francisco de Assis e de São Benedito. As referidas comissões foram criadas para oficializar os dois grupos na mesma igreja e para tratar da fusão financeira das duas irmandades. Nos anos seguintes, as tratativas continuaram, até a oficialização definitiva da Irmandade Acadêmica, mas a fusão das duas confrarias – administrativa e financeira – jamais aconteceu.

Convém ressaltar aqui que, por alguns anos, os dois grupos conviveram no mesmo espaço. As festas de São Francisco lideradas pelos acadêmicos começaram antes mesmo da aprovação, como vimos, e perduraram por uma década. Os outros propósitos iniciais apresentados ao provincial demoraram um pouco mais para serem cumpridos. Algumas das reformas do assoalho e do telhado só foram realizadas em 1865, e com os custos compartilhados entre as duas confrarias. O objetivo de integrar as contas também não foi atingido, seguindo-se os anos com cada grupo realizando sua festa do santo patrono e tendo receitas e despesas anotadas em livros diferentes.

Até mesmo a adesão dos acadêmicos a sua confraria não foi tão expressiva. Ao menos eram o que descreviam alguns periódicos. O jornal *Imprensa Academica* (28 abr. 1864, p. 3) – voltado aos estudantes de São Paulo – relatou em tom melancólico: "Mas não sei que fatalidade pesa actualmente sobre a Irmandade Academica [...]. Nota-se um esfriamento, uma indiferença, e a irmandade jaz, apenas fracamente sustentada por um limitado número de irmãos [...]". Dos primeiros aos últimos anos em que funcionou, a Irmandade Acadêmica não foi muito expressiva entre os

---

95. AOTSFSP. Livro de actas. Termos de posse dos irmãos (1792-1863). 31 ago. 1862, p. 47-50.

estudantes, os professores e a sociedade paulistana de um modo geral. O mesmo redator da carta publicada no *Impressa Academica* continuou:

> A irmandade lucta com dificuldades pelo seu estado critico de finanças; os procuradores quasi nada conseguem, as contribuições são escassas, e o cofre está exhausto.
> Ora, n'um tal pé, como poderá sustentar-se essa associação que tanto honra a mocidade acadêmica; instituição que no seu genero poderia ser a primeira desta cidade, visto como pode contar no seu seio perto de mil irmãos, que com suas contribuições farião-na emminentemente brilhante, e no entretanto é a mais decadente de todas?

Já o *Correio Paulistano* (6 nov. 1864, p. 2) relembrou os objetivos da formação daquele grupo e as reformas necessárias na igreja, as quais ainda não haviam sido realizadas e que, segundo o texto, deviam ser feitas entre as irmandades de São Francisco e São Benedicto. Já no fim da década, o *Diário de S. Paulo* (7 out. 1869, p. 3) noticiou as eleições dos irmãos de mesa, fato que não havia acontecido no ano anterior, talvez por dificuldades de liderança. A partir de 1871, as citações sobre a confraria leiga da Faculdade de Direito praticamente desapareceram dos periódicos paulistanos, voltando vez ou outra em recordações de fatos ocorridos na década de 1860.

Parece-nos que, com a morte do Padre Ildefonso, ocorrida em 1871, morreu também o desejo de manter aquela associação na Academia de Direito. Nos anos seguintes, os jornais não dizem mais nada sobre festas de São Francisco realizadas por aquele grupo – citando-as, contudo, sob a coordenação dos *beneditos*. Ao que tudo indica, a Irmandade Acadêmica não perdurou por muito mais que uma década. Do mesmo jeito que surgiu, rapidamente desapareceu.

3.2 Antonio Bento de Souza e Castro: estudante de Direito e confrade *benedito*

A passagem relâmpago da Irmandade Acadêmica de São Francisco quase não afetou o dia a dia da confraria de pretos. Como dissemos, os irmãos continuaram se reunindo, deliberando sobre a festa de seu orago, realizando seus enterros e suas atividades no espaço, mesmo que tivessem de compartilhá-lo com um grupo de brancos, em sua maioria advogados e estudantes de Direito. Não tivemos acesso a documentos que explicitem ou comprovem alguma tentativa dos acadêmicos de retirar os irmãos pretos do templo.

Nos documentos oficiais escritos pelos acadêmicos, o santo patrono da igreja é, geralmente, mencionado como São Francisco. Aliás, como já frisamos, a administração da festa deste santo foi um dos argumentos apresentados pelo Padre Ildefonso, ao superior franciscano, para justificar uma nova confraria, e tal questão também já havia gerado discussões entre *beneditos* e terceiros em anos anteriores. Sobre a titularidade do templo, porém, tendo como patrono principal ora São Francisco, ora São Benedito, vale fazer aqui mais algumas considerações.

Ao longo deste livro, tratamos da disputa simbólica que havia em torno dos nomes do santo titular (patrono) da Igreja do Convento de São Francisco. Para os irmãos *beneditos*, desde que assumiram as chaves, em meados de 1850, a igreja era de seu orago – portanto, de São Benedito –, mesmo que em alguns documentos oficiais das primeiras décadas ainda hesitassem em associá-la ao santo preto. Porém, quando mencionamos as diferentes nomenclaturas utilizadas para identificar o mesmo espaço de culto, estamos tratando geralmente não apenas de registros feitos pelos irmãos *beneditos*, mas de documentos de outras autorias, como da Ordem Terceira, da Irmandade Acadêmica e de periódicos.

Os periódicos estudados, por exemplo, se revelaram – dependendo da linha editorial (conservador, liberal, republicano, abolicionista etc.), da época em que o texto foi escrito e do redator chefe – tendendo a variar o nome do titular da igreja. Assim, em diferentes épocas, ao longo do século XIX, a veremos – lembrando que estamos sempre falando da igreja dos frades franciscanos, e não daquela dos terceiros – sendo citada em jornais e em fontes primárias basicamente de três formas: *Igreja de São Francisco, Igreja de São Benedito* e *Igreja do Convento de São Francisco*. A primeira forma foi utilizada principalmente por órgãos oficiais, a segunda pelos *beneditos* e por seus simpatizantes e a terceira serviu comumente para indicar certa neutralidade em relação às disputas.

Na década de 1880, por exemplo, ao relatarem um incêndio na Academia, o qual abordaremos mais detalhadamente adiante, os jornais usaram nomenclaturas diversas para identificar o local. O *Correio Paulistano* (17 fev. 1880, p. 3, grifo nosso) assim se expressou: "um rondante deu signal que manifestava-se um incendio no edifício da Faculdade de Direito na parte contigua á **Egreja de S. Francisco**". Já o jornal *A Constituinte: Orgam Liberal* (17 fev.1880, p. 1, grifo nosso) afirmou que "o incêndio destruiu a sala da congregação, a da secretaria e a do archivo, e passando para a **igreja de S. Benedito**, destruiu o altar-mór [...]"; na mesma página, complementou: "[...] manifestou-se incendio no edifico da faculdade de direito e **igreja annexa, sob a invocação de S. Benedicto**". Enfim, o *Almanach Paulista* (1881, p. 94, grifo nosso), em sua primeira edição, relembrou o ocorrido um ano antes, na seção *Datas Memoráveis*, da seguinte maneira: "do grande incendio que destruio o archivo da Academia e parte da **egreja do convento de S. Francisco** [...]".

A não unanimidade nos periódicos, ao se referirem ao nome da mesma igreja, ao longo de quatro décadas, aparentemente nos revela a disputa simbólica sobre a qual temos discorrido aqui. Nesse embate, a Irmandade de São Benedito conseguiu deixar impressas as suas marcas.

Há de se lembrar também que, para dirimir confusões de nomenclatura ou evitar a confirmação da legitimidade dos negros, os documentos dos terceiros, bem como alguns periódicos, como o já citado *Almanach Paulista*, por vezes se referiram ao templo, até os finais de 1880, como *Igreja do Convento de São Francisco*, deixando a titularidade da *Igreja de São Francisco* para aquela dos terceiros, situada ao lado. O próprio confrade Antonio Bento, homem branco cuja presença no Largo trataremos agora, não usa a expressão *Igreja de São Benedito*, mesmo tendo sido membro da confraria ali instalada e conhecido os confrades que dela faziam parte. Entre o fim do século XIX e o início do XX, porém, a questão já não parecia ser mais um problema. Logo após a abolição, provavelmente já com seu santo preto no altar principal – como veremos a seguir –, a Igreja de São Benedito passou a ser assim citada em referências diversas nos jornais paulistanos e nos documentos, como recibos, cartas, bilhetes de pagamentos. No início do século XX, todos os documentos se referem a ela desta maneira, e até mesmo o bispo da Diocese de São Paulo a intitula assim.

Passemos, então, a analisar a presença de Antonio Bento de Souza e Castro na Irmandade de São Benedito. Em 1877, ele retornou a São Paulo, depois de um período trabalhando em comarcas do interior da Província. A partir daquele ano, os confrades *beneditos* receberam apoio desse irmão, que foi importante para as decisões que tomaram na sequência, ao menos até o início da década de 1880. Percebemos que, durante anos, Antonio Bento participou ativamente da implantação de modernizações na igreja do Largo e de pedidos de doações em dinheiro para as reformas, além de ter feito doações do próprio bolso. Também intercedeu junto à Igreja paulista pela adesão à libertação dos escravizados, cujo anúncio foi feito em uma festa de São Benedito.

Teremos o cuidado também, neste momento em que particularizamos uma biografia amplamente analisada por Alexandre Ferro Otsuka (2015), em *Antonio Bento: discurso e pratica abolicionista na São Paulo da década de 1880*, e já apresentada por outros autores e por memorialistas da abolição[96], para não cairmos na repetição da ideia de construção de mitos fundadores ou, como afirma Machado (2010, p. 133-138), para não idealizarmos "salvadores da pátria", em cujo protagonismo nas lutas pró-emancipação dos escravizados se basearam os memorialistas por longo tempo na historiografia.

Otsuka (2015, p. 86-108) observou que esse tipo de abordagem construtiva de personagens brancos heróis foi bastante utilizado por memorialistas e historiadores da abolição no início do século XX. A figura do advogado branco católico, que assume a liderança da causa e do grupo dos Caifazes[97], depois da morte de Luiz Gama, parece ter se encaixado perfeitamente ao modelo que se pretendeu priorizar em um determinado período.

Obras como as de Maria Helena Machado (2010), Robert Slenes (2011) e João José Reis (1991) – já citados – procuraram ampliar as análises historiográficas sobre o protagonismo de

---

96. Nossa análise sobre o personagem Antonio Bento de Souza e Castro – sua liderança abolicionista, seu envolvimento com irmandades católicas e com a imprensa – se baseou nas citações sobre ele feitas por autores como Robert Conrad (1975), Antonia Aparecida Quintão (2002a), Maria Helena Toledo Pereira Machado (2010) e, especialmente, Alexandre Otsuka (2015).

97. Segundo Ângela Alonso (2015, p. 298), a Ordem dos Caifazes – ou Movimento dos Caifazes – foi herdada de Luiz Gama e rebatizada por Antonio Bento logo após a morte do primeiro. Tratava-se de um grupo de homens livres, abolicionistas, que, entre outras coisas, adentrava as fazendas do interior paulista para convencer os escravizados a fugir. O nome do grupo é inspirado em uma passagem bíblica do evangelista João (BIBLIA, João, 11, 50), na qual o sumo sacerdote judeu Caifás afirmou: "Nem considerais que vos convém que morra um só homem pelo povo, e que não pereça toda a nação". Esta fala foi proferida na condenação de Jesus Cristo e, no caso dos Caifazes, utilizada para justificar suas ações. Eles seriam, portanto, aqueles que morreriam pela causa, se necessário fosse.

outros personagens, particularmente de negros, pardos e brancos pobres, nas últimas décadas do escravismo no Brasil. Sendo assim, tendo de antemão tais pressupostos e não negando totalmente a influência do confrade Antonio Bento sobre o grupo de negros do Largo São Francisco, consideramos que sua presença foi uma contribuição a mais, somada a diversas outras.

Em outro ponto de vista, ainda sobre a figura dos personagens históricos do abolicionismo brasileiro, Claudia Andrade dos Santos (2000) afirma, em seu texto *Projetos sociais abolicionistas: ruptura ou continuísmo?*, que não podemos correr o risco de nos focarmos por demais na análise sobre o protagonismo da rebeldia negra em detrimento a minimização das ações empreendidas por agentes importantes, protagonistas da luta antiescravista, negros e brancos, políticos e influentes, como André Rebouças e Joaquim Nabuco, entre outros. Segundo ela, o abolicionismo brasileiro é muito mais complexo do que foi discutido por muito tempo.

> No sentido de resgatar a importância da "rebeldia negra" para o fim da escravidão, muitos pesquisadores se voltaram para os traços deixados pelas ações dos escravos nas décadas de 1880. O encontro com os processos criminais e os arquivos policiais, entre outros documentos, possibilitou a emergência, no centro da trama abolicionista, das fugas, dos crimes e das rebeliões coletivas de escravos. O objetivo norteador de muitas dessas pesquisas era mostrar que os escravos lutaram independentemente da instigação dos líderes abolicionistas e isso muito antes do ano de 1887. Nessa via, muitos pesquisadores acabaram reduzindo, talvez excessivamente, o papel dos abolicionistas (SANTOS, 2000, p. 58-59).

Tendo todos estes elementos elencados como base, voltemos a Antonio Bento de Souza e Castro, que ficou conhecido por ser líder do grupo dos Caifazes, por sua luta pela libertação dos escravizados através da imprensa, de modo particular no jornal *A*

Redempção, e por ser católico, membro de algumas confrarias na capital paulista. Sua participação nas confrarias de pretos, por vezes, como veremos, visou tomadas de decisões junto aos seus membros em causas a favor da libertação.

Contudo, foi na participação e na reorganização de uma irmandade de brancos, também localizada no centro de São Paulo, que a adesão de Antonio Bento a favor do abolicionismo ficou explícita. Na Igreja da Irmandade de Nossa Senhora dos Remédios, localizada originalmente onde hoje se encontra a atual Praça João Mendes, funcionou a redação do periódico fundado por ele nos últimos anos do regime escravista; os Caifazes se reuniam em mesa administrativa para decisões que iriam tomar, e de lá o confrade fazia articulações com as outras irmandades, por meio de cartas, documentos e bilhetes. Como juiz da Irmandade dos Remédios, estendia sua participação também a outros espaços da cidade, particularmente negros.

Embora tenha entrado para os livros de história como radical abolicionista, o confrade só assumiu a bandeira da causa dos escravizados de forma declarada depois de 1882. De fato, a pesquisa de Otsuka (2015, p. 83) não conseguiu identificar um viés libertador em Antonio Bento no tempo em que esteve em Botucatu, Rio Claro ou Atibaia, por exemplo. A imagem de defensor dos escravizados e líder, contudo, teria sido construída, de acordo com o pesquisador, de forma quase perfeitamente retilínea, a fim de sugerir uma continuidade na liderança da causa. Sua biografia anterior à adesão ao movimento em São Paulo foi assim resumida:

> [...] Nascido em São Paulo em 17 de fevereiro de 1843, Antonio Bento era filho de um abastado farmacêutico português, Bento Joaquim de Souza e Castro, e da brasileira Henriqueta Vianna de Souza e Castro. Ingressou no curso de Ciências Jurídicas e Sociais na Faculdade de Direito do Largo de São Francisco em 1864, como era corriqueiro para um filho da elite

paulistana. Após concluir o curso, em novembro de 1868, encontrou dificuldades para obter sua colação de grau devido a um desentendimento com o professor Conselheiro Francisco Maria Furtado de Mendonça. O imbróglio foi rapidamente resolvido e, em junho de 1869, Antonio Bento entrou no exercício do cargo de promotor público da Comarca de Botucatu. Ficou pouco tempo neste termo, sendo rapidamente transferido para a Comarca de Rio Claro, onde permaneceu até o início de 1870, sendo deslocado, em janeiro de 1871, para Atibaia, onde acumularia os cargos de delegado de polícia e juiz municipal e de órfãos. Entre 1875 e 1877, Antonio Bento voltou a São Paulo [...] (OTSUKA, 2015, p. 108-109).

Sobre a personalidade, tipo físico e estilo próprios de Antonio Bento, Ângela Alonso (2015, p. 312) sinaliza algumas particularidades: "magro, estreitado, de tornozelo à orelha, no longo capote como num tubo, chapéu alto, rijo cavanhaque de arame, o olhar disfarçado nos óculos azuis como uma lâmina no estojo". Parecia ser um homem feito de contrastes, meigo e violento, que manda como um chefe e obedece ao primeiro soldado. Afirma ela:

> Luís Gama tinha John Brown por ídolo, mas Bento guardava com o estadunidense maior similitude: de posição social, homens de posses e inserção na elite, de tipo físico, brancos, de credo – Brown puritano, Bento católico – e de método, o destemor em usar a força contra a escravidão.

Quando voltou à capital paulista, os movimentos pró-libertação já estavam espalhados em diversas Províncias por todo o Brasil, e a cidade de São Paulo se destacava neste particular. Conforme afirma Alonso (2015, p. 19-20), o movimento se intensificou nos finais da década de 1880. Contudo, vinte anos antes, em fins de 1860, já se mostrava dando os primeiros passos. Os escravistas, por sua vez, se organizaram na política ou nos chamados "clubes de lavoura"[98], para se manterem firmes contra aquele movimento social que se intensificava e ganhava cada vez mais apoio, em nível nacional, ano após ano. Em seu livro *Flores, votos e balas: o movimento abolicionista brasileiro (1868-1888)*, a autora apontou os passos que levaram à derrocada do regime, articulados concomitantemente no Congresso, nas ruas, na imprensa e nas camadas sociais mais populares e empobrecidas, ao longo de duas décadas.

O primeiro movimento social brasileiro, segundo Machado (2010, p. 24-25) e Alonso (2015, p. 20), começou a ser articulado e apoiado na segunda metade do século XIX, com a criação de sociedades e clubes abolicionistas, associações acadêmicas de libertação de cativos, sociedades de ajuda mútua, entre outras iniciativas que, apoiadas pelo apelo internacional de países libertos, começaram a forçar o governo brasileiro e suas lideranças a tomarem atitudes em relação ao tráfico humano e ao trabalho escravo.

Para Alonso (2015, p. 19), foi a partir da organização articulada de uma série de personagens – políticos, advogados, militares, civis (negros, pardos, brancos pobres) – que o movimento ganhou força:

> [...] o movimento elegeu retóricas, estratégias e arenas, conforme a conjuntura política e em atrito com iniciativas de governos e escravistas, operando sucessivamente com flores (no espaço público), votos (na esfera político-institucional) e balas (na clandestinidade), num jogo de ação e reação de duas décadas (1868-1888).

---

98. Sobre estes clubes, afirma Machado (2010, p. 84): "Baluartes da reação escravista, tais associações assumiram, no Oeste Paulista, principalmente nas áreas de expansão da província, uma crescente hostilidade com relação tanto às reinvindicações escravas quanto à atuação de advogados interessados na causa da libertação jurídica dos cativos".

Segundo a mesma autora, a partir de 1870, os movimentos pró-libertação dos cativos se intensificaram, ganhando cada vez mais adeptos, seja na política, nas ruas ou nas confrarias católicas – particularmente aquelas compostas por negros em sua maioria –, que passaram a ser utilizadas como lugar de identificação abolicionista. Alonso não se refere diretamente às confrarias de pretos como lugares abolicionistas em São Paulo – com exceção da Irmandade dos Remédios, que não era propriamente de pretos e que foi recordada quando da menção a Antonio Bento –, mas observa a interligação entre elas, estabelecida pelo confrade em questão, que, em razão de seu cargo de juiz nos Remédios, influenciava decisões nas outras confrarias da cidade.

É importante ressaltar que identificamos, mais de uma vez, o nome de Antonio Bento sendo citado como membro de diferentes confrarias católicas de São Paulo. Como já dissemos, em momentos decisivos e importantes para aquelas compostas por negros, ele foi chamado para intervir, contribuir e dar sugestões em reuniões deliberativas. Antonia Quintão (2002a, p. 85-88) indicou sua presença em momentos decisivos das Irmandades de Nossa Senhora do Rosário dos Homens Pretos e de Santa Efigênia e Santo Elesbão, inclusive com participação na mesa administrativa.

Na Irmandade de São Benedito, Antonio Bento se alistou ainda jovem, em 1866, enquanto estudava na Faculdade de Direito. Nos dois anos seguintes, foi irmão de mesa. Nesse mesmo período, formou-se e se mudou para o interior. Quando do seu retorno a São Paulo, dez anos depois, assumiu o cargo de juiz da confraria – que era, como já dissemos, o mais importante. Dali em diante, até o fim da vida – faleceu em 1898 –, pagou anuidade e, mesmo sem assumir cargos de liderança, teve o nome listado em momentos de decisões importantes, como foi o caso das grandes obras de reforma que ocorreram após o incêndio de 1880.

Por mais que Otsuka, bem como este pesquisador, não tenha conseguido identificar, em documentação, o abolicionista Antonio Bento antes da década de 1880[99], sua proximidade com os irmãos pretos no tempo em que era estudante – mesmo período em que a Irmandade de São Benedito compartilhou a igreja com a confraria acadêmica (1860-1871) – e os debates anteriores pela posse das chaves e do templo (1854-1860), dos quais deve ter tido conhecimento, podem ser sinalizados como os primeiros contatos de Antonio Bento com a causa dos escravizados.

Não tivemos acesso a outros livros de registros de irmandades paulistanas nos quais o nome de Antonio Bento possa ter aparecido como confrade antes de 1866. Também não sabemos se, entre 1867 e 1868, sua participação como irmão de mesa tenha exercido alguma ingerência sobre a Irmandade de São Benedito. Nem mesmo temos como concluir se tal participação tenha algo a ver com a outra irmandade que disputava o uso do mesmo espaço físico. A Irmandade Acadêmica de São Francisco de Assis era, como vimos, composta por professores e alunos do Direito, organizava festas e convivia lado a lado com a São Benedito. O que fazia ele, então, alistado em um grupo negro? Qual sua intenção? Nascia ali já um confrade em defesa dos negros escravizados?

Não há como identificar o que levou Antonio Bento a se tornar um *benedito*. O que sabemos é que isto se deu quando ele ainda era muito jovem, aos 23 anos. No livro de assentamentos, assim se lê: "Antonio Bento de Souza e Castro alistou-se aos 30 de dezembro de 1866 como irmão simples, pagou 640 [réis]. Pagou todos os anos até 1896. 1897 pagou. Mesário em 1867 a 1868. Juiz em 1877"[100]. O documento confirma o pagamento de

---

99. Para reconstituir o tempo em que Antonio Bento atuou fora de São Paulo, Otsuka se baseou nos estudos de Elciene Azevedo (2010).

100. ACMSP. Irmandade do Glorioso São Benedicto. Livro de assentamento dos irmãos (libertos) (1846-1896), p. 159.

anuidade até um ano antes de sua morte, o que significa ter sido um membro ativo.

Para esta pesquisa, contudo, valemo-nos também das informações elencadas por historiadores sobre o período da vida de Antonio Bento que mais foi estudado, ou seja, logo após a adesão às lutas abolicionistas e da morte de Luiz Gama, ocorrida em 1882. Aliás, sobre este último, é importante ressaltar aqui que seu nome tem aparecido com certa frequência neste livro como personagem secundário. De fato, em um primeiro momento, quando tratamos do cemitério dos irmãos, relembramos o poema-homenagem escrito por ele e que mereceu certo destaque. Agora, seu nome se interliga diretamente com o do confrade que temos apresentado.

O líder negro, advogado abolicionista, como é frequentemente qualificado, foi um dos principais ativistas da campanha antiescravista na capital paulista. Luiz Gama, ao contrário de Antonio Bento, não pertenceu a irmandades católicas, mas alistou seu filho primogênito Benedito Graco Pinto da Gama[101], ainda pequeno, naquela de São Benedito. De alguma forma, Gama frequentou, por um período significativo de sua vida, a região do Largo São Francisco. No ativismo que desempenhava, criou uma ampla rede de relações com alguns nomes que provinham da Faculdade de Direito. Otsuka (2015, p. 22) afirma:

> Enquanto atuou nas barras dos tribunais em prol da libertação de escravos, Luiz Gama teceu, ao seu redor, uma rede de colaboradores abolicionistas. Grande parte desses homens, oriundos da Faculdade de Direito do Largo São Francisco, atuavam como advogados e/ou na imprensa. [...] Tais homens, contudo,

---

101. No livro de assentamento dos irmãos, assim se lê: "Benedicto Gracho Pinto da Gama entrou nesta irmandade aos 30 de maio de 1862 como irmão simples e pagou a entrada de 640$". ACMSP. Irmandade do Glorioso São Benedito. Livro de assentamento dos irmãos (libertos) (1846-1896), p. 143.

não limitavam sua atividade às barras dos tribunais e folhas de jornal, espraiando-se por outras instituições e frentes, criando e atuando em organizações de mote abolicionista como caixas libertadoras, clubes abolicionistas, lojas maçônicas e irmandades religiosas.

O que a historiografia tem demonstrado é que aquela região e, de modo particular, a Faculdade de Direito foram lugares privilegiados para o surgimento de grupos e personagens ligados ao movimento antiescravagista. Por ali, transitaram nomes conhecidos, mas também outros ainda pouco lembrados nas páginas da história. É o caso do advogado abolicionista baiano Filinto Justiniano Ferreira Bastos. Apesar de pouco conhecido, foi quem articulou a liderança do movimento nas duas faculdades de Direito de então, as de São Paulo e do Recife. Ao abordar sua trajetória em ambas as academias, Josivaldo Pires de Oliveira (2018, p. 2) reconhece: "a Faculdade de Direito de São Paulo foi, no século XIX, importante reduto de ativistas políticos que tinham, nos grêmios e associações estudantis, espaços para suas militâncias".

O centro de São Paulo, onde os irmãos pretos de São Benedito há muito se reuniam, foi se transformando, na segunda metade do século XIX, em lugar privilegiado para as pautas políticas. Inseridos nesse contexto e apoiados por lideranças que os conheciam de perto, os *beneditos* devem ter seguido a mesma trilha antiescravagista do entorno. A presença da Irmandade de São Benedito naquele ponto específico da cidade pode ter contribuído para o desenrolar de eventos decisivos nas campanhas abolicionistas e, internamente, relevantes para os confrades. Mesmo que, na historiografia oficial, os irmãos e sua confraria raramente sejam citados, supomos – e ficaremos por enquanto somente com a hipótese – sua relevância simbólica, no que diz respeito às discussões sobre a abolição.

Ainda sobre Antonio Bento e sua participação na causa abolicionista, vale destinar mais algumas linhas ao movimento que esteve sob sua liderança: o dos Caifazes. Embora a atuação do grupo ainda necessite de pesquisas mais aprofundadas, já se conhece o que foi apresentado por memorialistas ao longo do século XX[102]. Conrad (1975), Quintão (2002a), Machado (2010), Alonso (2015) e Otsuka (2015) também listaram ações por eles empreendidas.

Segundo os apontamentos de Machado (2010, p. 103), os Caifazes atuaram na clandestinidade, estabelecendo relações entre as zonas rural e urbana. Composta por homens livres independentes, tal organização adentrava em fazendas, através do convencimento boca a boca, tentando persuadir os escravizados a fugirem. Uma vez decididos a partir, homens e mulheres deixavam as senzalas em busca de liberdade, sendo auxiliados por outros membros do movimento e por abolicionistas, nas ferrovias, no comércio e nas cidades. O caminho a ser percorrido até o destino final, o Quilombo do Jabaquara[103], era longo; portanto, se fazia primordial contar com uma vasta rede de relações. Otsuka (2015, p. 26) ainda diz:

> Apesar da existência de homens livres independentes auxiliando a fuga de cativos das fazendas já no início da década de 1880, o grupo que ficou mais conhecido por exercer tal prática em São Paulo foi a *Ordem dos Caifazes*, pretensamente organizada e liderada por Antonio Bento de Souza e Castro. A incitação e o auxílio à fuga dos escravos demandavam uma verdadeira rede de solidariedade, exigindo grande organização e respaldo das populações citadinas.

---

102. Alguns memorialistas da abolição que citam os Caifazes e, particularmente, Antonio Bento são: Henrique L. Alves (1963), Bueno de Andrada (1941), Francisco Martins Santos (1986) e René Thiollier (1932).

103. O Quilombo do Jabaquara foi um reduto abolicionista na cidade de Santos. Segundo o relato de memorialistas, teria sido o principal refúgio utilizado pelos abolicionistas de São Paulo. Para saber mais, cf. Machado (2006).

Embora não tenhamos encontrado, após 1882, registros que demonstrem ter Antonio Bento utilizado a igreja no Largo São Francisco para acoitamento de escravizados ou para reuniões do movimento dos Caifazes – nem mesmo o encontramos exercendo cargos de liderança daquele ano em diante –, é sabido que, nos dois anos anteriores, 1880 e 1881, os *beneditos* contaram com uma atuação significativa de seu confrade advogado.

Como frisamos desde a introdução, a documentação sobre a Irmandade de São Benedito se avolumou na década de 1880, concentrando-se principalmente nos dois primeiros anos. Em cartas, textos, bilhetes e diferentes documentos, que circularam entre as confrarias e na imprensa, o nome de Antonio Bento apareceu diversas vezes como figura central. De fato, como veremos a seguir, o incêndio ocorrido em fevereiro de 1880 tornou-se um dos trágicos eventos que mais marcaram a capital no começo da década. O episódio foi tão relevante que diversas cartas foram trocadas, anúncios foram publicados nos jornais e pedidos de ajuda para reconstrução do templo circularam por alguns anos. Estes talvez tenham sido os maiores esforços demandados da Irmandade de São Benedito nos mais de oitenta anos em que eles foram os principais usuários da Igreja do Convento de São Francisco.

3.3 O grande incêndio: protagonismo nas reformas

A década que se tornaria "incendiária" e decisiva para o movimento de libertação dos escravizados começou pegando fogo, literalmente, no Largo São Francisco. Em 16 de fevereiro de 1880, por volta das três horas da madrugada, a cidade acordou ao som do repique dos sinos das igrejas centrais, com a agitação dos moradores e com as labaredas de um grande incêndio na Academia de Direito. O fogo varou a madrugada, tendo começado na secretaria da faculdade e se alastrado para a igreja, destruindo a capela-mor e o altar principal, chamado também de altar-mor. A Igreja foi parcialmente destruída naquele incêndio. O fogo não se alastrou por todo o prédio, tendo sido debelado antes de se estender para a nave central e para os altares laterais. Queimaram apenas a capela-mor e altar-mor, que era o local onde o sacerdote se posicionava para a celebração da missa – portanto, lugar liturgicamente mais importante nas igrejas. No começo da manhã, o fogo foi extinto.

Jornais como *Correio Paulistano*, *A Constituinte* e *Jornal da Tarde* relataram o ocorrido de forma detalhada no dia seguinte e em edições posteriores. Historiadores como Frei Basílio Röwer (1957) e Leonardo Arroyo (1966) também relataram o fato, ao se referirem ao novo altar encomendado da Alemanha, sob a coordenação, segundo eles, da Irmandade Acadêmica. Aquele parece ter sido um dos maiores incêndios ocorridos na capital paulista até então, o que deu origem, inclusive, menos de um mês depois, à lei que criou a primeira Seção de Bombeiros[104], destinada exclusivamente a apagar incêndios que ocorressem na cidade.

Dos jornais citados, optamos por transcrever as linhas de um deles – já recordado neste capítulo –, pelo fato de fazer menção à Igreja de São Benedito, algo pouco comum naquele início de década em versões públicas. A titularidade atribuída a São Benedito, aliás, foi reforçada n'*A Constituinte: Orgam Liberal* (17 fev. 1880, p. 1, grifo nosso), que assim noticiou o ocorrido:

---

104. Trata-se da Lei 6, de 10 de março de 1880, que reza: "[...] Fica o governo da provincia autorisado a organisar, desde já, uma secção de bombeiros, annexa à companhia de urbanos da capital, e a fazer acquisição dos machinismos proprios para a extincção de incêndios". No site do Corpo de Bombeiros do Estado de São Paulo, é possível encontrar parte desta história". Disponível em: <http://www.ccb.policiamilitar.sp.gov.br>. Acesso em: 30 nov. 2021.

> [...] Hontem, cerca das 3 horas da madrugada, manifestou-se incêndio no edifício da faculdade de direito e **igreja annexa, sob a invocação de S. Benedicto**. Aos avisos das principaes igrejas da capital, enorme multidão concorreu ao logar do sinistro e ao mesmo tempo uma força composta de urbanos, sob o comando do tenente Azevedo, de permanentes ás ordens de seu comandante, tenente coronel Toledo Martins, e de tropa de linha, dirigida pelo tenente Ewerton, procuraram dominar o incêndio, que já tinha tomado proporções violentas, o que conseguiram cerca das 6 horas da manhã.
>
> Ardeu toda a capella-mor da **igreja de S. Benedicto** e três salas do edifício annexo, onde se achava o archivo da faculdade de direito, que ficou quazi todo reduzido à cinzas.

Debeladas as chamas, era preciso descobrir as causas. As notícias nos jornais, quase todas, foram unânimes em dizer que o evento havia sido um ato criminoso. Segundo o chefe de polícia João Augusto de Paula Fleury, uma ou mais pessoas haviam entrado na secretaria da Faculdade de Direito e, na sala da congregação, embebido panos em querosene ou petróleo e ateado fogo. Fleury ainda disse que uma bengala foi encontrada na secretaria, além de panos banhados com material inflamável.

Nos dias que se seguiram, alguns jornais apontaram acusados e delinearam possíveis ações. *A Constituinte* (17 fev. 1880, p. 2) assim se expressou: "As circunstancias deste facto, ainda que de momento apanhadas, são de tal ordem que deixam suspeitas que o mesmo incêndio fôra o resultado de um plano criminoso". Já o *Correio Paulistano* (17 fev. 1880, p. 3) pediu punição dos acusados: "Á descoberta e ao severo castigo do criminoso devem se dedicar inteiramente as autoridades competentes, e nós fazemos votos para que tão bárbaro crime não fique impune". Enfim, *A Provincia de S. Paulo* – citada em edição especial de *A Constituinte* (17 fev. 1880, p. 1) – lamentou:

"Excecravel criatura ! ! !...Só é certo que mão criminosa deu origem ao calamitoso desastre".

Não entraremos no mérito das discussões políticas travadas entre os jornais. Basta dizer que alguns seguiam linha liberal; outros, linha conservadora; e todos disputavam espaço na arena política. No caso do sinistro no Largo São Francisco, alguns se referiram ao ato, por exemplo, como uma represália a acontecimentos da década anterior, a saber: a aprovação da Lei do Ventre Livre, em 1871; a tentativa de reforma educacional de João Alfredo, em 1874[105]; e, de um modo geral, a crise pela qual passava o império brasileiro, intensificada pelos movimentos abolicionistas que começaram a crescer significativamente nos finais de 1870.

Apenas para se ter ideia do panorama político no qual se inseria esse noticiário, citamos a edição do jornal liberal *A Constituinte* (18 fev. 1880, p. 1) publicada dois dias após o incêndio. O redator, dizendo-se ainda consternado, dedicou-se a transcrever as informações sobre o corrido que haviam sido publicadas em outros periódicos nos dias 16 e 17 de fevereiro. A edição é interessante para verificar como o sinistro foi relatado por diferentes jornais, mas o que chama mais a atenção é a introdução, explicitamente politizada.

Além de definir o ato como criminoso, o autor do texto diz ter visto um africano com mais de sessenta anos se lamentando e erguendo-se acima da fumaça. O texto parece querer apontar para além do que o autor diz ter visto: as lágrimas sentidas daquele vulto negro:

---

105. João Alfredo Corrêa de Oliveira apresentou ao governo imperial um projeto de reforma da instrução primária e secundária em 1874, que visava, entre outras coisas, à educação profissional para a população pobre – nos moldes paternalistas –, às escolas de ensino técnico e à modernização do império brasileiro. A reforma não foi aprovada, mas gerou uma série de discussões nos anos seguintes. Sobre a proposta de reforma do ensino de João Alfredo, cf. Faria (2020). E para saber mais sobre a crise do império brasileiro e a geração de políticos de 1870, cf. Alonso (2002).

> Quiséramos aos menos, como único castigo ao crimi-
> noso, oferecer-lhe um espectaculo que presenciamos:
> Vimos um africano, maior de 60 annos, derramar la-
> grimas sentidas diante d'aquellas ruinas -- onde viam
> estar os papeis de seu *senhor moço!*
> O vulto negro d'esse africano ergue-se acima da fuma-
> ça e das labaredas do incêndio, e denuncia o autor, ou
> autores de tão execranda catástrofe á severa condem-
> nação da consciência humana!
> E porque nas lamentações comuns encontramos le-
> nitivo para a dor e consolo para resistir o infortúnio,
> transcrevemos hoje em nossas columnas a opinião
> manifestada pela imprensa da capital, relatando o ex-
> traordinário acontecimento!
> É o grito pungente do irmão a lamentar as ruinas da
> casa paterna.

A lei dos sexagenários, que libertou os escravizados com mais de sessenta anos, como sabemos, só viria cinco anos depois – em 1885 –, mas, ao fazer menção à idade e à africanidade do vulto negro, bem como à paternidade atribuída à Faculdade de Direito, o autor do texto parece querer dizer algo sobre ela. Aparentemente, o fogo naqueles papéis do seu *senhor moço* queimou mais do que simples arquivos.

Como já afirmamos, o Largo São Francisco se tornou local privilegiado das disputas abolicionistas em São Paulo, e a cidade, por sua vez, o epicentro dos movimentos em toda a Província. Na Faculdade de Direito, formaram-se muitos dos que aderiram à causa, como o próprio Antonio Bento. Além disso, Luiz Gama, apesar de não ter sido admitido como aluno, frequentava a instituição em razão da amizade que mantinha com advogados, professores e alunos. Em todo caso, por mais que não entremos pormenorizadamente no debate político travado na imprensa, cabe ao menos reconhecer que os relatos sobre o incêndio refletiram a ebulição transformadora (social, econômica e política) pela qual passavam a Província e, de modo particular, a capital, desde meados do XIX.

Naquele 1880, São Paulo já havia passado de um pequeno burgo de estudantes, como aponta Otsuka (2015, p. 46), a um verdadeiro centro urbano, tornando-se ponto nodal de circulação de pessoas, mercadorias e ideias. Desde 1860, impactantes mudanças conformaram a vida das pessoas, influenciando de forma específica os modos de sociabilidade na urbe. Segundo Robert Conrad (1975 p. 224), São Paulo havia se tornado Província-chave dos movimentos abolicionistas no país, com revoltas frequentes, fugas em massa, rebeliões nas fazendas e acoitamento de escravos.

Entre 1860 e 1880, foram inaugurados, por exemplo: o trecho da linha ferroviária da The São Paulo Railway Ltda que ligava a capital a Santos, para escoamento do café (1865); o trecho da mesma ferrovia entre São Paulo e Jundiaí (1867), interligando cada vez mais mercadorias e pessoas; a Companhia São Paulo e Rio de Janeiro, que interligou, também por trilhos, a capital da Província à Corte (1877); a primeira linha de bondes, utilizada para levar passageiros do centro às estações da Luz (1872) e do Brás (1877); a nova iluminação da Praça da Sé (1872), a gás hidrogênio carbonado; e o início das obras da Companhia Cantareira (1877), com objetivo de prover a cidade com água e esgoto. Todas estas modernizações foram influenciadas pelo sempre crescente número de moradores na cidade.

A igreja dos irmãos pretos também seguiu, na medida do possível, os padrões de "melhoramentos"[106] impostos pela modernização. No registro de receitas e despesas, observamos que os confrades investiram verba, em 1877, na instalação do sistema de gás no interior da igreja. Para isso, venderam objetos

---

106. O termo "melhoramentos" foi frequentemente utilizado para expressar modificações urbanísticas ocorridas na cidade de São Paulo desde meados do século XIX. Sobre seu uso comum, Maria Stella Bresciani (2001) escreveu um importante artigo.

de prata e contaram com "esmola dada pelo Juiz Dr. Antonio Bento para despesas com o gás". Estas não foram, contudo, as primeiras reformas que os irmãos fizeram no templo. Como já lembramos, o cemitério e o jazigo demandaram verbas, entre 1850 e 1860; o assoalho, em 1865, foi refeito, em parceria com a Irmandade Acadêmica; e as obras de melhorias, em 1870, aqui pontuadas, acompanharam as transformações pelas quais São Paulo passava.

Logo após o incêndio de 1880, nada mais demandou tantos esforços quanto a reforma da capela e do altar-mor. Para arrecadar fundos, os irmãos precisaram nomear uma comissão, composta por confrades, alguns militares, políticos e advogados, sob a coordenação de Antonio Bento de Souza e Castro. Ao menos durante três anos, tempo dispensado para que as atividades voltassem ao normal, circularam bilhetes e cartas pedindo doações, além de terem sido promovidos eventos, a fim de custear as reformas e o pagamento do novo altar.

Uma carta assinada pelo secretário João Augusto Pereira, datada de 30 de junho de 1880 – alguns meses, portanto, depois do sinistro –, revelou a autonomia dos irmãos na execução das reformas, que já haviam começado:

> Estando em andamento as obras de reconstrucção da Capella-mor da Igreja de São Francisco pelo incêndio do dia 16 de fevereiro do corrente anno, a Irmandade de São Benedicto, erecta na mesma Igreja, recorre á piedade dos fieis pedindo-lhes um auxilio em favor d'aquellas obras. Estão reconstruídos o telhado e o forro da Capella-mor: mas não dispondo a Irmandade de outros recursos para levantar um novo altar, visto que o antigo foi totalmente devorado pelas chammas e reparar o soalho da Igreja, recorre cheia de confiança aos habitantes desta cidade e a todos os que quiserem auxilia-la nesta obra pia, esperando por este meio restabelecer em breve na dita Igreja o culto

religioso e a festa do seu orago. [...]. São Paulo 30 de junho de 1880. O Ir. Secretario J. Pereira[107].

As obras se estenderam. Em 1881 foi instalado um altar provisório para realização de algumas cerimônias, enquanto o novo não ficava pronto. Dois anos ainda foram necessários para que o definitivo altar-mor fosse instalado. O *Correio Paulistano* (16 abr. 1883, p. 2) noticiou o retorno das atividades da irmandade e a festa do orago, realizada com toda a pompa e esplendor, e publicou integralmente um texto elaborado em reunião da mesa administrativa. Nele, os irmãos reforçaram seu protagonismo nas obras e novamente pediram ajuda para quitar as dívidas contraídas para a realização da reforma:

> A mesa administrativa da irmandade de S. Benedicto, desta cidade, tendo a custa de supremos esforços, conseguido restaurar o altar e capella-mór da igreja do convento de S. Francisco, em que funciona, e que foram destruídos por lamentável incêndio, resolveu fazer a festa de seu orago com toda a pompa e esplendor que as exigências do culto sagrado e os sentimentos religiosos impõe, sobre tudo depois de um tão longo período de adormecimento e quietação. [...]
> A irmandade está devendo quantia não pequena; e a mesa, depois de esgotados outros recursos, lança mão hoje do seguinte expediente, que é o de pedir prendas a todos os devotos, especialmente as piedosas irmãs e todas as senhoras residentes nesta cidade, que poderão remetter ao irmão thesoureiro capitão Fortunato José dos Santos qualquer objecto que a sua generosidade approuver offertar.

Ao final das festividades, realizadas entre abril e maio daquele 1883, novamente o *Correio Paulistano* (6 maio 1883, p. 1, grifo nosso) deu destaque à grandiosidade do evento, à procissão que

---

107. APFICB. Irmandade do Glorioso São Benedicto. 30 jun. 1880. Pasta 15.5. Documentos diversos.

saiu pelas ruas e ao pregador; no fim da nota, reforçou o caráter excepcional das cerimônias, realizadas em comemoração à restauração do altar e da capela-mor da igreja, "destruídos por um incêndio, sabe-se, o restaurados, como também em tempo noticiamos, **á custo de grandes sacrifícios da irmandade de S. Benedicto"**.

Estes grandes sacrifícios, contudo, não foram salientados nas páginas dos que recontaram a história da Irmandade anos depois. Ao menos foi o que percebemos em dois autores: o franciscano Frei Basílio Röwer (1957) e Leonardo Arroyo (1966). Ambos creditaram os méritos das reformas e do pagamento do novo altar aos acadêmicos e à irmandade por eles constituída. Ora, como vimos, em 1880, a dita Irmandade Acadêmica de São Francisco de Assis não mais existia, e a de São Benedito estava novamente à frente do espaço. Qual teriam sido as motivações dos autores para tal atribuição? Teriam errado as datações, seja do incêndio, seja da extinção da Irmandade Acadêmica? Tiveram eles acesso a alguma outra fonte primária que justifique tais afirmações?

Difícil responder a todas estas questões. O que conseguimos pontuar é que Arroyo (1966) fez tais afirmações em sua obra *Igrejas de São Paulo*, e elas são bem parecidas com as considerações de Röwer (1957). Talvez o primeiro tenha se baseado nas informações do segundo, que, em seu livro, salientou:

> A Irmandade Acadêmica funcionou alguns anos e fez consertos na igreja. O de maior vulto foi depois do incêndio de 16-2-1880, que destruiu a capela-mor, ficando apenas as paredes. Do altar foi salva somente a imagem do padroeiro, de que a tradição afirma que era a imagem de S. Francisco mais bela de todos os antigos Conventos da Província. Entre os lentes abriu-se uma subscrição para adquirir o altar-mor que hoje se vê. Veio de Munich (Alemanha) e foi sagrado por D. Lino em 1880. [...]. Ao que parece,

foi a restauração da capela-mor a última obra da Irmandade Acadêmica em benefício da igreja, pois não achamos mais referências a ela nos anos posteriores (RÖWER, 1957, p. 121).

Se a afirmação de Röwer estiver certa, o novo altar teria sido encomendado, construído ou comprado, transportado da Alemanha e abençoado pelo bispo de São Paulo, no local onde até hoje se encontra, num prazo de dez meses, ou seja, entre fevereiro e dezembro de 1880. Dadas as condições financeiras, levando-se em conta os custos do novo altar e da reconstrução da capela-mor, bem como outros fatores antes elencados, tal informação nos parece pouco provável. O que pode ter ocorrido é que Röwer estivesse intencionalmente creditando os méritos a um grupo em detrimento do outro.

Levando-se em conta que Frei Basílio Röwer esteve envolvido nas disputas judiciais empreendidas no início do século XX, como veremos no epílogo, entre os *beneditos* e os franciscanos, e por ter sido ele o principal historiador a dedicar algumas linhas de sua obra sobre os franciscanos em São Paulo aos confrades de São Benedito, tratando-os de forma depreciativa, parece-nos plausível considerar que houve atribuição deliberada de méritos a um grupo em detrimento de outro.

Mateus Rosada (2021, p. 1.064), em seu artigo *São Francisco: um altar do rococó bávaro em São Paulo, Brasil*, concorda com Röwer em relação ao prazo de dez meses para instalação do novo altar. Ele se baseia na hipótese de que o retábulo pode ter sido comprado já pronto de alguma igreja que passava por reformas na região alemã da Baviera. Segundo Rosada (2021, p. 1070), o altar-mor da Igreja de São Francisco é o único em estilo rococó bávaro no Brasil, e isto faz dele uma obra relevante. Afirma, ainda, que não há dúvidas de se tratar de um exemplar alemão, encomendado pelo advogado e germanófilo Clemente Falcão de

Souza Filho, que encabeçou a mobilização e encomendou um novo retábulo na cidade de Munique, na Alemanha. Rosada não pôde afirmar, porém, com base em fontes primárias, quem teria comprado ou encomendado o novo altar-mor.

No caso de Arroyo (1966, p. 144, grifo nosso), as informações sobre as obras na Igreja do Convento de São Francisco apresentam erro de datação. Se o incêndio foi amplamente noticiado nos jornais da época, Arroyo deve ter se deparado com alguma notícia a esse respeito, durante suas pesquisas. Contudo, ao abordá-lo, escreve:

> A Irmandade de São Francisco, pelas mãos dos estudantes e lentes, fez obras de reparos na igreja. O **incêndio de 1870** destruiu o altar-mor e os lentes da Escola fizeram uma subscrição destinada à compra, na Alemanha, de novo altar-mor. Parece que é o mesmo que ainda lá se encontra hoje, sagrado por d. Lino Deodato, em 1880.

Em 1870, a Irmandade Acadêmica de São Francisco de Assis ainda existia, mas, como vimos, suas condições financeiras estavam bem aquém de obras de tamanho vulto. É certo que a comoção gerada pelas chamas na Academia deve ter sensibilizado professores, alunos e advogados, que podem ter auxiliado a Irmandade de São Benedito nas obras de restauro. No entanto, como visto, o incêndio não ocorreu no ano indicado por Arroyo, e sim dez anos depois, quando a confraria formada por professores e alunos não mais existia. Atribuir a determinado grupo tais obras, portanto, não nos parece plausível.

Quanto à datação e ao pagamento do altar, restam algumas dúvidas. Jornais paulistanos que rememoraram o incêndio, um ano depois do ocorrido, contrariam as afirmações de Röwer, corroboradas por historiadores ao longo das décadas. O *Correio Paulistano* (13 maio 1881, p. 1) citou as obras de reparo que ainda estavam sendo realizadas na capela-mor e no altar principal. O jornal transcreveu as decisões tomadas pelos confrades em mesa administrava, que, naquele ano, resolveram retomar algumas atividades na sua igreja, depois de ter-se "alli erguido um altar-mór provisório, em quanto não se estabelece definitivamente o que foi destruído pelo incêndio de 16 de fevereiro de 1880". Por seu turno, o *Jornal da Tarde* (13 maio 1881, p. 1, grifo nosso) estampou, em sua primeira página, as lembranças do dia do incêndio, em tom poético, e concluiu:

> A **pobre e mesquinha irmandade de S. Benedicto** desta cidade, onde se alistam aos centos os humildes e desgraçados escravos, **é que se põe á testa do grande emprehendimento de restabelecer a Igreja com todo o seu decoro e esplendor**. [...]. A irmandade é digna do auxilio de todos. Grandes e pequenos, ricos e pobres, livres e escravos, todos pódem carregar sua pedra para restabelecimento da casa do Senhor.

Verificando o livro de receitas e despesas datado de 1858 a 1886, as afirmações acima ficam ainda mais claras. Percebemos, por exemplo, que, ao longo das décadas de 1860 e 1870, as entradas financeiras e as despesas variaram pouco, girando em média em um conto de réis anual. Porém, particularmente no ano de 1882, a despesa foi bem acima da média, e as doações foram muito além daquilo que era comum entre 1881 e 1883. As datas e as afirmações relatadas nos periódicos citados acima são corroboradas pelas despesas vultosas da Irmandade de São Benedito no período entre 1880 e 1884, ou seja, entre o incêndio e o término das reformas.

O referido livro apresenta, no cabeçalho da página que antecede à discriminação das despesas e das receitas, a seguinte inscrição: "Balanço da receita e despesa da Irmandade do Glorioso São Benedicto da Capital da Província de São Paulo, a cargo do respectivo Thesoureiro Capitão Fortunato José dos Santos no anno de 1880 a 1884". Em seguida, elenca as receitas, que somaram a cifra de 38 contos, 730 mil e 232 réis, valor que inclui o "produto de beneficio de loteria recebida em 1882, no Thezouro Provincial, de 30 contos de réis"[108]. As despesas somaram a cifra de 38 contos, 729 mil e 975 réis ao longo daqueles anos, restando para os cofres da Irmandade o irrisório valor de 257 réis no final das obras[109].

Todas as despesas foram documentadas provavelmente em livro à parte, ou em recibos diversos, pois, ao relatarem os valores, os irmãos afirmam: "despendido em 1880, conforme a relação de documentos sob nº 1"; "despendido em 1881, conforme a relação de documentos sob nº 2"; e assim sucessivamente, até o ano de 1884. Essas relações de documentos, no entanto, não chegaram até nós. Elas poderiam nos ajudar a saber detalhadamente com o que os valores foram gastos. Para se ter uma ideia, apenas no ano de 1882, ano em que muito provavelmente foi feita a compra ou a encomenda do novo altar, os irmãos gastaram a exorbitante quantia de 34 contos, 682 mil e 480 réis, ou seja, quase todo o valor arrecadado no período entre 1880 e 1884.

Entre o incêndio, o estabelecimento de um altar provisório, a arrecadação de fundos e a finalização das obras, passaram-se mais de quatro anos, segundo os jornais e as fontes analisadas, e não apenas alguns meses, como sugeriu Röwer, ou dez anos, como apontou Arroyo. Talvez haja alguma documentação, por nós desconhecida, que ajude a esclarecer a questão em pesquisas futuras. Por ora, só podemos afirmar o que vimos nas fontes primárias e nos periódicos: os pretos de São Benedito

---

108. As informações sobre essa loteria do Thesouro Provincial carecem de investigação. Não conseguimos aqui afirmar se se travava de algum empréstimo, de alguma loteria aos moldes como existem atualmente ou se foi alguma doação dada pelo governo à Irmandade de São Benedito para obras emergenciais.

109. APFICB. Irmandade do Glorioso São Benedicto. Livro de receitas e despesas (1858-1886), p. 98-100. Pasta 15.5. Documentos diversos.

empreendendo as reformas necessárias para o bom andamento das obras na sua igreja.

3.4 Igreja de São Benedito: no púlpito e no altar

Temos reforçado, até aqui, o protagonismo dos *beneditos* em obras, festas, enterros e procissões, desde o momento em que assumiram as chaves da Igreja do Convento de São Francisco e assim tomaram sobre si a liderança daquele espaço. Como vimos, as vizinhas Faculdade de Direito e Ordem Terceira de São Francisco travaram com eles embates e disputas de poder. Mas talvez algo tão relevante não tenha se sucedido quanto o que ocorreu entre os anos de 1880 e 1900.

Após o incêndio e as consequentes reformas, dentro de contextos nacional e local relativamente favoráveis, os pretos no Largo São Francisco, ao trazerem seu orago novamente para sua igreja, e sendo apoiados por movimentos abolicionistas que se intensificavam cada vez mais na cidade, podem ter dedicado o lugar mais alto do altar por eles reconstruído ou comprado ao seu patrono. Os esforços empreendidos por décadas, principalmente nos últimos anos, legitimaram a troca de santos e a colocação da imagem de São Benedito no nicho central do altar-mor.

Tal afirmação é uma hipótese baseada em informações extraídas das fontes analisadas e de pesquisas realizadas por outros historiadores. De fato, depois das reformas, com as festas do orago novamente sob a coordenação e a organização dos irmãos pretos, os anos seguiram cada vez mais próximos do fim do regime escravista no país, e a região do Largo São Francisco se destacou na liderança dos movimentos pró-libertação dos cativos. Toda essa mobilização nos leva a crer que aquele momento teria sido o mais propício para os *beneditos* assumirem de vez a titularidade de sua igreja e realizarem a famigerada troca de imagens, tão citada pelos historiadores e já mencionada neste livro.

Esse período, em específico, nos pareceu ideal, pois em toda a São Paulo de então, e até mesmo em outras regiões, se alastrava o estilo Gama de ativismo e o abolicionismo se avolumou (ALONSO, 2015, p. 218). Em 1884, duas províncias inteiras, Amazonas e Ceará, aboliram a escravidão. Na capital paulista, de modo particular no Largo São Francisco, com os alunos de Direito, ampliaram-se a atuação daqueles que eram a favor da libertação final, começando por quarteirões no entorno da Faculdade.

> São Paulo era polo político, tinha Partidos Liberal e Republicano fortes e Faculdade de Direito, que dava jovens à mobilização: foram eles os criadores, em maio de 1884, da Comissão Libertadora Acadêmica, vinculada à CA [Confederação Abolicionista], que pôs em marcha campanha de libertação de quarteirões no entorno da faculdade (ALONSO, 2015, p. 219).

Os anos entre 1880 e 1888 se passaram em meio a uma turbulência política em relação ao futuro da escravidão no país. Em 1884, por exemplo, foi apresentado pelo senador baiano Manuel Pinto de Souza Dantas[110] um projeto de lei bem abrangente para a libertação dos sexagenários, prevendo destinação de terras e democratização do ensino, o qual gerou bastante polêmica e, no fim, não foi aprovado. Dantas acabou sendo destituído do

---

110. Nascido na Província da Bahia, Manuel Pinto de Souza Dantas foi membro do Partido Liberal. De acordo com Motta (2018, p. 425-426), era o presidente do Conselho de Ministros do Governo Imperial em 1884. Foi líder abolicionista e elaborou um Projeto de Lei, de nº 48, que se apresentava como alternativa para o fim gradativo do regime escravista no país, bem como uma série de alternativas para os ex-escravizados. A proposta, porém, não foi bem recebida por produtores de café, fazendeiros e proprietários de terra, principalmente os das Províncias de São Paulo e do Rio de Janeiro. A pressão foi tamanha que, pouco tempo depois da apresentação do projeto, Dantas foi destituído de seu cargo.

cargo, e no ano seguinte, já sob a liderança do Barão de Cotegibe, a lei dos sexagenários foi enfim aprovada, bem mais enxuta e bastante modificada. Para José Flávio Motta (2018, p. 424), o projeto de Dantas se tornou o seu verdadeiro inferno político.

A epígrafe que abre este capítulo cita uma pregação na igreja do Largo São Francisco, em cujo púlpito o Padre Esechias Galvão se manifestou contra o regime e contra os padres que haviam votado a favor dos escravistas. Seu forte discurso foi proferido durante a solenidade do Menino Jesus, em janeiro de 1887. Já às vésperas do fim legal da escravidão, aquele lugar e as festas que ali se celebravam pareciam ter se tornado o ponto-chave para a reinvindicação de libertação.

Esechias tentou, usando suas próprias palavras, profligar, ou seja, destruir com bons argumentos e criticar duramente aqueles outros sacerdotes que apoiavam a escravidão. Pela nota publicada no jornal de Antonio Bento, não conseguimos saber a qual votação o padre se referiu. De todo modo, é certo que, naquele período, uma série de votações, como aquela do Gabinete Dantas, havia mexido com os ânimos dos escravistas de toda a Província de São Paulo.

Em artigo de Ricardo Pirola (2018, p. 470-471), cujo título é *A Lei de Lynch no ocaso da escravidão: linchamentos, justiça e polícia*, fica claro o quanto as leis que foram sendo aprovadas a partir de 1871 – sendo a primeira delas a Lei do Ventre Livre – foram minando a confiança, por parte dos proprietários de escravizados, na figura do imperador e da monarquia, que eram, na prática, os responsáveis pela manutenção dos seus interesses. Os escravistas, afirma Pirola (2018, p. 473-474), principalmente em cidades do interior, para demonstrar ao governo e aos promotores da ordem pública (polícia, juízes e delegados) que detinham o controle social e que estavam descontentes com as leis que favoreciam os escravizados, promoveram, com seus capangas, uma série coordenada de linchamentos, amplamente divulgados na impressa e que geraram pavor nas cidades. O caso que ficou mais conhecido foi o do assassinato do delegado da cidade de Penha do Rio do Peixe, atual Itapira, acusado de acoitar escravos, em fevereiro de 1888.

Entre os linchamentos promovidos por escravistas no interior e as disputas empreendidas por abolicionistas nos tribunais das cidades, em causas de liberdade, Machado (2010, p. 97) afirma que também no interior das senzalas e nas fazendas, os escravizados se organizavam contra o sistema vigente:

> Os fatos ocorridos no início dos anos de 1880 parecem indicar que a resistência escrava começava a enveredar por novos caminhos, transbordando as fronteiras das fazendas, vencendo o isolamento no qual haviam sido confinados os plantéis. Superando o ponto de vista paternalista com relação à instituição, reivindicando não apenas certos direitos tradicionais com relação a um ritmo de trabalho flexível e o gozo do tempo livre para organização social e econômica autônomas ao universo da *plantation*, os escravos nos anos de 1880 passavam a exigir, claramente, liberdade.

Foi nesse contexto que Padre Esechias proferiu sua pregação abolicionista na Igreja de São Benedito. Aliás, não foi esta a primeira vez que ele utilizou o púlpito de uma igreja para discursos polêmicos. Anos antes, em 1871, no tempo em que foi vigário em Bragança – atual Bragança Paulista –, valeu-se de sua elogiada eloquência para proferir discurso no púlpito contra a maçonaria que queria se instalar na cidade. O *Correio Paulistano* (20 dez. 1871, p. 3) relatou o fato em nota assinada por Olympio da Paixão, cujo título foi: *O vigário de Bragança e a cegueira ultramontana*. O redator fez duras críticas ao conservadorismo do sacerdote, que não condizia com a caridade com que agiam os maçons.

Fato é que, quando o Padre Esechias pregou no púlpito de São Benedito, muita coisa estava mudando nos campos político e religioso em relação à escravidão, a ponto de fazer um padre conservador proferir um discurso antiescravagista em uma festa religiosa. Segundo Alonso (2015, p. 333), ao longo daquele 1887, alguns padres e bispos deixaram de apoiar os governistas escravistas e aderiram à "santa causa" da abolição. Também foi naquele ano que as ordens religiosas libertaram seus cativos, prelados fizeram declarações públicas, padres rezaram sermões antiescravistas, organizaram reuniões pró-emancipação, no caso de Goiás, e alguns esconderam fugidos. Em maio de 1887, o bispo de Pernambuco pediu que seus padres libertassem os escravizados.

A adesão da diocese paulista à causa da libertação dos cativos foi anunciada em junho de 1887. A declaração que produziu, segundo Alonso (2015, p. 333, grifo nosso), um efeito dominó em outras dioceses, foi dada justamente durante uma festa de São Benedito:

> Em junho, o [bispo] de São Paulo atendeu a Antonio Bento, afinal membro de uma irmandade católica, que, em sintonia com a estratégia de Nabuco, pedira ofício episcopal do clero paulista com a declaração de não possuir escravos, como homenagem ao jubileu do papa. Obteve o compromisso do vigário geral do bispado da província que, **em festa de São Benedito**, pediu "a intercessão do santo, preto, humilde e grande perante Deus, para que a liberdade de nossos irmãos seja efetiva no Brasil". Daí por diante foi um dominó.

Considerando que a igreja do Largo São Francisco era a única em que o santo preto de Palermo era o orago principal em festividades na São Paulo de fins da década de 1880, tudo nos leva a crer que a manifestação do vigário, atendendo ao pedido do bispado pela adesão a causa da abolição, tenha ocorrido naquele espaço.

Meses depois, uma outra festa do Largo, que contava também com a participação de negros desde o período colonial, terminou em confusão. Ao menos é que nos conta Conrad (1975, p. 305). Um evento gerou tumulto e foi controlado por ação policial. Ele detalha:

> Também se verificou um surto de violência na cidade de São Paulo em outubro quando a polícia teve um choque com negros reunidos para um festival na igreja de São Francisco. No dia seguinte, várias pessoas brandindo cacetes atacaram a polícia, enquanto negros, gritando "Morte aos escravagistas!" e louvando a liberdade, apedrejaram os soldados que guardavam a entrada do palácio governamental.

Muito provavelmente, o evento que terminou em choque entre a polícia e os negros – também mencionado por Emilia Viotti da Costa (1966, p. 320-321) – foi a festa de São Francisco de Assis, que, como já vimos, era promovida e incentivada pelos irmãos pretos desde a elaboração do Compromisso de 1855. Pelo que parece, as organizações de negros, em uma cidade agitada por abolicionistas, chamavam a atenção das autoridades policiais.

Acreditamos que foi em meio a esse cenário que houve a troca das imagens dos santos patronos. Parece-nos ter sido relevante para aquela associação possuir, no altar principal da igreja sob seus cuidados, e no crepúsculo da luta abolicionista, um santo preto legitimando sua causa. Esta afirmação, contudo, só pode ser feita levando-se em conta os quatro inventários de bens que os irmãos realizaram entre os anos de 1854 (recorte inicial deste livro) e 1901 (recorte final e também o último documento elaborado por eles com este teor). Entre o primeiro e o último inventários é possível se estabelecer um provável período para a ascensão da imagem de São Benedito.

Ainda sobre a troca simbólica realizada no altar-mor, recorremos novamente a Machado (2010, p. 115), que nos ajuda a perceber a relação estreita entre as dimensões religiosa e política do ato: "o mundo dos escravos mantinha-se [...] avesso ao profano: sua unidade cimentava-se na simbologia do sagrado". Embora se refira aos escravizados nas fazendas do interior, sua colocação ajuda a pensar o que os *beneditos* conquistaram no centro de São Paulo: substituir um santo branco por um santo preto em uma das igrejas mais tradicionais e antigas da cidade.

O terceiro capítulo de *O plano e o pânico*, do qual extraímos a citação anterior, é importante porque demonstra certa motivação messiânica e profética, ou seja, religiosa, na "rebeldia dos escravizados", que buscavam se reunir em torno de um líder em sociedades secretas no interior do Província de São Paulo. Machado (2010, p. 115) também sinaliza a base religiosa que moveu os já mencionados Caifazes liderados por Antonio Bento, que conseguiam convencer os escravizados a fugirem. O sentimento profundamente religioso pode também ser atribuído aos escravizados e ex-escravizados da urbe, reunidos em torno de um santo preto a favor da liberdade. Para a autora, tal simbologia era concretizada numa ciência própria, expressão de fidelidade ao grupo e de solidariedade cultural.

Diante de todas essas ponderações é que chegamos à assertiva sobre as imagens e o período da troca. No inventário de bens realizado antes do incêndio, em 1862[111], os confrades mencionam que, no altar, estavam dispostas as imagens do Santo Padre [São Francisco], São Domingos e São Pedro de Alcântara. Em 1880, logo após o incêndio, um documento avulso – *Propostas feitas pelo Irmão [doutor] Antonio Bento de Souza e Castro* – sugeriu algumas atitudes a serem tomadas pelos irmãos, incluindo uma devida homenagem que deveria ser feita ao soldado *De Souza*[112],

---

111. APFICB. Relação de bens existentes na Igreja a cargo do Ir. Procurador. 23 ago. 1862. Pasta 15.5. Documentos diversos.

112. O jornal *A Constituinte* (17 fev. 1880, p. 2) destacou nomes de pessoas a quem eram devidos agradecimentos por terem trabalhado na extinção do incêndio. Entre eles, consta o do soldado que retirou a imagem de São Francisco do altar: João de Souza Machado Junior.

que salvou a imagem de São Francisco do fogo. Por fim, anos depois das reformas, o último inventário realizado pelos irmãos, em 1901, informa sobre a presença de São Benedito no altar--mor. No documento, os confrades afirmam:

> Inventário das alfaias e mais pertences da Irmandade de S. Benedicto recebidas pelo Irmão Procurador, Snr. Francisco Benedicto Ribeiro da Silveira em julho de 1901. Altar-mór com as Imagens de S. Benedicto (com esplendor de prata), S. João, S. Domingos e uma Imagem pequena de N.S. das Dores[113].

Vale mencionar aqui a existência de outro inventário de bens, anterior ao de 1901. Em tal documento – em cujas últimas linhas se lê: "conferido aos 27 de agosto de 1893[114]. José Domingues Frade. Procurador" –, há, como em todos os outros, o elenco dos bens móveis e imóveis pertencentes à Irmandade de São Bene-dito. Curiosamente, neste inventário, em particular, não há refe-rências aos altares laterais e aos santos que neles se encontravam, limitando-se a pontuar que a imagem de São Benedito estava posta em seu nicho no altar: "Imaje de S. Benedicto com seo mi-nino, em seo Nixo no Altar, com resplendor (de folha) de prata".

Embora o documento de 1893 sugira que o santo preto já esteja colocado em um lugar de destaque, optamos por ressal-tar aquele datado de 1901, pois foi nele que identificamos, em afirmação bem especificada, a imagem de São Benedito no altar--mor do templo.

Se, até o incêndio, a imagem de São Francisco ainda se encon-trava no altar-mor; se os irmãos empreenderam grandes esforços para a reforma da igreja; e se, nos anos finais da escravidão, o

---

113. APFICB. Inventario das alfaias e mais pertences da Irmandade de S. Be-nedicto, recebidas pelo Irmão procurador, Snr. Francisco Benedicto Ribeiro da Silveira em julho de 1901. Pasta 15.5. Documentos diversos

114. APFICB. Bens pertencentes à Irmandade de S. Benedicto a guarda do Ir. Procurador. 27 ago. 1893. Pasta 15.5. Documentos diversos.

Largo São Francisco se tornou local de reinvindicação abolicionista, é bem possível que tenha sido nessa época que a imagem foi elevada ao lugar mais importante dentro do templo.

Ao que tudo indica, foi na década de 1890 que a Igreja do Convento de São Francisco passou definitivamente a ser associada a São Benedito. Jornais como o *Correio Paulistano*[115] a citam deste modo, sem hesitar, e até mesmo o último Compromisso dos *beneditos*, elaborado em 1899 e aprovado pelo bispo em 1901, atribuiu ao templo a titularidade do santo preto. Finalmente, as autoridades civis e eclesiásticas reconheceram os anos de disputa em torno da posse da igreja, que adentrou o século XX sendo a Igreja de São Benedito do Largo São Francisco, com um preto, enfim, no altar.

---

115. No *Correio Paulistano* (10 jun.1899, p. 1, grifo nosso), encontramos a seguinte nota: "Com toda a solennidade, realizou-se hontem, na **egreja de São Benedicto, a festa do respectivo padroeiro**, a qual havia sido precedida de novena [...] Para o anno compromissal de 1900 foi hontem eleita no consistório da egreja de S. Benedicto, a seguinte administração da irmandade do glorioso santo [...]".

Considerações finais

O estudo sobre a Irmandade do Glorioso São Benedito da cidade de São Paulo aqui apresentado foi pensado e desenvolvido como possibilidade de contribuição ao debate sobre as confrarias católicas – de modo particular, aquelas compostas por mulheres e homens negros – presentes na capital paulista desde o período colonial. Algumas dessas associações já foram amplamente estudadas e analisadas na historiografia, e a elas este livro pretendeu somar-se.

Tais grupos sociais exerceram forte impacto sobre as populações de vilas e cidades em todo o país. Especialmente para a população negra e parda, marcadamente discriminada por critérios "de cor", as confrarias se tornaram lugar primordial de sociabilidade e de reinvindicações. Em espaços a elas pertencentes, geralmente situados na região central de cada lugar, ao organizarem festas, enterros, procissões, coroações e eleições de reis e rainhas, entre outras atividades, construíam uma história coletiva, assinalada por lutas contra o sistema escravista.

A confraria do Largo São Francisco foi inicialmente uma irmandade de pretos como todas as outras congêneres: composta por escravizados e/ou libertos, em sua maioria pobres. Com o passar do tempo, porém, aproveitando-se das circunstâncias, despontou como protagonista em um território cobiçado. Sua presença na Igreja do Convento de São Francisco foi envolta em disputas de poder, intrigas e forte identidade político-social, revelando, ao final, o quanto uma confraria de pretos podia e conseguia ser autônoma.

Ao investigarmos seu dia a dia, a partir das fontes produzidas pelos *beneditos*, no período em que gozaram de maior autonomia, ou seja, quando se apoderaram das chaves da igreja, percebemos o destaque desse grupo social na São Paulo do século XIX. Talvez uma das maiores contribuições deste livro tenha sido a de identificar um grupo negro socialmente importante, estrategicamente localizado e detentor de uma perceptível altivez.

Em um período já não tão favorável para as confrarias católicas, de um modo geral, a Irmandade de São Benedito parecia caminhar na contramão. Ao assumirem para si a manutenção de uma tradicional igreja, tendo ao seu lado uma Faculdade de Direito elitizada e uma Ordem Terceira majoritariamente militar, os irmãos afincaram definitivamente o seu lugar no Largo São Francisco e na história da cidade.

Instalada pelos próprios franciscanos já nas primeiras décadas de fundação do Convento de São Francisco, a Irmandade, num primeiro momento, foi útil ao processo de catequese direcionada, da qual os frades menores estiveram na vanguarda. O próprio patrono escolhido foi também franciscano. Da Sicília ao Brasil, Benedito ganhou fiéis devotos e se tornou o santo preferido de homens e mulheres cuja cor da pele os identificava com o orago.

No centro de São Paulo, por séculos, os irmãos guardaram com particular zelo o seu cemitério, local onde sepultaram seus mortos. A segurança de ter um enterro digno, aliás, fez com que muitos negros se afiliassem a irmandades católicas e nelas depositassem a confiança de não terem seus corpos e suas memórias esquecidos. A necrópole de São Benedito foi recordada aqui de maneira especial por ter sido um local sagrado que mereceu destaque até mesmo em poema de Luís Gama. A construção de um novo convento franciscano, onde antes havia o cemitério dos confrades – algo sobre o que discorreremos a seguir –, não conseguiu apagar os registros de mais de duzentos anos de história.

Percorremos, nas páginas anteriores, a vida de personagens centrais da confraria. Foi o caso de Luiz Delfino de Araujo Cuyabano, ex-escravizado, eleito rei e posteriormente secretário da Irmandade e que assumiu para si a tarefa de enfrentar as autoridades constituídas e reivindicar a autonomia dos irmãos pretos sobre a igreja que há muito vinha sendo administrada por eles. O confrade Cuyabano escreveu cartas, desafiou comissários visitadores e em nome de seus confrades apoderou-se das chaves. Nos anos em que esteve à frente da secretaria, os irmãos elaboraram o primeiro inventário de bens e, logo em seguida, um novo Compromisso. A década que ficou conhecida pela proibição do tráfico de escravizados pelo Atlântico – 1850 – foi também uma das mais importantes para os *beneditos*.

Assim como pessoas negras foram personagens-chave no recorte histórico aqui discutido, também homens brancos marcaram presença no Largo São Francisco. Afinal de contas, os pretos estavam ladeados, literalmente, por brancos militares e advogados, como antes ressaltamos. É por isso que, em determinados momentos, alguns nomes, como os do Barão de Iguape, do Barão de São João do Rio Claro ou de advogados, como Antonio Bento de Souza e Castro, apareceram compondo a mesa administrativa da Irmandade. A influência de alguns deles, como o Barão de Iguape, nas decisões sobre o cemitério, e Antonio Bento, nas reformas pós-incêndio, foram importantes para legitimação de sua autonomia.

Aliás, foram nos anos mais turbulentos e decisivos para o fim do regime escravista no país (1880-1888) que São Paulo e, de modo especial, o Largo São Francisco se tornaram o epicentro do combate ao sistema baseado na escravidão. Os confrades acompanharam de perto os debates políticos a esse respeito. Mas, nos primeiros anos daquela década, o que mais demandou sua atenção foram as reformas empreendidas na igreja, espaço que batalhavam para possuir. Depois de alguns anos e às custas de muitos investimentos e esforços, os confrades conseguiram voltar a realizar festas e procissões.

Os questionamentos levantados neste livro sobre o novo altar, instalado após o incêndio de fevereiro de 1880, carecem de aprofundamento. O que restou claro é que, nos anos das obras na igreja, os confrades investiram grandes quantias em dinheiro, e, parece-nos, foram eles, e não a Irmandade Acadêmica de São Francisco, ou mesmo professores e alunos da Faculdade de Direito, que encomendaram, compraram e pagaram pelo altar que lá se encontra até hoje. Atribuir devidamente os méritos aos confrades de São Benedito pelo custeio do novo altar da Igreja do Convento de São Francisco talvez seja outra contribuição que fazemos à historiografia. Não pretendemos retirar os louros de outros que possivelmente estiveram envolvidos nas negociações, mas não podemos nos privar de exaltar a participação efetiva dos confrades pretos no pagamento daquele exemplar rococó.

Tanto é fato que, logo após as obras e ainda mais envolvidos com a sua igreja, os confrades fizeram dos anos seguintes da década de 1880 os mais decisivos na manutenção e na reafirmação de seu espaço. Levantamos a hipótese, baseados nas fontes e nos inventários de bens, de que muito provavelmente a famigerada história da troca das imagens dos santos no altar principal da igreja tenha ocorrido nesse período. Amplamente divulgada por historiadores no início do século XX, a troca de santos no altar principal ocorreu, pelo que tudo indica, dentro de um contexto político-social bem maior do que "a pura violência dos negros", como afirmou Leonardo Arroyo (1966, p. 143), ou "o desleixo dos beneditos", como frisou Frei Basílio Röwer (1922, p. 82).

Alocar um santo preto no lugar mais alto do altar, em uma igreja central de São Paulo, deve ter sido, no mínimo, um ato de resistência e autoafirmação. Como se viu, a imagem de São Benedito, ao longo dos séculos, mudou de lugar algumas vezes: esteve em um altar lateral nos primeiros anos (século XVII), depois no altar de Santo Antônio, no XVIII (a contragosto dos confrades), e por fim, no altar-mor (XIX). O ato "afrontoso" mereceu ao menos algumas linhas nas páginas da história da cidade.

Mesmo afetados pelas mudanças que vieram depois da abolição da escravatura, da proclamação da República e das novas leis e imposições restritivas às manifestações da comunidade negra, os confrades adentraram o século XX ainda com certo grau de autonomia e liderança. Por sinal, na última década do século XIX e na primeira do XX, a Igreja do Convento de São Francisco já era amplamente conhecida como Igreja de São Benedito do Largo São Francisco. Os esforços de anos de luta, reformas, obras, festas, investimentos e manutenção daquele espaço de culto parecem terem sido recompensados no início do século XX. A igreja tornou-se, enfim, de São Benedito, no nome e no altar.

Epílogo
O retorno dos franciscanos e o fim da Irmandade

Andava por mais de oitenta anos que a nossa Igreja de S. Francisco, privada da assistência dos religiosos, era utilizada por uma antiga "Irmandade de S. Benedito", associação que em outros tempos fora organizada pelos antigos frades, com o fim mui louvável de favorecer a piedade dos escravos do Convento no culto ao glorioso Santo preto. Foi então que, em 1909, os nossos confrades Fr. Estanislau Perez, Fr. Zeno Wallbröel e Fr. Daví Mohr, tendo deixado os cômodos até então ocupados na pequena Igreja de Santo Antônio na *rua Direita*, hoje *Praça do Patriarca*, vieram estabelecer-se em caráter provisório nos fundos da dita Igreja de S. Francisco.

A irmandade, que já se julgava dona da Igreja, pois até substituíra a imagem do orago – S. Francisco – pela de S. Benedito, não se opôs a essa pretensão, adiantando até meios com que os religiosos pudessem ultimar as instalações que improvisaram na local da antiga sacristia. Está compreendido que os padres entravam na qualidade de capelães da Irmandade, sem outros intuitos, pensavam os *beneditos* [...] (FREITAS, 1942, p. 29).

O século XX despontou no horizonte do Largo São Francisco com os irmãos pretos tendo a certeza de que aquele era definitivamente o seu lugar. Apesar das discussões que ainda ocorreram com os terceiros, por conta da torre e dos sinos, os ânimos pareciam ter se acalmado nos primeiros anos da década de 1900. Um novo Compromisso havia sido elaborado em 1899 e aprovado pelo bispo, Dom Antônio Candido Alvarenga (1836-1903), em 1901. O documento continha as novas exigências diocesanas para as confrarias católicas, e em seu despacho o bispo faz referência à *Egreja de São Benedicto*. A Irmandade passou a se chamar *Venerável Irmandade de São Benedicto*, segundo os novos termos; o número de irmãos era significativo, a contar pelos dados que apresentamos no segundo capítulo, e a confraria continuou adquirindo bens.

Para os confrades, os episódios finais da década de 1880 haviam legitimado sua presença naquele espaço urbano e na sua, finalmente, igreja particular. A imagem de São Benedito já há alguns anos ocupava o lugar mais alto no altar central. Contudo, os tempos de calmaria durariam pouco.

A instalação da República (1889), a separação entre Igreja e Estado (1890), a criação da Arquidiocese de São Paulo (1908), o retorno dos franciscanos para a cidade (1908) e, podemos também acrescentar, o contexto eugenista, sanitarista e racista de fins do século XIX e início do XX[116] foram fatores determinantes para a suspensão (extinção) da Irmandade, por decreto episcopal, em 24 de fevereiro de 1910.

No triângulo central de São Paulo, a Irmandade de São Benedito foi a última remanescente entre aquelas de pretos do período colonial a permanecer no local onde foi fundada. Como já dissemos, a Irmandade de Santa Efigênia e Santo Elesbão foi extinta em 1890, e a de Nossa Senhora do Rosário dos Homens Pretos foi transferida em 1903, do antigo Largo do Rosário – atual Praça Antônio Prado – para o Largo do Paissandu. A resistência

---

116. Sobre o racismo, o eugenismo e o sanitarismo em voga no período, cf. Schwarcz (1993).

dos *beneditos* confirmou-os, por duas décadas após a abolição, em seu lugar de culto original.

A imprensa noticiou os fatos ocorridos nos anos finais da primeira década do século XX. A disputa agora era travada entre os franciscanos, recém-retornados, e os *beneditos*. Alguns relataram de forma pormenorizada a entrada dos frades na igreja e as discussões que se sucederam. *O Commercio de São Paulo* (15 out. 1909, p. 1, grifo nosso), um ano antes da dissolução da confraria, publicou texto na seção *Factos Diversos* com o título *Entrada de sendeiro e sahida de leão: a Egreja de São Benedicto disputada por frades alemães*. O redator lembrou do Compromisso aprovado pelo bispo, da titularidade da igreja, da legitimidade dos irmãos pretos sobre ela e do espaço que a mesa administrativa havia concedido aos frades. E destacou:

> [...] Mais tarde, sem mais preâmbulos, aquelles frades, abusando da boa fé dos irmãos de São Benedicto e a titulo de hospedes, foram recebendo outros frades e, fazendo promessas de mil indulgencias e favores á irmandade, conseguiram fixar residência para mais três frades.
>
> Como esta não se sentisse bem, ou melhor sentindo--se esbulhada em todos os seus direitos, pois os frades aos poucos lh'os foram cerceando, chamou-se a contas e obtiveram como resposta o seguinte: "A egreja é nossa e della não sahimos, e se os srs. contarem prosa, acontece-lhes como á irmandade do Sacramento de Santos, isto é, pedimos ao Santo Padre a vossa excomunhão".
>
> Ora, que ingenuidade a daquelles ministros de Christo!...
>
> Segundo estamos informados, os irmãos de São Benedicto estão resolvidos a só receber ordens de s. exc. o sr. bispo metropolitano, que é a sua autoridade superior.
>
> **Os frades, segundo deprehende, mas do que nos foi informado, pretendem mudar o nome daquella egreja de São Benedicto para o de São Francis-**

co, isso contra uma disposição episcopal contida no compromisso da irmandade, que, reconhece a egreja como sendo de São Benedicto. [...].

Outra nota, no mesmo *O Commercio de São Paulo* (19 out. 1909, p. 3), quatro dias depois, chamou os frades de pândegos, pelas ameaças de excomunhão que fizeram aos irmãos pretos, afirmando mesmo que a entrada desses frades e sua estada na Igreja de São Benedito são inteiramente clandestinas em nada podendo juridicamente prejudicar a irmandade. O autor recorreu às leis então vigentes para justificar sua afirmação, e terminou reiterando: "torna-se preciso por um termo á audácia com que frades extrangeiros veem invadindo templos e abrindo luta com brasileiros". Percebe-se aí uma das discussões que permearam o início do século passado: a valorização do elemento estrangeiro em detrimento do nacional.

Os apelos dos redatores dos jornais, as críticas publicadas em outros órgãos da imprensa e os embates jurídicos travados entre 1908 e 1910 não foram suficientes para manter os confrades *beneditos* em posse de sua igreja. Vale lembrar que os franciscanos travaram longas disputas legais pela retomada de todo o conjunto franciscano do Largo São Francisco, ou seja, a igreja e o antigo convento. A primeira, como sabemos, de posse dos *beneditos*, e o segundo sob a administração da Faculdade de Direito. No primeiro caso, os franciscanos obtiveram ganho de causa, com apoio de advogados e do arcebispo, Dom Duarte de Leopoldo e Silva (1867-1938); já no segundo, as disputas jurídicas perduraram por longos anos, sendo a Faculdade vencedora em todos os pleitos.

A marca deixada pelos confrades, contudo, não foi apagada tão rápido – se é que foi em algum momento. Alguns anos depois da dissolução da Irmandade e da apropriação de seus bens pela Arquidiocese de São Paulo, através de uma comissão nomeada para tal, alguns moradores da cidade ainda insistiam em se referir à Igreja de São Benedito do Largo São Francisco. Ao menos foi o que fez a família da Dona Maria Eugenia das Dores Paixão, ao convidar para sua missa de sétimo dia, em publicação no *Correio Paulistano* (2 mar. 1928, p. 1, grifo nosso):

> [...] agradecem, muito penhorados, ás pessoas amigas que os acompanharam no doloroso transe que acabam de sofrer e convidam-nas á comparecer á missa de 7º dia que, por alma da saudosa extincta, **mandam rezar na egreja de São Benedicto (Largo de São Francisco)**, no próximo sábado, dia 3, ás 9 horas da manhã renovando os seus eternos agradecimentos.

É importante mencionar que em 1941 foi fundada, em São Paulo, outra irmandade dedicada a São Benedito, num bairro então periférico, reduto de comunidades negras: o bairro da Casa Verde, localizado na Zona Norte. Segundo Raquel Rolnik (apud SANTOS; AZEVEDO, 2018, p. 203), há, na cidade, um eixo de expansão além Tietê que se inicia na Casa Verde/Limão e se estende "na direção dos morros periféricos, conformando uma rede de lugares de cultura, religião e socialização afro-brasileiras".

Teriam os negros da Casa Verde alguma relação com os da região central, que foram aos poucos sendo alijados para as periferias? As origens daquela nova irmandade teriam alguma ligação com a extinção daquela do centro? Algum dos primeiros confrades da Zona Norte teria participado da Irmandade de São Benedito do Largo São Francisco? Não tivemos acesso a informações que nos ajudassem a responder estas perguntas, mas as deixamos aqui, em aberto, para despertar o interesse em pesquisas futuras.

Quanto ao Cemitério de São Benedito, é muito provável que tenha sido utilizado até final do século XIX. O jazigo permaneceu no local mesmo depois da inauguração do primeiro cemitério público (1858) e dos embates que culminaram com a extinção da Irmandade (1910). Em relação aos restos mortais dos irmãos, não há dados precisos que indiquem se foram transferidos para algum ossário ou se se perderam com as obras que foram ali realizadas a partir de 1940. O que podemos precisar é que o terreno anexo à igreja – local do cemitério e que era o único espaço que ainda podia acolher uma construção – foi utilizado para as obras do novo Convento de São Francisco, iniciadas na década de 1940.

O superior – chamado de guardião – da casa à época Frei Dâmaso Venker, foi o responsável pela demolição do que havia sobrado das intervenções feitas pela Irmandade no terreno. O livro de crônicas do convento, relembrado em artigo publicado na *Revista Vida Franciscana*, assim assinala:

> Em 1942, lemos: "com início no dia 6 de abril da demolição do velho "salão de atos", local em que, em tempos idos, tinha a "Irmandade de São Benedito" o seu cemitério, deu-se começo às futuras obras do novo edifício projetado à rua Riachuelo".
> Em agosto de 1943, vemos registrado: "Acham-se em franco andamento as obras do novo edifício ao lado da antiga Igreja do Convento. O esqueleto ou armadura de cimento armado ficou concluído em fins do mês de agosto e bem adiantados vão os trabalhos de alvenaria e carpintaria. Para a terraplanagem dos chãos do edifício foram feitas profundas escavações, donde se removeram cerca de dez mil metros cúbicos de terra. Todo esse penoso trabalho foi executado pelo Sr. Carlos Helmschrott (antigo e leal colaborador do nosso atual P. Guardião Fr. Dâmaso), o chofer Sr. João e mais três homens pretos de picareta, pá, enxada e alavanca" (R.P. FREI..., 1963, p. 104-105).

Tudo indica que o terreno do Cemitério de São Benedito, naqueles anos 1940, não era mais utilizado como necrópole. As crônicas escritas pelos franciscanos no início do século XX não relatam, porém, se os restos mortais dos negros ainda permaneciam ali ou se foram trasladados. O cronista estava preocupado em exaltar a figura empreendedora do guardião alemão, as obras do novo prédio e o crescimento numérico de frades no convento. Quando escreveu seu texto, contudo, teve a delicadeza de nomear o Sr. Carlos, antigo e leal colaborador e o chofer Sr. João, mas limitou-se a dizer que três homens pretos contribuíram com a empreitada de retirar terras do antigo terreno. Aos pretos, vivos ou mortos, bem como à sua extinta confraria, coube apenas algumas escassas menções.

Desde que os franciscanos retornaram a São Paulo, houve uma série de mudanças, reformas e novas construções no Largo. A igreja voltou a se chamar de São Francisco, foi elevada à categoria de paróquia e, por fim, de santuário. A imagem de São Benedito, por sua vez, voltou para o nicho abaixo de Santo Antônio, onde havia estado por mais de um século antes de ser transferido para o altar principal. Em alguma reforma, no entanto, entre os anos de 1960 e 1980, foi retirada dali, dando lugar a uma imagem de outro santo. Entre 1980 e 1990, quando foi reencontrada em um depósito na torre da Igreja, voltou novamente para o altar de Santo Antônio, ganhando, desta vez, um lugar ao lado do santo lisboeta.

Quem entra na igreja do Largo São Francisco, hoje, encontra no altar à direita a imagem discreta e sempre presente do orago dos pretos.

Referências

A – Fontes bibliográficas

ALONSO, Â. **Ideias em movimento**: a geração de 1870 na crise do Brasil Império. São Paulo: Paz e Terra, 2002.

ALONSO, Â. **Flores, votos e balas**: o movimento abolicionista brasileiro (1868-1888). São Paulo: Companhia das Letras, 2015.

ALVES, H.L. **Antonio Bento, o fantasma da abolição**. Lorena: Centro de Estudos Históricos Gustavo Barroso, 1963.

ALVES, J. **São Benedito: novena e biografia**. 3. ed. São Paulo: Paulinas, 2011.

ANDRADA, B. Páginas esquecidas: a abolição em São Paulo. **Revista do Arquivo Municipal**, São Paulo, v. 71, jun.-jul. 1941.

AQUINO, M. Modernidade republicana e diocesanização do catolicismo no Brasil: as relações entre Estado e Igreja na Primeira República, 1889-1930. **Revista Brasileira de História**, São Paulo, v. 32, n. 63, p. 143-170, jun. 2012.

ARIZA, M.B.A. **Mães infames, rebentos venturosos**: mulheres e crianças, trabalho e emancipação em São Paulo (século XIX). 376 f. Tese (Doutorado em História Social) – Universidade de São Paulo, 2017.

ARROYO, L. **Igrejas de São Paulo**: introdução ao estudo dos templos mais característicos de São Paulo nas suas relações com a crônica da cidade. 2. ed. São Paulo: Companhia Editora Nacional, 1966.

AZEVEDO, C.M. **Onda negra, medo branco**: o negro no imaginário das elites – século XIX. Rio de Janeiro: Paz e Terra, 1987.

AZEVEDO, E. **O direito dos escravos**: lutas jurídicas e abolicionismo na província de São Paulo na segunda metade do século XIX. Campinas: Unicamp, 2010.

BARROS, J.D'A. **Fontes históricas**: introdução aos seus usos historiográficos. Petrópolis: Vozes, 2019.

BASTIDE, R. **Religiões africanas no Brasil**. São Paulo: Pioneira, 1971.

BERTIN, E. Sociabilidade negra na São Paulo do século XIX. **Cadernos de Pesquisa do CDHIS**, Uberlândia, v. 23, n. 1, p. 115-131, jan.-jun. 2010.

BÍBLIA. N.T. Evangelho Segundo João. In: BÍBLIA. Português. **Bíblia sagrada**. Tradução dos originais grego, hebraico e aramaico mediante a versão dos Monges Beneditinos e Maredsous. 2. ed. São Paulo: Ave Maria, 2009, p. 1.756-1.795.

BORGES, C.M. **Escravos e libertos nas irmandades do Rosário**: devoção e solidariedade em Minas Gerais (séculos XVIII e XIX). Juiz de Fora: UFJF, 2005.

BORIN, M.F. Os passeios da Rua Barão de Iguape: disputas na implementação dos equipamentos viários em São Paulo no fim do século XIX. **Anais do Museu Paulista**, São Paulo, v. 27, p. 1-23, 2019.

BOSCHI, C.C. **Os leigos e o poder**: irmandades leigas e políticas colonizadoras em Minas Gerais. São Paulo: Ática, 1986.

BOSCHI, C.C. Schiavitù del corpo e schiavitù dell'anima: confraternite nell'America portoghese del Setecento. **Accademia Ambrosiana – Studia Borromaica**, Milão, n. 31, p. 115-137, 2018.

BRESCIANI, M.S. Melhoramentos entre intervenções e projetos estéticos: São Paulo (1850-1950). In: BRESCIANI, M.S. (org.). **Palavras da cidade**. Porto Alegre: UFRGS, 2001, p. 343-366.

CAMBRAIA, C.N. **Introdução à crítica textual**. São Paulo: Martins Fontes, 2005.

CAVALCANTI FILHO, I. São Benedito e sua devoção nos conventos franciscanos do Nordeste colonial – Uma trajetória ascensional. **Arquitextos**, São Paulo, n. 238, 4 mar. 2020. Disponível em: <https://vitruvius.com.br/revistas/read/arquitextos/20.238/7662>. Acesso em: 20 abr. 2021.

CERTEAU, M. **A escrita da história**. Rio de Janeiro: Forense Universitária, 1982.

CHALHOUB, S. Medo branco de almas negras: escravos, libertos e republicanos na cidade do Rio. **Revista Brasileira de História**, São Paulo, v. 8, n. 16, p. 83-105, mar.-ago. 1988.

CHALHOUB, S. **Visões da liberdade**: uma história das últimas décadas da escravidão na corte. São Paulo: Companhia das Letras, 1990.

CHALHOUB, S. Precariedade estrutural: o problema da liberdade no Brasil escravista (século XIX). **História Social**, Campinas, n. 19, p. 33-62, 2011.

CONCEIÇÃO, F.A. **Flor peregrina por preta ou nova maravilha da graça descoberta na prodigiosa vida de S. Benedicto de S. Philadelfio**. Lisboa: Offc. Pinheiriense, 1744.

CONRAD, R. **Os últimos anos da escravatura no Brasil, 1850-1888**. Rio de Janeiro: Civilização Brasileira, 1975.

COSTA, E.V. **Da senzala à colônia** – Côrpo e alma do Brasil. São Paulo: Difusão Européia do Livro, 1966.

COSTA, R.F. Aproximação entre dois patrimônios: a construção narrativa dos conventos franciscanos nas Crônicas da Ordem no Período Colonial. **Revista Discente Ofícios de Clio**, Pelotas, v. 5, n. 8, p. 1-19, jan.-jun. 2020.

CRUZ, H.F.; PEIXOTO, M.R.C. Na oficina do historiador: conversas sobre história e imprensa. **Revista Projeto História**, São Paulo, n. 35, p. 253-270, dez. 2007.

CRUZ, R.A. **Associações mutualistas e o mundo do trabalho**: os trabalhadores e suas organizações no Rio de Janeiro (1861-1882). 158 f. Dissertação (Mestrado em História) – Universidade Federal Fluminense. Niterói, 2015.

DELFINO, L.L. **O Rosário das almas ancestrais**: fronteiras, identidades e representações do "viver e morrer" na diáspora atlântica – Freguesia do Pilar – São João Del Rei (1787-1841). Belo Horizonte: Clio Gestão Cultural e Editora, 2017.

FARIA, Í.C. João Alfredo Corrêa de Oliveira: ensino técnico profissional e modernização da sociedade brasileira no Segundo Reinado. **Revista Brasileira da Educação Profissional e Tecnológica**, Natal, v. 2, n. 19, p. 1-21, 2020.

FERREIRA, A.B.H. **Novo dicionário Aurélio da língua portuguesa**. 3. ed. Curitiba: Positivo, 2004.

FERREIRA, L.F. Luiz Gama, o primeiro poeta afro-brasileiro. In: FERREIRA, L.F. (org.). **Com a palavra, Luiz Gama**: poemas, artigos, cartas, máximas. São Paulo: Imprensa Oficial do Estado de São Paulo, 2011, p. 37-43.

FERREIRA, L.F. De escravo a cidadão: Luiz Gama, voz negra no abolicionismo. In: MACHADO, M.H.P.T.; CASTILHO, C.T. (orgs.). **Tornando-se livre**: agentes históricos e lutas sociais no processo de abolição. São Paulo: Edusp, 2018, p. 213-236.

FIELD, S.L. Ideais franciscanos e a família real da França (1226-1328). In: ROBSON, M.J.B. (org.). **Francisco de Assis**: história e herança. Aparecida: Santuário, 2015, p. 217-232.

FIUME, G. Antônio etíope e Benedito, o mouro: o escravinho santo e o preto eremita. **Revista Afro-Ásia**, Salvador, n. 40, p. 51-104, 2009.

FIUME, G. Benedetto il Moro dalla Sicilia al Nuovo mondo. In: COLOMBO, E. et al (orgs.). **Schiavitù del corpo e schiavitù dell'anima**: Chiesa, potere politico e schiavitù tra Atlantico e Mediterraneo (sec. XVI-XVIII). Milão: Biblioteca Ambrosiana, 2018, p. 73-114.

FIUME, G. Benedetto il Moro, il santo schiavo. In: QUILES GARCÍA, F. et al (eds.). **A la luz de Roma**: santos y santidad en el barroco iberoamericano. Sevilla/Roma: EnredARS/Tre-Press, 2020, p. 149-172.

FRANCISCO, R.R. Pacto de tolerância e cidadania na cidade de São Paulo (1850-1871). In: MACHADO, M.H.P.T.; CASTILHO, C.T. (orgs.). **Tornando-se livre**: agentes históricos e lutas sociais no processo de abolição. São Paulo: Edusp, 2018, p. 237-256.

FRANCO, V.H.M. **Escravos da religião: família e comunidade na Fazenda São Bento de Iguassú** – Recôncavo do Rio de Janeiro, século XIX. Curitiba: Appris, 2021.

FREITAS, F.D. Convento de S. Francisco: de como os religiosos se aboletaram nos fundos da Igreja e foram se alargando de 1909 a 1935 e das obras de maior vulto dessa data a 1937. **Vida Franciscana**, Petrópolis, ano 1, n. 1, p. 29-32, nov. 1942.

GAMA, L.G.P. **Primeiras trovas burlescas de Getulino**. 2. ed. Rio de Janeiro: Typ. de Pinheiro, 1861.

GOLDMAN, M. Cavalo dos Deuses: Roger Bastide e as transformações das religiões de matriz africana no Brasil. **Revista de Antropologia**, São Paulo, v. 54, n. 1, p. 407-432, 2011.

GOMES, F.S.; LAURIANO, J.; SCHWARCZ, L.M. **Enciclopédia negra**. São Paulo: Companhia das Letras, 2021.

GOMES, F.S.; SCHWARCZ, L.M. Por uma cronologia atlântica. In: SCHWARCZ, L.M.; GOMES, F.S. (orgs.). **Dicionário da escravidão e liberdade**. São Paulo: Companhia das Letras, 2018, p. 427-439.

GRAHAM, R. Nos tumbeiros mais uma vez? – O comércio interprovincial de escravos no Brasil. **Afro-Ásia**, Salvador, n. 27, p. 121-160, 2002.

HOLLANDA, S.B. Prefácio. In: PETRONE, M.T.S. **O Barão de Iguape**: um empresário da época da independência. São Paulo: Companhia Editora Nacional, 1976, p. XI-XX.

JABOATÃO, F.A.S.M. **Novo Orbe Seráfico Brasilico ou crônicas dos Frades Menores da Província do Brasil**. V. 2. Rio de Janeiro: Typografia de Maximiano Gomes Ribeiro, 1859.

KIDDY, E.W. Quem é o Rei do Congo? – Um novo olhar sobre os reis africanos e afro-brasileiros no Brasil. In: HEYWOOD, L.M. (org.). **Diáspora negra no Brasil**. São Paulo: Contexto, 2008, p. 165-191.

LARA, S.H. **Campos da violência**: escravos e senhores na capitania do Rio de Janeiro, 1750-1808. Rio de Janeiro: Paz e Terra, 1998.

LE GOFF, J. As ordens mendicantes. In: BERLIOZ, J. (org.). **Monges e religiosos na Idade Média**. Lisboa: Terramar, 1994, p. 227-241.

LE GOFF, J. **História e memória**. Campinas: Unicamp, 1996.

LUNA, F.V.; KLEIN, H.S. **História econômica e social do Estado de São Paulo, 1850-1950**. São Paulo: Imprensa Oficial do Estado de São Paulo, 2019.

MACHADO, M.H.T.P. From Slave Rebels to Strikebreakers: The Quilombo of Jabaquara and the Problem of Citizenship in Late-Nineteenth-Century Brazil. **Hispanic American Historical Review**, v. 86, n. 2, p. 247-274, 2006.

MACHADO, M.H.T.P. **O plano e o pânico**: os movimentos sociais na década da abolição. São Paulo: Edusp, 2010.

MARTINS, E. **Os pobres e os termos de bem viver**: novas formas de controle social do Império do Brasil. 195 f. Dissertação (Mestrado em História) – Universidade Estadual Paulista. Assis, 2003.

MATTOS, H. **Das cores do silêncio**: os significados da liberdade no sudeste escravista – Brasil, século XIX. 3. ed. rev. Campinas: Unicamp, 2013.

MOLINA, S.R. **A morte da tradição**: a Ordem do Carmo e os escravos da santa contra o império do Brasil (1850-1889). 301 f. Tese (Doutorado em História Social) – Universidade de São Paulo, 2006.

MONTANHEIRO, F.C. O livro de Compromisso entre os manuscritos de Confrarias: potencialidades para o trabalho filológico. **Revista de Filologia e Linguística Portuguesa**, São Paulo, n. 10-11, p. 121-148, 2009.

MONTEIRO, R.L. **Carmo: patrimônio da história, arte e fé**. São Paulo: Empresa Gráfica da Revista dos Tribunais, 1978.

MOTTA, J.F. O inferno de Dantas: O Projeto de Lei 48 no jornal *A Província de São Paulo*, 1884. In: OSÓRIO, H.; XAVIER, R.C.L. (orgs.). **Do tráfico ao pós-abolição**: trabalho compulsório e livre e a luta por direitos sociais no Brasil. São Leopoldo: Oikos, 2018, p. 424-453.

ODULFO, F. São Benedito, o Preto, e seu culto no Brasil. **Revista Eclesiástica Brasileira**, Petrópolis, v. 1, p. 825-831, 1941.

OLIVEIRA, A.J.M. Igreja e escravidão africana no Brasil Colonial. **Cadernos de Ciências Humanas – Especiaria**, Ilhéus, v. 10, n. 18, p. 335-387, jul.-dez. 2007.

OLIVEIRA, A.J.M. **Devoção negra**: santos pretos e catequese no Brasil colonial. Rio de Janeiro: Quarte, 2008.

OLIVEIRA, A.J.M. Santos pardos e pretos na América portuguesa: catolicismo, escravidão, mestiçagens e hierarquias de cor. **Studia Historica** – Historia Moderna, Salamanca, v. 38, n. 1, p. 65-93, 2016.

OLIVEIRA, J.P. Filinto Justiniano Ferreira Bastos: a trajetória de um abolicionista (1879-1882). **História**, São Paulo, v. 37, p. 1-21, 2018.

ORTMANN, A. **História da antiga capela da Ordem Terceira da Penitência de São Francisco de São Paulo 1676-1783**. Rio de Janeiro: Ministério da Educação e Saúde, 1951.

OTSUKA, A.F. **Antônio Bento**: discurso e prática abolicionista na São Paulo da década de 1880. 230 f. Dissertação (mestrado em História Social) – Universidade de São Paulo, 2015.

PAZZELLI, R. **São Francisco e a Ordem Terceira**: o movimento penitencial pré-franciscano e franciscano. Santo André: Mensageiro de Santo Antônio, 2009.

PEREIRA, J.C.M.S. **À flor da terra**: o cemitério dos pretos novos no Rio de Janeiro. Rio de Janeiro: Garamond, 2007.

PEREIRA, T.C. **Do sagrado ao profano**: transformações fúnebres na cidade de São Paulo – 1858-1890. 185 f. Dissertação (mestrado em História) – Pontifícia Universidade Católica de São Paulo, 2018.

PETRONE, M.T.S. **O Barão de Iguape**: um empresário da época da independência. São Paulo: Companhia Editora Nacional, 1976.

PIRES, M.F.N. Travessias a caminho: tráfico interprovincial de escravos, Bahia e São Paulo (1850-1880). **Revista África(s)**, Alagoinhas, v. 4, n. 8, p. 63-78, jul.-dez. 2017.

PIROLA, R.F. A Lei de Lynch no ocaso da escravidão: linchamentos, justiça e polícia (1878-1888). In: OSÓRIO, H.; XAVIER, R.C.L. (orgs.). **Do tráfico ao pós-abolição**: trabalho compulsório e livre e a luta por direitos sociais no Brasil. São Leopoldo: Oikos, 2018, p. 454-480.

QUINTÃO, A.A. **Contribuições para a história do protagonismo de negros e índios na Irmandade de Nossa Senhora do Rosário dos Pretos da Penha de França**. São Paulo: Movimento Cultural Penha, 2019.

QUINTÃO, A.A. **Irmandades negras**: outro espaço de luta e resistência (1870-1890). São Paulo: Annablume/Fapesp, 2002a.

QUINTÃO, A.A. **Lá vem o meu parente**: as irmandades de pretos e pardos no Rio de Janeiro e em Pernambuco (século XVIII). São Paulo: Annablume/Fapesp, 2002b.

REGINALDO, L. Irmandades e devoções de africanos e crioulos na Bahia setecentista: histórias e experiências atlânticas. **Stockholm Review of Latin American Studies**, n. 4, p. 25-32, mar. 2009.

REGINALDO, L. **Os rosários dos Angolas**: irmandades de africanos e crioulos na Bahia setecentista. São Paulo: Alameda, 2011.

REGINALDO, L. Em torno de um registro: o livro de irmãos do Rosário das Portas do Carmo (1719-1826). In: SOUZA, E.S.; MARQUES, G.; SILVA, H.R. (orgs.). **Salvador da Bahia**: retratos de uma cidade atlântica. Salvador: Edufba, 2016a, p. 203-234.

REGINALDO, L. Rosários dos pretos, "São Benedito de Quissama": irmandades e devoções negras no mundo Atlântico (Portugal e Angola, século XVIII). **Studia Historica – Historia Moderna**, Salamanca, v. 38, n. 1, p. 123-151, 2016b.

REGINALDO, L. Irmandades. In: SCHWARCZ, L.M.; GOMES, F.S. (orgs.). **Dicionário da escravidão e liberdade**: 50 textos críticos. São Paulo: Companhia das Letras, 2018, p. 268-274.

REGIS, M.F.R.B. 200 anos não são 200 dias: história, protagonismo e estratégia de mulheres negras na irmandade da Boa Morte (1820-2020). **Revista Calundu**, Brasília, v. 4, n. 2, p. 198-218, jul.-dez. 2020.

REIS, I.C.F. Família escrava. In: SCHWARCZ, L.M.; GOMES, F.S. (orgs.). **Dicionário da escravidão e liberdade**: 50 textos críticos. São Paulo: Companhia das Letras, 2018, p. 225-229.

REIS, J.J. **A morte é uma festa**: ritos fúnebres e revolta popular no Brasil. São Paulo: Companhia das Letras, 1991.

REIS, J.J. Identidade e diversidade étnicas nas irmandades negras no tempo da Escravidão. **Tempo**, Rio de Janeiro v. 2, n. 3, p. 7-33, 1996.

REIS, J.J.; SILVA, E. **Negociação e conflito**: a resistência negra no Brasil escravista. São Paulo: Companhia das Letras, 1989.

RODRIGUES, C. **Nas fronteiras do além**: a secularização da morte no Rio de Janeiro (séculos XVIII e XIX). Rio de Janeiro: Arquivo Nacional, 2005.

RODRIGUES, J. **O tráfico de escravos para o Brasil**. 2. ed. São Paulo: Ática, 1998.

ROSADA, M. São Francisco: um altar do rococó bávaro em São Paulo. In: CONGRESO INTERNACIONAL DE BARROCO IBEROAMERICANO, 5. **Anais**... Granada: EUG, 2021, p. 1.063-1.070.

RÖWER, F.B. **A Província Franciscana da Immaculada Conceição do Brasil nas festas do centenário da Independência Nacional – 1822-1922**. Petrópolis: Vozes, 1922.

RÖWER, F.B. **Páginas de história franciscana no Brasil**: esboço histórico e documentado de todos os conventos e hospícios fundados pelos religiosos franciscanos da Província da Imaculada Conceição do Sul do Brasil, desde 1591 a 1758, e das aldeias de índios administradas pelos mesmos Religiosos desde 1692 a 1803 (com estampas). Petrópolis: Vozes, 1957.

SALLES, F.T. **Estudos 1**: associações religiosas no ciclo do ouro. Belo Horizonte: Universidade de Minas Gerais, 1963.

SANGENIS, L.F.C. **Franciscanos no Brasil**: protagonismos na educação, na história e na política. Rio de Janeiro: EdUERJ, 2019.

SANTIROCCHI, Í.D. Uma questão de revisão de conceitos: Romanização – Ultramontanismo – Reforma. **Temporalidades**, Belo Horizonte, v. 2, n. 2, p. 24-33, ago.-dez. 2010.

SANTIROCCHI, Í.D. A Igreja e a construção do Estado no Brasil imperial. In: SIMPÓSIO NACIONAL DE HISTÓRIA, 27. Natal, 2013. **Anais...** São Paulo: ANPUH, 2013a.

SANTIROCCHI, Í.D. Padroado e Regalismo no Brasil independente. In: JORNADAS INTERESCUELAS/DEPARTAMENTOS DE HISTORIA, 14., 2013, **Anais...** Mendoza: Departamento de Historia de la Faculdad de Filosofía y Letras, Universidad Nacional de Cuyo. Mendoza, 2013b.

SANTOS, B.G.; AZEVEDO, A.M. Memórias de devoção e saberes ancestrais afrodiaspóricos: a Irmandade de São Benedito da Casa Verde, São Paulo (SP). **Odeere – Revista do Programa de Pós-Graduação em Relações Étnicas e Contemporaniedade**, Jequié, v. 3, n. 6, p. 198-225, jul.-dez. 2018.

SANTOS, C.A. Projetos sociais abolicionistas: ruptura ou continuísmo? In: REIS FILHO, D.A. (org.). **Intelectuais, história e política (séculos XIX e XX)**. Rio de Janeiro: 7 Letras, 2000, p. 54-74.

SANTOS, F.F. As igrejas das Irmandades dos Homens Pretos: documentos da cultura religiosa afro-brasileira na cidade de São Paulo. In: MIGLIACCIO, L.; MARTINS, R.M.A. (eds.). **No embalo da rede –** Trocas culturais, história e geografia artística do Barroco na América Portuguesa. Sevilla/São Paulo: EnredARS/Fauusp, 2020, p. 173-185.

SANTOS, F.M. **História de Santos**. São Vicente: Caudex, 1986.

SCARANO, J. **Devoção e escravidão**: a Irmandade de Nossa Senhora do Rosário dos Pretos no Distrito Diamantino no século XVIII. 2. ed. São Paulo: Nacional, 1978.

SCHWARCZ, L.M. **Retrato em branco e negro –** Jornais, escravos e cidadãos em São Paulo no final do século XIX. São Paulo: Companhia das Letras, 1987.

SCHWARCZ, L.M. **O espetáculo das raças**: cientistas, instituições e questão racial no Brasil 1870-1930. São Paulo: Companhia das Letras, 1993.

SILVA, M.B.N. (org.). **História de São Paulo colonial**. São Paulo: Unesp, 2009.

SILVA, R.V.M. (org.). **Para a história do português brasileiro –** **Vol. II**: Primeiros estudos. T. 1. São Paulo: Humanitas/FFLCH-USP/ Fapesp, 2001.

SLENES, R.W. "Malungu, Ngoma vem!": África coberta e descoberta no Brasil. **Revista USP**, São Paulo, n. 12, p. 48-67, 1992.

SLENES, R.W. **Na senzala, uma flor – Esperanças e recordações na formação da família escrava**: Brasil Sudeste, século XIX. 2. ed. Campinas: Unicamp, 2011.

SOARES, M.C. **Devotos da cor**: identidade étnica, religiosa e escravidão no Rio de Janeiro do século XVIII. Rio de Janeiro: Civilização Brasileira, 2000.

TEIXEIRA, V.G. Fr. João da Póvoa e o movimento da observância franciscana portuguesa entre 1447 e 1517. **Lusitania Sacra**, Lisboa, n. 17, p. 227-254, 2005.

THIOLLIER, R. **Um grande chefe abolicionista**: Antonio Bento. [s.l.]: [s.n.], 1932.

THOMPSON, E.P. **A formação da classe operária inglesa**: a árvore da liberdade. V. 1. Rio de Janeiro: Paz e Terra, 1987.

THOMPSON, E.P. **Costumes em comum**: estudos sobre a cultura popular tradicional. São Paulo: Companhia das Letras, 1998.

TOLEDO, R.P. **A capital da solidão**: uma história de São Paulo das origens a 1900. Rio de Janeiro: Objetiva, 2012.

VENKER. F.D. **Vida Franciscana**, Petrópolis, ano XX, n. 30, p. 102-109, jun. 1963.

VIANA, L. **O idioma da mestiçagem**: as irmandades de pardos na América Portuguesa. Campinas: Unicamp, 2007.

VIDE, S.M. **Constituições Primeiras do Arcebispado da Bahia**. São Paulo: Edusp, 2010.

WERNET, A. **A Igreja Paulista no século XIX**: a reforma de D. Antônio Joaquim de Melo (1851-1861). São Paulo: Ática, 1987.

WERNET, A. Crise e definhamento das tradicionais ordens monásticas brasileiras durante o século XIX. **Revista do Instituto de Estudos Brasileiros**, São Paulo, n. 42, p. 115-131, 1997.

WILLEKE, V. **Missões franciscanas no Brasil (1500-1975)**. Petrópolis: Vozes, 1974.

WILLEKE, V. Os franciscanos e a decadência do século XIX. **Revista do Instituto Histórico e Geográfico de São Paulo**, São Paulo, v. 73, p. 55-63, 1977.

B – Fontes hemerográficas

A CONSTITUINTE: Orgam Liberal, ano 1, n. 160, 17 fev. 1880.

ALMANACH PAULISTA, ano 1, n. 1, 1881.

A REDEMPÇÃO, ano 1, n. 4, 13 jan. 1887.

AURORA PAULISTANA: Folha Política, Industrial e Litteraria, ano 1, n. 66, 31 jul. 1852.

CORREIO PAULISTANO, ano 1, n. 5, 1 jul. 1854.

CORREIO PAULISTANO, ano 1, n. 19, 18 jul. 1854.

CORREIO PAULISTANO, ano 1, n. 74, 19 set. 1854.

CORREIO PAULISTANO, ano 1, n. 162, 10 jan. 1855.

CORREIO PAULISTANO, ano 2, n. 332, 26 out. 1855.

CORREIO PAULISTANO, ano 2, n. 333, 30 out. 1855.

CORREIO PAULISTANO, ano 2, n. 334, 2 nov. 1855.

CORREIO PAULISTANO, ano 3, n. 450, 29 ago. 1856.

CORREIO PAULISTANO, ano 6, n. 971, 27 jun. 1859.

CORREIO PAULISTANO, ano 9, n. 1.943, 28 out. 1862.

CORREIO PAULISTANO, ano 11, n. 2.419, 11 jun. 1864.

CORREIO PAULISTANO, ano 11, n. 2.539, 6 nov. 1864.

CORREIO PAULISTANO, ano 17, n. 4.218, 2 ago. 1870.

CORREIO PAULISTANO, ano 18, n. 4.609, 20 dez. 1871.

CORREIO PAULISTANO, ano 27, n. 6.968, 17 fev. 1880.

CORREIO PAULISTANO, ano 28, n. 7.332, 13 maio 1881.

CORREIO PAULISTANO, ano 29, n. 7.980, 16 abr. 1883.

CORREIO PAULISTANO, ano 29, n. 8.000, 6 maio 1883.

CORREIO PAULISTANO, ano 46, n. 12.877, 10 jun. 1899.

CORREIO PAULISTANO, ano 75, n. 23.179, 2 mar. 1928.

DIARIO DE S. PAULO, ano 2, n. 544, 9 jun. 1867.

DIARIO DE S. PAULO, ano 5, n. 1.227, 7 out. 1869.

IMPRENSA ACADEMICA. Jornal dos Estudantes de S. Paulo, ano 1, n. 4, 28 abr. 1864.

JORNAL DA TARDE, ano 3, n. 181, 13 maio 1881.

O BRAZIL CONTEMPORANEO: Jornal Ilustrado, ano 2, n. 1, 1888.

O COMMERCIO DE SÃO PAULO, ano 16, n. 1.176, 1909.

O COMMERCIO DE SÃO PAULO, ano 16, n. 1.180, 19 out. 1909.

REVISTA COMMERCIAL, ano 16, n. 49, 29 dez. 1864.

REVISTA LITTERARIA PAULISTANA, ano 1, n. 1, 1860.

C – Fontes documentais

ARQUIVO DA CÚRIA METROPOLITANA DE SÃO PAULO. Compromisso da Irmandade de Nossa Senhora do Rosário dos Homens Pretos. 1-3-8, 1778.

ARQUIVO DA CÚRIA METROPOLITANA DE SÃO PAULO. Irmandade do Glorioso São Benedicto – Livro de assentamento dos irmãos. 2-2-1, 1759-1855.

ARQUIVO DA CÚRIA METROPOLITANA DE SÃO PAULO. Irmandade do Glorioso São Benedicto – Livro de assentamento das irmãs. 2-2-10, 1803-1854.

ARQUIVO DA CÚRIA METROPOLITANA DE SÃO PAULO. Irmandade do Glorioso São Benedicto – Livro de assentamento dos irmãos. 2-2-28, 1804-1848.

ARQUIVO DA CÚRIA METROPOLITANA DE SÃO PAULO. Irmandade do Glorioso São Benedicto – Livro de assentamento dos irmãos captivos. 2-2-18, 1846-1878.

ARQUIVO DA CÚRIA METROPOLITANA DE SÃO PAULO. Irmandade do Glorioso São Benedicto – Livro de assentamento das irmãs captivas. 2-2-13, 1846-1878.

ARQUIVO DA CÚRIA METROPOLITANA DE SÃO PAULO. Irmandade do Glorioso São Benedicto – Livro de assentamento das irmãs libertas. 2-3-40, 1846-1879.

ARQUIVO DA CÚRIA METROPOLITANA DE SÃO PAULO. Irmandade do Glorioso São Benedicto – Livro de assentamento dos irmãos (libertos). 2-2-7, 1846-1896.

ARQUIVO DA CÚRIA METROPOLITANA DE SÃO PAULO. Irmandade do Glorioso São Benedicto – Livro de assentamento das irmãs. 2-2-8, 1873-1901.

ARQUIVO DA CÚRIA METROPOLITANA DE SÃO PAULO. Irmandade do Glorioso São Benedicto – Livro de assentamento dos irmãos. 2-2-6, 1876-1901.

ARQUIVO DA PROVÍNCIA FRANCISCANA DA IMACULADA CONCEIÇÃO DO BRASIL. Descrição do local do Jázigo da Irmandade de São Benedito (datilografado). Sem data. Pasta 15.5. Documentos diversos.

ARQUIVO DA PROVÍNCIA FRANCISCANA DA IMACULADA CONCEIÇÃO DO BRASIL. Relação do que pertence à Igreja do Glorioso São Benedicto. Sem data. Pasta 15.5. Documentos diversos.

ARQUIVO DA PROVÍNCIA FRANCISCANA DA IMACULADA CONCEIÇÃO DO BRASIL. Irmandade do Glorioso São Benedicto –

Livro de receitas e despesas. 1837-1862. Pasta 15.5. Documentos diversos.

ARQUIVO DA PROVÍNCIA FRANCISCANA DA IMACULADA CONCEIÇÃO DO BRASIL. Inventário das alfaias, móveis e utensílios pertencente à Irmandade de S. Benedicto e que estão a cargos do Ir. Procurador e Sacristão estando presente o Secretário, Procurador e Sacristão. 1º de janeiro de 1854. Pasta 15.5. Documentos diversos.

ARQUIVO DA PROVÍNCIA FRANCISCANA DA IMACULADA CONCEIÇÃO DO BRASIL. Irmandade do Glorioso São Benedicto – Livro de receitas e despesas. 1858-1886. Pasta 15.5. Documentos diversos.

ARQUIVO DA PROVÍNCIA FRANCISCANA DA IMACULADA CONCEIÇÃO DO BRASIL. Relação de bens existentes na Igreja a cargo do Ir. Procurador. 23 de agosto de 1862. Pasta 15.5. Documentos diversos.

ARQUIVO DA PROVÍNCIA FRANCISCANA DA IMACULADA CONCEIÇÃO DO BRASIL. Bens pertencentes a Irmandade de S. Benedicto a guarda do Ir. Procurador. 27 de agosto de 1893. Pasta 15.5. Documentos diversos.

ARQUIVO DA PROVÍNCIA FRANCISCANA DA IMACULADA CONCEIÇÃO DO BRASIL. Inventário das alfaias e mais pertences da Irmandade de S. Benedicto, recebidos pelo Irmãos Procurador, Sr. Francisco Benedicto Ribeiro da Silveira em julho de 1901. Pasta 15.5. Documentos diversos.

ARQUIVO DA PROVÍNCIA FRANCISCANA DA IMACULADA CONCEIÇÃO DO BRASIL. Relação de irmãos e irmãs da Venerável Irmandade de S. Benedicto, que se acham em dia no pagamento de anuidades no anno de 1905. Pasta 15.5. Documentos diversos.

ARQUIVO DA ORDEM TERCEIRA DE SÃO FRANCISCO DA PENITÊNCIA. Livro de actas 1792-1863. Cópia de huma representação que à Sua Magestade Imperial dirigio a Meza Definitória desta Venerável Ordem 3ª por unanime aprovação da dita Meza Congregada no seo Consistório. Ata de 8 de março de 1833.

ARQUIVO DA ORDEM TERCEIRA DE SÃO FRANCISCO DA PENITÊNCIA. Livro de actas 1792-1863. Cópia da Carta que nossa Meza Definitoria desta Venerável Ordem Terceira apresentou o nosso caríssimo Ir. João da Conceição Maldonado. Ata de 18 de dezembro de 1835.

ARQUIVO DA ORDEM TERCEIRA DE SÃO FRANCISCO DA PENITÊNCIA. Carta de Dom Manuel Joaquim Gonçalves de Andrade a José Maria Brotero, diretor do Curso Jurídico. 22 de outubro de 1836. Pasta 492. Documentos diversos.

ARQUIVO DA ORDEM TERCEIRA DE SÃO FRANCISCO DA PENITÊNCIA. Ofício da Irmandade de São Benedito pedindo empréstimo de uma sala. 10 de fevereiro de 1848. Pasta 286. Documentos diversos.

ARQUIVO DA ORDEM TERCEIRA DE SÃO FRANCISCO DA PENITÊNCIA. Carta de Raphael Tobias de Aguiar. 1º de dezembro de 1851. Pasta 492. Documentos diversos.

ARQUIVO DA ORDEM TERCEIRA DE SÃO FRANCISCO DA PENITÊNCIA. Carta do Vigário Capitular ao Ministro da Ordem Terceira. 11 de fevereiro de 1852. Pasta 288. Documentos diversos.

ARQUIVO DA ORDEM TERCEIRA DE SÃO FRANCISCO DA PENITÊNCIA. Livro de actas 1792-1863 – Ofício a Frei Theotonio de Santa Humiliana. Ata de 14 de julho de 1854.

ARQUIVO DA ORDEM TERCEIRA DE SÃO FRANCISCO DA PENITÊNCIA. Livro de actas 1792-1863 – Cópia do Offico do N. CC. Pe. Me. Provincial, enviado do Rio de Janeiro em resposta ao officio acima copiado que lhe dirigio a Veneravel Ordem 3ª de S. Francisco reunida em Meza nesta Cidade de S. Paulo. Ata de 6 de setembro de 1854.

ARQUIVO DA ORDEM TERCEIRA DE SÃO FRANCISCO DA PENITÊNCIA. Livro de actas 1792-1863 – *Cópia do* Officio que o Secretario desta Venerável Ordem 3ª dirigio ao Secretário da Irmandade, digo á Meza da Irmandade de S. Benedicto em resposta ao de 15 de abril do Secretário d'aquella Irmandade. Ata de 1º de maio de 1856.

ARQUIVO DA ORDEM TERCEIRA DE SÃO FRANCISCO DA PENITÊNCIA. Carta pedido ao provincial para criação da Irmandade Academica de São Francisco de Assis. 19 de novembro de 1860. Pasta 292. Documentos diversos.

ARQUIVO DA ORDEM TERCEIRA DE SÃO FRANCISCO DA PENITÊNCIA. Resposta do provincial dos franciscanos sobre a criação da Irmandade Acadêmica de São Francisco de Assis. 4 de dezembro de 1860. Pasta 292. Documentos diversos.

Anexo

Compromisso da Irmandade do Glorioso S. Benedicto desta cidade de S. Paulo[117]

Capitulo I – Da instituição e fins da irmandade

Art. 1º A irmandade do Glorioso São Benedicto, instituída na igreja de São Francisco, nesta imperial cidade de São Paulo, em 22 de outubro de 1772, tem por fim adorar a Deos, e promover o Culto do mesmo Santo, e a prosperidade da irmandade.

Capitulo II – Das qualidades exigidas para irmãos, seu número, classes, principaes obrigações

Art. 2º São irmãos da irmandade de São Benedicto todos os que nella se achão aleitados, e os que de novo entrarem, uma vez que professem a religião catholica apostólica Romana, sem distincção de sexo, condição ou idade, o que não tenhão vícios que os tornem despresiveis aos olhos do publico; sujeitando-se ao ônus e encargo da mesma irmandade.

---

117. Este Compromisso foi publicado integralmente no *Correio Paulistano*, nas edições de 26 e 30 de outubro e 2 de novembro de 1855, listadas nas referências. A transcrição aqui apresentada mantém a grafia e as acentuações originais.

Art. 3º O numero dos irmãos será indeterminado.

Art. 4º Os irmãos constarão de três classes; a saber: ordinários, de meza perpetua, e remidos.

Art. 5º As obrigações dos irmãos ordinários são:

§ 1º Contribuirem nas suas entradas com 640rs., e annualmente com 320rs.

§ 2º Aceitarem e exercerem os cargos para que forem nomeados.

§ 3º Concorrerem a todos os actos religiosos da mesma.

§ 4º Observarem restrictamente as disposições do presente compromisso.

Art. 6º As obrigações dos irmãos de meza perpetua são:

§ 1º Contribuirem nas suas entradas com 2$rs., e annualmente com 1$rs.

§ 2º Aceitarem e exercerem os cargos para que forem nomeados, excepto o de juiz.

§ 3º Concorrerem a todos os actos religiosos da mesma.

§ 4º Observarem restrictamente as disposições do presente compromisso.

Art. 7º As obrigações dos irmãos remidos são:

§ 1º Contribuirem por uma só vez com a joia de 20$rs., e serão isentos de todos os cargos.

§ 2º Concorrerem a todos os actos religiosos da mesma.

§ 3º Observar restrictamente as disposições do presente compromisso.

Capitulo III – Dos direitos, e regalias dos irmãos

Art. 8º Os irmãos gozarão:

§ 1º Das Missas que annualmente a irmandade deve mandar dizer pelos irmãos vivos e defuntos conforme o art. 10.

§ 2º Terem sepultura para si, e seus filhos até a idade de 7 annos, no lugar que fôr destinado.

§ 3º Terem dobres de sino, acompanhamento da irmandade, e caixão tanto para si, como para seus filhos até a idade de 7 annos.

Art. 9º Os irmãos que tiverem exercido o lugar de juiz por trez vezes serão tidos como jubilados, e ficarão isentos de toda e qualquer nomeação ou eleição, annuaes e joias, uma vez que estejão quites com a irmandade até essa ocasião. Terão assento e voto em todas as mezas que lhes aprouver assistir; e se dirão por elles dez Missas quando fallecerem.

Art. 10º Em cada anno na semana de finados, se mandará dizer uma Missa solemne pelas almas dos irmãos fallecidos em geral; e no dia 3 de abril, do Glorioso São Benedicto, se dirá, no seu próprio altar, uma Missa pela tenção dos irmãos vivos e bemfeitores, se porem este dia fôr impedido ficará transferida para o oitavo dia. Se mandarão dizer igualmente pela alma de cada irmão jubilado que fallecer dez Missas: oito pelas almas dos que tiverem sido festeiros; e cinco pelas almas de cada irmão que fallecer quer ordinário, de meza perpetua ou remido.

Capitulo IV – Da administração da irmandade, sua escripturação, e obrigações de seus empregados

Art. 11. A irmandade será representada por uma meza, que a regerá por uma anno, contado de festa a festa, se será composta de 21 irmãos; a saber: um juiz, um 1º e 2º secretários, um thesoureiro, um 1º e 2º procuradores, um guarda e zelador de cera e alfaias, 1º e 2º andadores, e 12 irmãos de meza.

Art. 12 A meza da irmandade pertence:

§ 1º Providenciar quando fôr a bem da mesma, e deliberar sobre todos os negócios della, decidindo tudo por maioria de votos.

§ 2º Suspender de suas funcções os membros da meza que não cumprirem seus deveres.

§ 3º Eliminar da irmandade aos irmãos torbulentos e richosos, ou que por seus maos costumes possão transtornar a ordem da mesma.

§ 4º Dar posse aos novos empregados oito dias depois da festa, e tomar contas ao thesoureiro oito dias depois da posse.

§ 5º Proceder no tempo marcado a eleição dos empregados para e anno futuro, em sessão geral da irmandade.

§ 6º Promover a responsabilidade legal, perante a autoridade competente, do empregado que recusar prestar suas contas no tempo marcado, sendo exigida pela meza.

§ 7º Fazer passar procurações, e autorizar ao irmão procurador a representar a irmandade em juízo ou fóra delle.

§ 8º Impor as penas prescriptas neste compromisso aos empregados e irmãos que infringirem qualquer de suas disposições.

§ 9º Inspeccionar, dirigir e tomar contas aos empregados da caixa pia.

§ 10º Distribuir as beneficências que forem reclamadas, tendo em vista as disposições a respeito.

§ 11º Exercer todas as mais funcções administrativas da irmandade.

Art. 13 Para a escripturação da irmandade haverão os seguintes livros; a saber: quatro para alistamento dos irmãos, sendo 2 para homens e mulheres livres, e 2 para captivos homens e mulheres, um para as actas das sessões, um para as actas das eleições, um para a receita e despeza da irmandade, um para inventário, um para as certidões de Missas, e um para a receita e despeza da caixa pia.

Art. 14 No livro de alistamento dos irmãos se mencionará o nome delles, seu estado, condição, classe e mais circumstancias precisas. No de actas se fará menção do numero dos irmãos presentes em meza, o motivo da reunião, e o que fôr deliberado. No de actas de eleições se lançará somente tudo que fôr relativo aos mesma eleições. No de receita e despeza se farão por verbas destinctas os lançamentos dos dinheiros e entrados e sahidos do cofre, com declaração do dia, mez, e anno em que se effectuar a transacção: esta escripturação fechar-se-há quando findar o exercício da meza, e será confrontada com as contas que prestar o thesoureiro. No de inventario se fará menção de tudo quanto possuir a irmandade, descrevendo-se por ordem todos os bens a ella pertencentes. No de Missas se passarão certidões das que forem ditas pelas almas dos irmãos vivos e defuntos, e das mais determinadas neste compromisso.

Art. 15 As transacções da irmandade serão feitas e escripturadas pela seguinte fórma: todo o dinheiro será recolhido ao cofre (que estará a cargo do thesoureiro) acompanhado de uma guia apresentada pelo procurador, em que declare os ramos que provem essa arrecadação; cuja guia será rubricada pelo 1º secretario, que tomará as convenientes notas para laçal-as classificadamente no livro de receitas e despeza da irmandade, debotando o thesoureiro por sua importância. A sahida de dinheiros do cofre será feita ávis-ta de pedidos do procurador, com declaração dos objctos em que tiver de ser empregado, que igualmente serão rubicados pelo 1º secretario, que por elles creditará o thesoureiro, fazendo a escripturação especificadamente. Se as sahidas de dinheiros forem para compras de obejctos, ou para pagamento de obras mandadas fazer, servirão de contas e férias de pedidos, uma vez rubricados pelo 1º secretario. Nem uma despeza será levada em conta ao thesoureiro, que não fôr justificada pela fórma estabelecida.

Art. 16 Ao juiz compete:

§ 1º Fazer a festa conjunctamente com a juíza, e quando não queira poderá dar a joia de 100$000 rs.

§ 2º Acompanhar a todos os actos religiosos com a vara.

§ 3º Presidir as mezas da irmandade mantendo a ordem.

§ 4º Vellar e providenciar sobre tudo que fôr concernente á prosperidade da irmandade, e harmonia dos irmãos.

§ 5º Ter nas sessões voto de desempate somente, podendo entretanto emittir sua opinião acerca de qualquer proposta que se discutir: nas eleições porém poderá votar porque o desempate será decidido por sorteamento.

Art. 17. A juíza compete:

§ 1º Fazer a festa conjunctamente com o juiz, e quando não queira poderá dar a joia de 100$000 rs.

§ 2º Comparecer por si, ou por seu procurador quando fôr avisada para a meza de ajuste de festa, única vez que poderá assistir a meza, e quando não queira comparecer poderá declarar por officio sua deliberação.

Art. 18 Ao 1º secretário compete:

§ 1º Fazer toda a escripturação da irmandade, e ter a seu cargo os livros de actas, de alistamento dos irmãos, do inventario, do compromisso, e o da receita e despeza, e todos os mais que a meza julgar necessários.

§ 2º Convocar as confrarias e irmandades paras as procissões em nome da meza; dirigir cartas para as irmans darem anjo; e lêr nas mezas de posse, ou quando fôr exigido o presente compromisso.

§ 3º Proceder no dia da festa, com o 2º secretario, e thesoureiro a cobrança dos annuaes e joias; e sollicitarem em qualquer occasião taes pagamentos, quando se achem atrazados.

§ 4º Presidir ás mezas da irmandade todas as vezes que não comparecer o juiz.

§ 5º Achivar as contas originaes que o thesoureiro, e todos os mais papeis da irmandade, pelos quaes é responsável.

§ 6º Dar em tempo as relações dos irmãos fallecidos para se mandar dizer as Missas que lhes forem devidas.

§ 7º Não alistar na irmandade pessoas captivas sem licença por escripto de seu senhor, cujas licenças serão numeradas, em massadas por annos, e archivadas.

§ 8º Nada pagará de annual ou joia.

Art. 19 Ao 2º secretario compete:

§ 1º Coadjuvar o 1º secretario em todo o expediente da irmandade, bem como nas cobranças dos annuaes.

§ 2º Servir nos seus impedimentos ou faltas.

§ 3º Ter a seu cargo a escripturação do livro de receira e despeza da caixa pia.

§ 4º Referendar as guias e pedidos das entradas e sahidas de dinheiros desta caixa.

§ 5º Nada pagará de annual ou joia.

Art. 20 Ao thesoureiro incumbe:

§ 1º Guardar o cofre da irmandade e joias que lhe serão entregues por inventario.

§ 2º Prestar contas annualmente, ou quando a meza exigir, tanto do cofre da irmandade como da caixa pia, munidas dos respectivos documentos legalmente preparados.

§ 3º Zellar das joias que forem entregues ao sacristão para o culto Divino, pelas quaes é responsável.

§ 4º Coadjuvar a cobrança dos annuaes e receber ahi o produto que houver.

§ 5º Assignar conjunctamente com o secretario todos os papeis officiaes tendentes a arrecadação dos annuaes, joias, ou qualquer ou divida.

§ 6º Nada pagará de annuaes ou joia.

Art. 21. Ao procurador da irmandade compete:

§ 1º Tratar dos negócios da irmandade tanto internos como externos que forem ordenados pela meza.

§ 2º Receber por inventario todos os objectos da igreja, e velar sobre sua guarda.

§ 3º Recolher ao cofre o rendimento de aluguel de tocheiros, caixão, sinos, sepultura, e quaesquer outros que por ventura haja no praso de trinta dias, pela maneira e fórma prescripta neste compromisso.

§ 4º Fazer as despesas da igreja, e qualquer outra de que fôr encarregado, sollicitando do thesoureiro o dinheiro preciso por meio de pedidos, ou documentos conforme fica estabelecido.

§ 5º Providenciar que o secretario conserve o templo, e mais objectos a seu cargo com aceio, e que abra a porta da igreja todos os dias ás horas designadas para celebrar-se o Santo Sacrificio da Missa, e todas as mais occasiões que forem precisas.

§ 6º Nada pagará de annuaes ou joias.

Art. 22. Ao 2º procurador compete:

§ 1º Mandar fazer todas as obras que forem ordenadas pela meza.

§ 2º Rubricar as férias das obras, depois de examinal-as, não confundindo a despeza com materiaes, e mão d'obra, e leval-as ao 1º secretario para revelar, afim de ser presente ao thesoureiro para satisfazel-as.

§ 3º Proceder da mesma maneira acerca dos materiaes comprados para a obra, exigindo do vendedor a respectiva conta em fórma.

§ 4º Administrar e fiscalizar os serviços, e levar ao conhecimento da meza o que occorrer a respeito.

§ 5º Substituirá ao 1º procurador em seus impedimentos, ou faltas. Nada pagará de joias, ou annuaes.

Art. 23. Ao guarda e zellador das alfaias e cêra pertence:

§ 1º Receber por inventario as alfaias da irmandade, pelas quaes é responsável, assim como pela cêra e reditos dos caixões.

§ 2º Zellar das mesmas, e não emprestar senão aquellas igrejas, ou pessoas de quem a irmandade tiver recebido iguaes favores; procurando arrecadal-as quando não forem restituídas em tempo.

§ 3º Nada pagará de annuaes ou joias.

Art. 24. Ao rei compete:

§ 1º Fazer a festa exterior conjunctamente com a rainha, e quando não queira poderá dar a joia de 32$000 rs.

§ 2º Comparecer a todos os actos religiosos da mesma, e na meza de ajuste de festa quando fôr avisado.

§ 3º Nada pagará de annual.

Art. 25. A rainha pertence:

§ 1º Fazer a festa exterior conjunctamente com o rei, e quando não queira poderá dar a joia de 32$000 rs.

§ 2º Comparecer por si, ou por seu procurador, quando fôr avisada para a meza de ajuste de festa, única vez que poderá assistir a meza; e quando queira poderá declarar por officio sua deliberação.

§ 3º Nada pagará de annual.

Art. 26. Ao capitão de mastro incumbe:

§ 1º Fazer levantar o mastro com bandeira no dia que julgar conveniente, sendo pelo menos 12 dias antes da festa.

§ 2º Quando não possa ou não queira poderá dar a joia de 25$000 rs.

§ 3º Comparecer na meza de ajuste de festa quando fôr avisado.

Art. 27. Aos andadores compete:

§ 1º Avisar a todos os irmãos para os actos religiosos.

§ 2º Entregar os officios, e quaesquer outras peças officiaes que forem destribuídas pelos secretários.

§ 3º Correr a campa quando fôr preciso.

§ 4º Nada pagará de annual ou joias.

Art. 28. Aos mezarios compete:

§ 1º Concorrer com a joia de 1$ rs. Inclusive seus annuaes.

§ 2º Trabalhar para a prosperidade da irmandade, propondo em meza os melhoramentos de que possa ser susceptível.

§ 3º Comparecer as reuniões de meza todas as vezes que forem avisados.

Art. 29. As irmans mezarias compete:

§ 1º Dar um anjo para as procissões.

§ 2º Não podendo concorrer com o anjo, dará a joia de mil réis inclusive seus annuaes.

Art. 30. O sacristão é obrigado:

§ 1º Alistar-se por irmão quando não seja.

§ 2º Abrir a porta do templo todos os dias as horas designadas para celebrar-se o Santo Sacrificio da Missa, e todas as mais occasiões que forem precisas.

§ 3º Conservar o templo, e mais objectos a seu cargo com todo o aceio.

§ 4º Não emprestar objecto algum sem ordem.

§ 5º Dar signaes e dobres pelos irmãos que fallecerem, e designar o lugar da sepultura, uma vez que apresente declaração do secretario de ser irmão e estar no gozo de seus direitos.

§ 6º Ter immediata responsabilidade perante os irmãos thesoureiro e zellador pelos objectos que delles receber, e perante o procurador pelo mais que existir dentro da igreja.

§ 7º Desempenhar todas mais funcções inherentes a seu emprego: seu ordenado será convencionado com a meza.

Art. 31. A irman sacristã é obrigada a lavar e engomar as toalhas de altar, corporaes, e mais roupas pertencente ao uso do altar: nada pagará de annuaes.

Capitulo V – Das eleições

Art. 32. As eleições para a meza serão feitas todos os annos na véspera da festa, depois da Missa do Divino Espirito Santo. Para esse fim reunir-se-hão em sessão geral os mezarios e mais membros da meza as horas designadas; se porém nessa occasião não se reunir sufficiente numero de irmãos poderá ficar para outra ora qualquer. O secretario mandará convidar ao respectivo capellão, para assistir a essa sessão, communicando-lhe a hora que houver sido designada; bem como aos irmãos membros da meza. A eleição será feira por escrutínio.

Art. 33. O secretario apresentará em lista tríplice os nomes dos irmãos que julgar habilitados para os cargos de juiz, juíza, secretários, thesoureiro, procuradores, rei, rainha, capitão de mastro e andadores. Os irmãos darão seus votos por escrutínio.

Art. 34. Os lugares de irmãos e irmans de meza serão de nomeação do 1º secretario, que formará a lista avista do livro de entrada, d'entre o mais folgado; mas não admitindo irmãos menores, captivos, ou viciosos.

Art. 35. Só poderão ser reeleitos para qualquer cargo os irmãos que se acharem presentes a fim de serem consultador, e no caso de não aceitarem proceder-se-há nova votação, para esse cargo.

Art. 36. No caso de empate, não havendo distracção de votos serão levados a urna o nome dos irmãos empatados afim de que a sorte decida qual deva ser o empregado; e quando haja distracção de votos correrá novamente a votação sobre os irmãos iguaes em sufrágios somente.

Art. 37. Concluída a eleição o 1º secretario fará os competentes avisos, depois da sua publicação, aos irmãos e irmans que tiverem de occupar cargos naquelle anno; registrando a mesma eleição no livro competente, notando á margem do assentamento dos irmãos os lugares que tiverem servido. Na manhã do dia da festa mandará a eleição ao capellão que assistio a meza para ser assignada, e depois de publicada será affixida no lugar competente.

Capitulo VI – Das sessões

Art. 38. Haverão sessões da meza para ajuste de festa, eleições, tomada de contas, posse, e todas as mais vezes que a meza julgar conveniente, ou fôr convocada pelo juiz, ou requerida por qualquer irmão. Nenhuma sessão poderá ser feita em que se achem alguns dos officiaes da meza, e alguns mezarios, que formem um terço da meza. São considerados officiaes da meza os irmãos secretários, thesoureiro, procuradores, e guarda das alfaias.

Art. 39. As sessões ordinárias serão sempre feitas pelos membros da meza somente, por serem os únicos responsáveis pelos feitos della durante o anno. Estes actos porém serão livres aos irmãos que quizerem presenciar, para cujo fim haverá um lugar separado daquelle que occupão os membros da meza.

Art. 40. Os irmãos terão a palavra sobre qualquer objecto duas vezes somente; fallaráo de pé com toda a moderação e respeito, podendo ser chamado á ordem pelo presidente da meza todas as vezes que as apartarem de seus deveres; e quando não obdecerem, o presidente poderá levantar a sessão, e fazer effectiva as disposições que a tal respeito tiverem lugar.

Art. 41. O secretario declarará em meza os nomes dos irmãos que faltarem a sessão sem participação, e com ella, fazendo disto menção na acta; bem como daquelles que forem multados.

Art. 42. A sessão de posse dos juízes, festeiros, e mais empregado, será feita oito dias depois da festa, e se esse dia fôr impedido marcar-se-há um outro, não podendo exceder a trinta dias. Para esse fim se convocará a meza, perante a qual, o juiz que findou, fará uma suscinta exposição verbal, por escripto do estado da irmandade, seus trabalhos durante o anno; e quaes os melhoramentos a promover, do que se fará menção na acta. A reunião da meza poderá ser feita antes, ou depois do cerimonial da igreja.

Art. 43. A sessão da meza para a tomada de contas será feita oito dias depois da posse. O secretario fara nessa occasião a leitura das contas; finda a qual será nomeada uma commissão para examinal-as, fazendo-se menção na acta dos nomes dos commissionados, do total da receita, despeza e saldo de ditas contas; á cuja commissão se marcará um praso rasoável para a apresentação do parecer a respeito.

Art. 44. Na sessão de meza para a apresentação do parecer da commissão procederá o 2º secretario a leitura delle, e das respectivas contas, que sendo approvadas serão archivadas.

Art. 45. A sessão de meza para ajuste de festa será feita um mez antes do dia em que elle deva ter lugar, avisando-se para isso, por officio, aos juízes e festeiros.

Capitulo VII – Da creação de uma caixa pia da irmandade

Art. 46. Fica creada uma caixa pia com o fim de soccorrer aos irmãos pobres e enfermos, e coadjuvar a alforria de seus irmãos captivos.

Art. 47. Os fundos desta caixa constarão da deducção de 10 por cento da arrecadação que fizer a irmandade em cada anno; do que render a caixinha de esmolas collocada no corpo da igreja; das multas pecuniárias impostas aos irmãos por este compromisso; das esmolas da salva que deve estar na igreja, em lugar conveniente, durante as novenas e as festas que se fizerem; e também do produto das esmolas que derem ás irmans do Senhor morto, e de Nossa Senhora das Dores quando houver semana Santa; e finalmente das esmolas e doações que fizerem a esta caixa.

Art. 48. A escripturação será feita pela mesma fórma que a da irmandade, ficando o cofre a cargo do mesmo thesoureiro. A escripturação do livro de receita e despeza, a cargo do 2º secretario; e a agencia a cargo do 1º procurador da irmandade.

Art. 49. As beneficências começarão a ter lugar quando existir em cofre pelo menos o capital de quatro centos mil réis.

Art. 50. A meza concorrerá com uma diária que julgar conveniente para soccoro dos irmãos pobres e enfermos, conforme o estado e circusntacias da caixa, prescedendo todas as investigações precisas, e suspendendo quando entender não ser mais necessária. E sendo preciso e possível concorrerá igualmente com as despesas de medico e botica, encarregando a qualquer de seus membros a distribuição e fiscalisação de taes esmollas.

Art. 51. A meza poderá também concorrer com a quantia que julgar conveniente (quando o cofre o permitir) para a liberdade de qualquer irmão a quem faltar meios. Esta esmolla porém só poderá ser feita depois da mais minuciosa indagação, e nunca entregue a própria pessoa, e sim ao senhor, ou em juízo na occasião de passar a carta de liberdade. Para este fim será preferida á irman ao irmão em identidade de circumstancias.

Art. 52. A meza, avista da circumstancia do irmão, ou irman, dará por empréstimo o dinheiro necessário para a sua liberdade, exigindo do beneficiado que vá pagando em commodas prestações a quantia que lhe fôr dada, tendo sempre em consideração não alimentar a ociosidade, evitando todo e qualquer abuso que neste caso possa haver.

Capitulo VIII – Das infracções do compromisso, e disposições penaes

Art. 53. São infracções do compromisso:

§ 1º Falta de respeito e decência devida ao templo.

§ 2º Regeitarem os cargos para que forem nomeados, sem motivo plausível.

§ 3º Recusarem por espontaneidade o pagamento de annuaes e joias.

§ 4º Não obdecerem aos empregados da meza autorisados a manter a ordem, respeito e decência devida ao templo; cujos empregados são: em sessão o presidente da meza, e fóra della o juiz; o 1º secretario, capellão, thesoureiro, e procurador da irmandade.

Art. 54. As infracções do § 1º do art. 53 será punida com a eliminação da irmandade depois de três vezes admoestado. As dos §§ 2º e 3º serão punidas com a perda dos direitos e regalias conferidas por este compromisso; e se a regeição, ou recusa fôr do lugar de juiz, ou joia a elle correspondente, serão além da mencionada pena excluídos de toda e qualquer eleição, ou nomeação da irmandade, fazendo-se a margem de seus assentos a competente nota. A do § 4º será punida pela 1ª e 2ª vez com advertência expedida pela meza, e se ainda assim continuar na contumácia será então eliminado.

Art. 55. São igualmente infracções do compromisso os abusos que possão cometter os empregados da meza, a saber:

§ 1º Falta de respeito tanto em sessão como fóra della aos empregados autorisados a manter entre os irmãos a ordem, respeito e decência devida ao templo.

§ 2º Não cumprirem com os deveres inherentes á seus cargos.

§ 3º Faltarem a sessão sem motivo plausível.

Art. 56. A infracção do § 1º do art. antecedente será punida com a suspensão do emprego, quando sendo chamado a ordem por três vezes não obdecer. A do § 2º será punida com advertência expedida pela meza até duas vezes, e quando não produza effeito será demitido do lugar que occupa. A do § 3º será punida com a multa de mil réis.

Capitulo IX – Das festas da irmandade

Art. 57. A festa do Glorioso S. Benedicto será feita todos os annos na dominga inf. oct. da Ascenção de Nosso Senhor Jezus Christo, e se houver impedimento a meza designará o dia; assim como determinará a maneira por que a festa dêva ser feita, quando os juízes somente derem as suas joias, supprindo o cofre da irmandade com alguma quantia que venha a faltar.

Art. 58. A festa exterior de véspera será determinada pela meza ao procurador, ou pessoa encarregada, marcando tanto a despeza que deverá fazer, como o modo de ornar-se e illuminar-se o front'espicio do templo, não excedento das joias dadas pelo rei e rainha.

Art. 59. O rei e a rainha poderão também fazer na véspera da festa matinas, ou qualquer outro acto religioso no interior do templo, quando os juízes não queirão, ou não possão, e nem a irmandade.

Art. 60. A festa do Santo Padre será considerada como festa da irmandade, marcando se para ella a quantia de sessenta e quatro mil réis, além do que derem os devotos. Todas as mais de devoção só poderão ter lugar com consentimento da meza, que nesse caso auxiliará com os ornatos e alfaias que possuir.

Capitulo X – Disposições geraes

Art. 61. Haverá na irmandade um cofre para deposito dos dinheiros e joias pertencentes a mesma irmandade, o qual estará a cargo do thesoureiro, e sob sua guarda e responsabilidade.

Art. 62. A irmandade, se julgar conveniente, e o estado do cofre o permittir, terá um capellão, que vigiará particularmente no aceio dos paramentos e guizamentos para o Santo Sacrifico da Missa; acompanhará a irmandade no lugar competente nas procissões, e terá o ordenado que fôr convencionado com a meza.

Art. 63. O capellão dirá as Missas nos domingos e dias santos applicadas pelos irmãos vivos e defuntos, e se não houver capellão, a meza, por seu procurador, as mandará dizer por qualquer sacerdote, tanto sobre as ditas Missas, como as marcadas neste compromisso pelas almas dos irmãos fallecidos.

Art. 64. O secretario poderá assentar por irmão a qualquer pessoa que estiver em perigo de morte, uma vez que professe a religião catholica, e satisfaça a joia de vinte mil réis.

Art. 65. No corpo da igreja existirá uma caixinha para os devotos e fieis lançarem suas esmollas; cuja chave existirá em poder do thesoureiro, que no fim de todos os mezes, ou quando julgar conveniente, a abrirá em presença do 1º secretario, e procurador da irmandade, e seu produto entrará para a caixa pia.

Art. 66. Quando fallecer algum irmão, ou irman, tendo disso parte o procurador, mandará este correr a campa, para em tempo ir buscar ou acompanhar o corpo; prestando se fôr exigido, o que a igreja tiver, como caixão, urna ou qualquer objecto próprio para funeral.

Art. 67. Os irmãos uzarão de opa branca com capuz preto, as quaes, em quanto não fôr possível serem de seda, poderão ser de paninho com capuz de lita.

Art. 68. A meza da irmandade poderá dar o titulo de protector e protectora aos irmãos e irmans, que, por sua dedicação, e serviçoes prestados á irmandade se fizerem merecedores delle.

Art. 69. O presente compromisso é a lei que deve regular a irmandade, e só poderá ser alterado quando a utilidade manifesta da irmandade o exigir, seguindo-se neste caso os tramites prescriptos pela lei; ficando por isso d'ora em diante sem vigor toda e qualquer deliberação subsistente que se oppuzer as disposições do presente compromisso.

Consistório da irmandade do Glorioso São Benedicto, em sessão geral aos 26 de agosto de 1855. – Barão de Iguape, protector da irmandade. – Diniz Augusto de Araujo Azambuja, juiz. – Manoel Caetano de Abreu Junior, thesoureiro. Irmãos de meza – Joaquim Manoel Gonçalves de Andrade. – Antonio Augusto de Araujo Muniz – Antonio Joaquim de Lima – Pedro Taques de Almeida Alvim. – Marcellino Ferreira Bueno – Manoel Joaquim da Costa e Silva. – Lourenço José Corrêa Guimarães – Antonio Moreira da Cruz – Benedicto Antonio da Silva Moraes – Aleixo de Paula Penha – Luiz Delfino de Araujo Cuyabano, secretario.

N. 79 – 1280 – Pagou mil duzentos e oitenta réis. S. Paulo 1 de outubro de 1855 – Azevedo Marques – Neves.

É este o compromisso da irmandade de São Benedicto desta cidade, o qual contém sessenta e nove artigos escriptos em sete meias folhas de papel, que são por mim numeradas e rubricadas. Secretaria do governo de S. Paulo 24 de outubro de 1855. – Francisco José de Lima.

Conecte-se conosco:

f facebook.com/editoravozes

◎ @editoravozes

🐦 @editora_vozes

▶ youtube.com/editoravozes

© +55 24 2233-9033

www.vozes.com.br

Conheça nossas lojas:

www.livrariavozes.com.br

Belo Horizonte – Brasília – Campinas – Cuiabá – Curitiba
Fortaleza – Juiz de Fora – Petrópolis – Recife – São Paulo

  Vozes de Bolso

EDITORA VOZES LTDA.
Rua Frei Luís, 100 – Centro – Cep 25689-900 – Petrópolis, RJ
Tel.: (24) 2233-9000 – E-mail: vendas@vozes.com.br